Sistemas seguros de acceso y transmisión de datos

Certificados de profesionalidad

Anagrama «LUCHA CONTRA LA PIRATERÍA», propiedad de Unión Internacional de Escritores.

© Centro de Estudios ADAMS. Ediciones Valbuena
C/ Narciso Serra, 14
28007 Madrid
adamsediciones@adams.es
www.adams.es

I.S.B.N.: 978-84-1077-515-2
Depósito legal: M-16670-2025
Editado en agosto de 2025
Imprime: Centro de Estudios Adams. Ediciones Valbuena, S.A.
Impreso en España. Printed in Spain

Presentación

Comprometidos por ofrecer una propuesta formativa ajustada a las necesidades de la sociedad y del mercado de trabajo, Grupo ADAMS presenta este curso de **Sistemas seguros de acceso y transmisión de datos** desarrollado conforme a los nuevos **Certificados de Profesionalidad** y, por tanto, vinculado al **Catálogo Nacional de Cualificaciones**. De esta manera, es posible obtener la acreditación oficial, con validez en todo el territorio nacional, de estar en posesión de las aptitudes y conocimientos que permiten un óptimo desempeño profesional, una vez superadas las pruebas establecidas al efecto.

Este **Módulo Formativo**, con una duración asociada de 60 horas, forma parte del **Certificado de Profesionalidad de Seguridad Informática** (aprobado por el Real Decreto 686/2011, de 13 de mayo), perteneciente a la familia de Informática y Comunicaciones.

En la elaboración de los contenidos hemos pretendido garantizar la **adquisición, mejora y actualización de las competencias profesionales** requeridas en el mercado laboral, así como fomentar el **aprendizaje**.

Para conseguir tal objetivo, cada Unidad didáctica presenta la siguiente estructura:

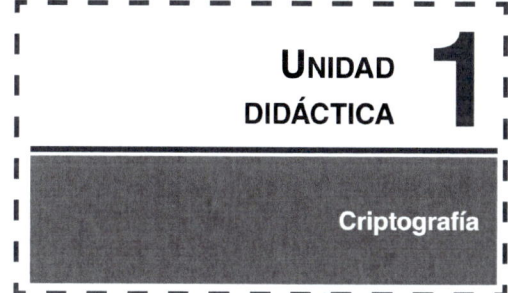

Título

Según el programa oficial publicado en el BOE.

Objetivos

Al comienzo de la unidad didáctica, identifican las capacidades que podrás adquirir.

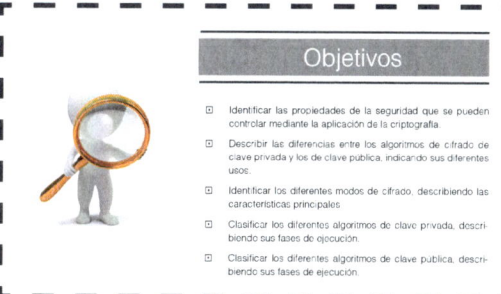

Contenido

Mapa Conceptual

Introducción

Índice de contenidos

Proporciona una visión general del contenido, enumerando todos los aspectos que se desarrollan en la unidad didáctica.

Exposición y desarrollo

Del contenido del programa oficial, con notas destacadas al margen, como "Definición", "Recuerda", "Información"…

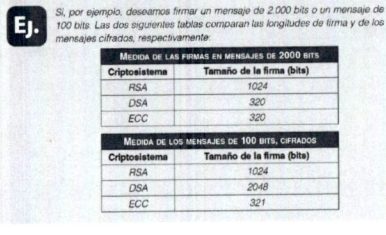

Ejemplos y Actividades

Interrelacionados con los contenidos estudiados y que aportan una visión práctica de la materia.

Autoevaluaciones

Te ayudarán a comprobar el grado de asimilación de la materia estudiada, en base a las competencias a adquirir y sus criterios de realización.

Glosario

Te ayudará a comprender mejor el significado de algunas palabras.

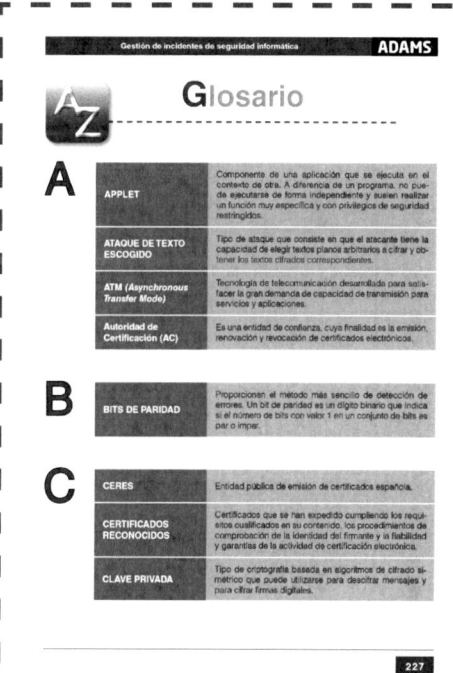

Gestión de incidentes de seguridad informática · ADAMS

Bibliografía

- GUPTA, M. **Building a Virtual Private Network.** 2002.
- MUÑOZ MUÑOZ, A. y RAMIÓ AGUIRRE, J. **Cifrado les: de la cifra clásica al algoritmo RSA.** Editoria
- HUGHET ROTGER, L. RIFÁ COMA, J y TENA AYL Universitat Oberta de Catalunya. 2013.
- DE MIGUEL GARCÍA, R. **Criptografía clásica y m**
- MORENO VOZMEDIANO y MARTÍN LLORENTE, I. **Administración Avanzada de Redes TCP/IP.** Univ
- TURNER, S. y HOUSLEY, R. **Implementing e-ma standars ,tols and practices.** Wiley Publishing.
- DWIVEDI, H. **Implementing SSH: strategies for c** Publishing. 2003.
- VON HAGEN, B. y JONES, B.K. **Linux Server. Los mejores trucos.** Anaya Multimedia-O'Reilly. 2008.
- SINGH, S. **Los códigos secretos: el arte de la ciencia de la criptografía desde el antiguo Egipto a la era de Internet.** Editorial Debate. 2000.
- **Máster en Sistemas de Gestión de Seguridad Informática.** Universidad Nacional de Educación a Distancia.
- STREBE, M. **Network Security.** Wiley Publishing. 2006
- DÍAZ ORUETA, G.; ALZÓRRIZ ARMENDÁRIZ, I.; SANCRISTÓBAL RUIZ, E. y CASTRO GIL, M.A. **Procesos y herramientas para la seguridad de redes.** Universidad Nacional de Educación a Distancia, 2013.
- DÍAZ ORUETA, G.; ALZÓRRIZ ARMENDÁRIZ, I.; SANCRISTÓBAL RUIZ, E.; CASTRO GIL, M.A. y PEIRE ARROBA, J. **Seguridad en las comunicaciones y en la información.** Universidad Nacional de Educación a Distancia, 2004.

233

Bibliografía y Webgrafía

Para ampliar tus conocimientos en caso de considerarlo necesario.

En nuestra página web **www.adams.es** estarás al día de todo en cuanto a información sobre cursos, productos y servicios se refiere, además tendrás la opción de dirigirnos cualquier consulta o sugerencia a través de **adams@adams.es**

Esperando haber cumplido el objetivo propuesto, te expresamos nuestros mejores deseos de éxito.

ADAMS

Índice

Familia profesional: **INFORMÁTICA Y COMUNICACIONES**

Área profesional: **Sistema y telemática**

FICHA DE CERTIFICADO DE PROFESIONALIDAD: SEGURIDAD INFORMÁTICA (IFCT0109)

H. Q	Módulos certificado	Correspondencia con el Catálogo Modular de Formación Profesional		
		H. CP	Unidades formativas	Horas
90	MF0486_3: Seguridad en equipos informáticos	90		90
90	MF0487_3: Auditoría de seguridad informática	90		90
90	MF0488_3: Gestión de incidentes de seguridad informática	90		90
60	MF0489_3: Sistemas seguros de acceso y transmisión de datos	60		60
90	MF0490_3: Gestión de servicios en el sistema informático	90		90
	MP0175: Módulo de prácticas profesionales no laborales	80		
420	Duración horas totales certificado de profesionalidad	500	Duración horas módulos formativos	420

Iconos

Actividad

Contenido extra

Definición

Ejemplo

Enlace web

Importante

Información

Lectura recomendada

Legislación

Listening

Nota

Objetivos logrados

Recuerda

Reflexiona

Vocabulario

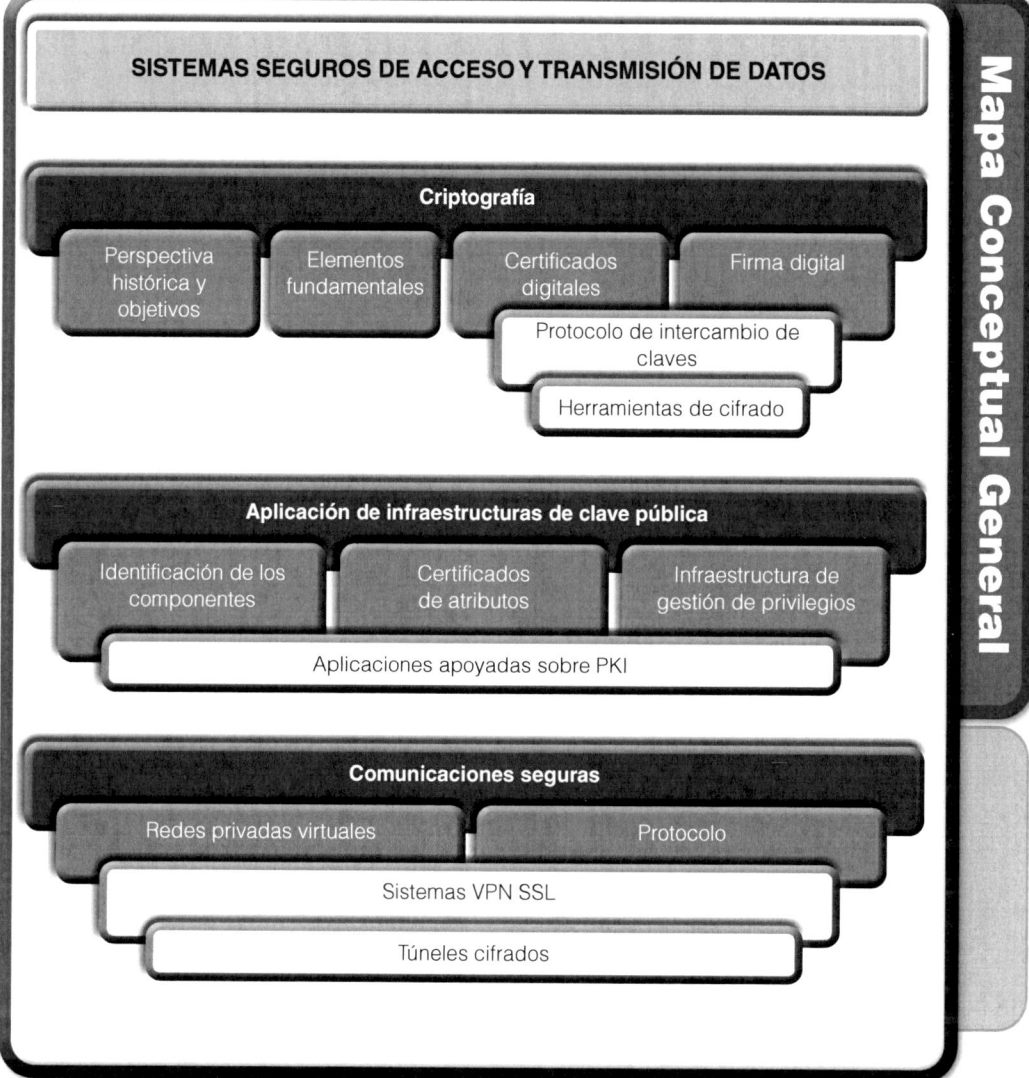

SISTEMAS SEGUROS DE ACCESO Y TRANSMISIÓN DE DATOS

Criptografía

- Perspectiva histórica y objetivos
- Elementos fundamentales
- Certificados digitales
- Firma digital
- Protocolo de intercambio de claves
- Herramientas de cifrado

Aplicación de infraestructuras de clave pública

- Identificación de los componentes
- Certificados de atributos
- Infraestructura de gestión de privilegios
- Aplicaciones apoyadas sobre PKI

Comunicaciones seguras

- Redes privadas virtuales
- Protocolo
- Sistemas VPN SSL
- Túneles cifrados

UNIDAD DIDÁCTICA 1

Criptografía

Objetivos

- Identificar las propiedades de la seguridad que se pueden controlar mediante la aplicación de la criptografía.

- Describir las diferencias entre los algoritmos de cifrado de clave privada y los de clave pública, indicando sus diferentes usos.

- Identificar los diferentes modos de cifrado, describiendo las características principales.

- Clasificar los diferentes algoritmos de clave privada, describiendo sus fases de ejecución.

- Clasificar los diferentes algoritmos de clave pública, describiendo sus fases de ejecución.

- Identificar los diferentes protocolos de intercambio de claves, describiendo su funcionamiento.

- Identificar y describir el funcionamiento de los certificados digitales.

- Conocer el marco legislativo español y comunitario que regula la firma electrónica.

Contenido

Mapa Conceptual

Introducción

1. Perspectiva histórica y objetivos de la criptografía

2. Teoría de la información

3. Propiedades de la seguridad que se pueden controlar mediante la aplicación de la criptografía: confidencialidad, integridad, autenticidad, no repudio, imputabilidad y sellado de tiempos

4. Elementos fundamentales de la criptografía de la clave privada y de la clave pública

5. Características y atributos de los certificados digitales

6. Identificación y descripción del funcionamiento de los protocolos de intercambio de claves usados más frecuentemente

7. Algoritmos criptográficos más frecuentemente utilizados

8. Elementos de los certificados digitales, los formatos comúnmente aceptados y utilización

9. Elementos fundamentales de las funciones resumen y los criterios para su utilización

10. Requerimientos legales incluidos en la Ley 59/2003, de 19 diciembre, de firma electrónica

11. Elementos fundamentales de la firma digital, los distintos tipos de firma y los criterios para su utilización

12. Criterios para la utilización de técnicas de cifrado de flujo y de bloque

13. Protocolos de intercambio de claves

14. Uso de herramienta de cifrado PGP, GPG o Cryptoloop

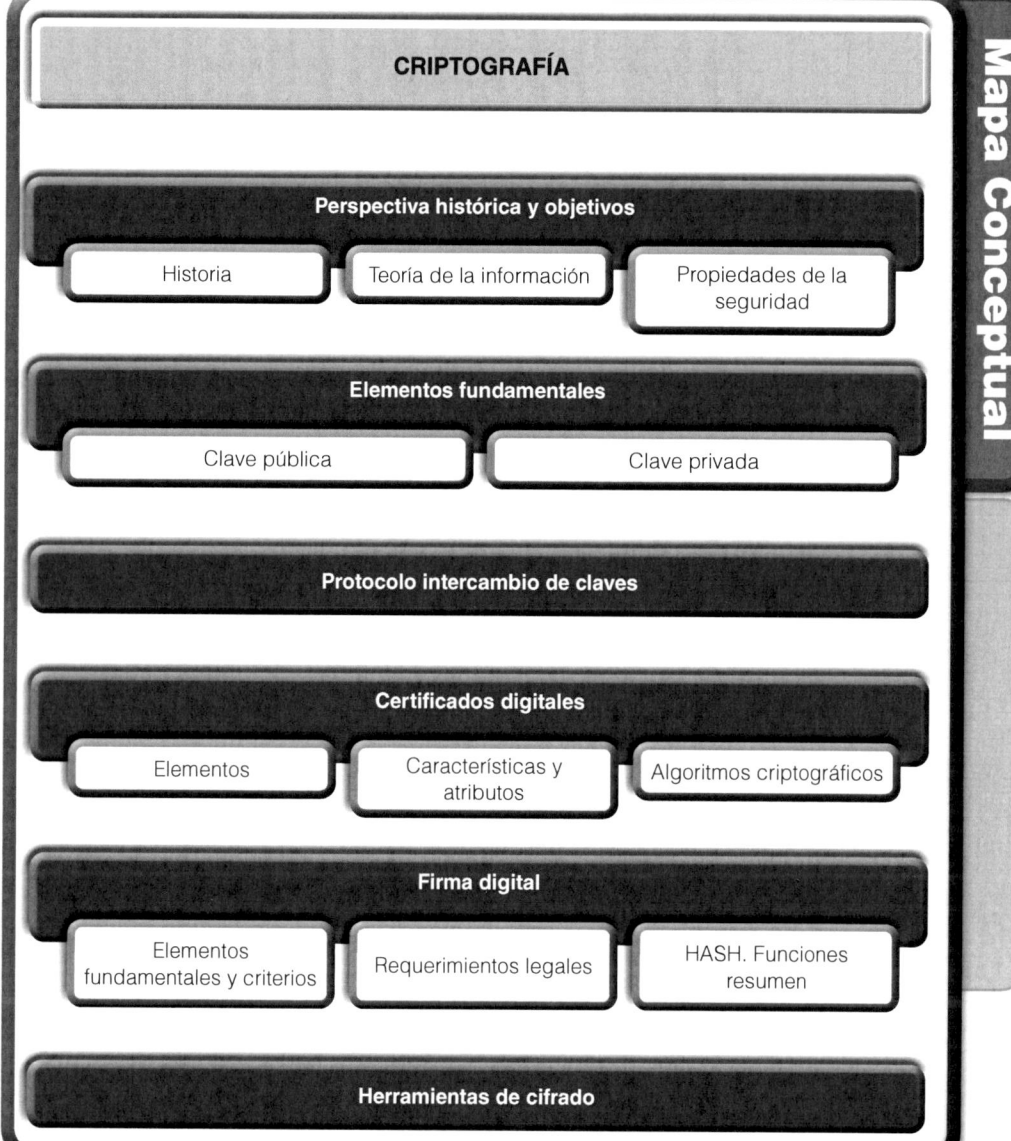

CRIPTOGRAFÍA

Perspectiva histórica y objetivos

Historia

Teoría de la información

Propiedades de la seguridad

Elementos fundamentales

Clave pública

Clave privada

Protocolo intercambio de claves

Certificados digitales

Elementos

Características y atributos

Algoritmos criptográficos

Firma digital

Elementos fundamentales y criterios

Requerimientos legales

HASH. Funciones resumen

Herramientas de cifrado

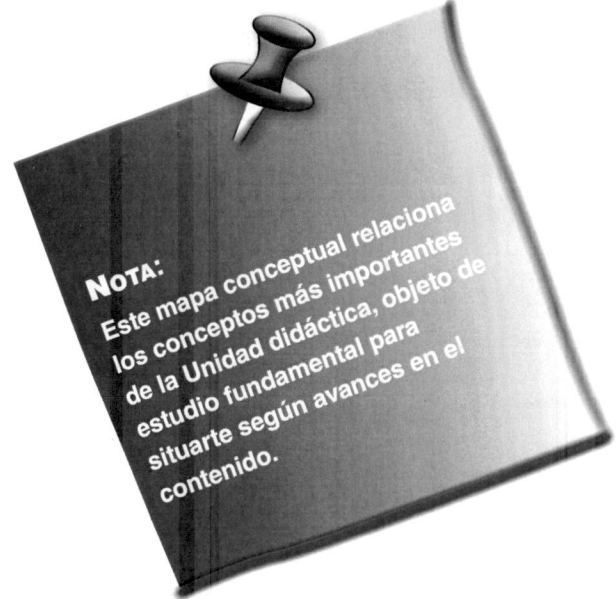

NOTA:
Este mapa conceptual relaciona los conceptos más importantes de la Unidad didáctica, objeto de estudio fundamental para situarte según avances en el contenido.

Introducción

Desde que el ordenador pasó a formar parte de nuestras vidas y se convirtió en una de las principales herramientas de comunicación, comprobamos cómo muchísima información empezaba a almacenarse en esos dispositivos.

Con el uso de Internet, ha ido creciendo la consciencia de que nuestros datos están expuestos a posibles intromisiones por parte de otras personas que quisieran apoderarse de ellos. Esto ha hecho que, cada vez más, conozcamos los peligros que supone dejar estos datos desprotegidos y a merced de posibles intrusos. La peor consecuencia de que alguien entre en nuestros equipos o intercepte nuestras comunicaciones es que se lleve datos importantes, como claves bancarias, números de tarjetas de crédito, etc., que pongan en riesgo nuestra integridad o permitan la suplantación de nuestra identidad.

Cuando se habla de medidas de seguridad informática, lo primero que nos viene a la cabeza son las medidas destinadas a impedir infecciones por virus o accesos no autorizados en los equipos informáticos. Pero hay otro tipo de medidas que se pueden tomar respecto de los propios datos, consistentes en hacer que estos datos sean indescifrables para quienes accedan a ellos indebidamente. Aquí aparece el concepto de criptografía.

Por ello, se hará un repaso de lo que la criptografía ha representado a lo largo de la historia, en qué momento se encuentra ahora, cuáles son los algoritmos criptográficos y qué tipos de cifrado existen.

También analizaremos cómo se ha canalizado la criptografía para conseguir esas medidas comentadas anteriormente, que nos ayudarán a conservar seguras nuestras comunicaciones: qué es un certificado digital, para qué y cómo se cifran las comunicaciones, etc.

1. Perspectiva histórica y objetivos de la criptografía

Hoy en día la criptografía está muy presente en nuestra vida cotidiana. Acciones como emitir o recibir una llamada telefónica desde un teléfono móvil, sacar dinero de un cajero, acceder a un ordenador introduciendo una contraseña, acceder a una web de un banco, realizar un pago online, etc., hacen uso de técnicas con base criptográfica. La telefonía móvil es otra gran consumidora de criptografía. Los primeros sistemas no utilizan cifrado alguno, a semejanza de la criptografía fija. La diferencia está en que, una llamada realizada desde un dispositivo móvil puede ser interceptada sin necesidad de pinchar cable alguno. La televisión de pago es una aplicación de la criptografía que puede observarse tanto desde el punto de vista de la seguridad de las comunicaciones como desde el punto de vista del comercio electrónico. Proteger los contenidos televisivos de posibles televidentes que no están abonados es uno de los principales usos de procedimientos criptográficos.

Criptografía

Arte de escribir con clave secreta o de un modo enigmático (Fuente: DRAE)

En opinión de muchos, la escritura es el invento más importante de la humanidad, pues permite dejar constancia de hechos, opiniones e ideas salvando distancias temporales permitiendo el progreso del conocimiento y el avance de la civilización.

El término criptografía procede el griego *"kryptos"*, escondido y *"graphos"*, escritura. En muchas ocasiones se confunden conceptos similares:

❑ **Criptología:** ciencia que abarca el estudio de la criptografía y el criptoanálisis

❑ **Criptoanálisis:** técnicas utilizadas para descubrir el significado de mensajes encriptados

❑ **Esteganografía:** técnicas utilizadas para encubrir la escritura. Proveniente de las palabras griegas *"steganos"* (encubierto) y *"graphos"* (escritura).

En la antigua Grecia, HERODOTO cuenta la estrategia, que utilizó Histaiaco en la batalla de Salamina cuando el persa Jerjes pretendía sorprender a los griegos: "Afeitó la cabeza del mensajero, escribió el mensaje en el cuero cabelludo y esperó a que le creciera el pelo. El mensajero pudo viajar sin caer en sospecha. Cuando llegó a su destino se afeitó nuevamente la cabeza para mostrar el mensaje".

Tras la generalización y desarrollo de la escritura se constataron los peligros que conlleva la lectura de textos escritos por personas ajenas. El nacimiento de la criptografía se produjo ante la necesidad de mantener el secreto de las comunicaciones que se realizaban entre personas, normalmente de forma escrita.

Históricamente hay que remontarse 4.000 años atrás. Los **jeroglíficos crípticos** utilizados en la **civilización egipcia** marcan el inicio de estas técnicas. Curiosamente, los egipcios cifraban la escritura, no con el fin de esconder la información que contenía, sino que, a través del misterio, se quería dar solemnidad a lo que se escribía. Un buen ejemplo lo constituyen algunos pasajes de *"El libro de los muertos"*.

En el año 1.900 a.C. sobre las columnas de la tumba de Khnumhotep II, situada en la ciudad de Beni-hasán, aparece el primer mensaje codificado del que se tiene constancia. Decía así: *"Khnumhotep se levantó en servicio del faraón Amenemhet II"*. Muchos autores opinan que en la China antigua también se practicó la criptografía.

Será en **Esparta** donde se diseña, a mediados del siglo V a.C., el primer método sistemático de cifrado por transposición, la **escítala**, que se atribuye a Lisandro de Esparta, almirante de la flota espartana. Consistía en un bastón sobre el que se enrollaba en espiral a modo de venda una estrecha cinta de cuero. Tras ello, se escribía a lo largo del bastón el mensaje. Al desenrollar la cinta solo se apreciaba una larga ristra de letras sin sentido que solo se recobraba tras volver a enrollar la cinta sobre un bastón de igual diámetro que el primero. Este diámetro era la clave. Este método se utilizaba para comunicaciones entre responsables del gobierno de Esparta y sus generales.

En el siglo IV a.C. el griego Aeneas Tacticus en su obra *"En la defensa de las fortificaciones",* escribió un capítulo dedicado a la criptografía. Otro griego, *Polybius*, ideó un método criptográfico basado en un dispositivo denominado *"Tablero de damas de Polybius".* Este método se basaba en codificar las letras como pares de cifras de dos números y es el antecedente de muchos de los elementos criptográficos actuales. Para realizar esta codificación se utilizaba un tablero numerado de 6 filas por 6 columnas.

Escítala

TABLERO DE DAMAS DE POLYBIUS					
-	*1*	*2*	*3*	*4*	*5*
1	*A*	*B*	*C*	*D*	*E*
2	*F*	*G*	*H*	*I/J*	*K*
3	*L*	*M*	*N*	*O*	*P*
4	*Q*	*R*	*S*	*T*	*U*
5	*V*	*W*	*X*	*Y*	*Z*

Cuando se desea codificar una letra lo que se hace es sustituirla por las coordenadas que le corresponden. De esta forma, por ejemplo, la letra A se codificará como 11 y la letra M como 32 (primero fila y luego columna). Este código se utilizó para transmitir mensajes a larga distancia en la noche utilizando antorchas.

Los **hebreos** también practicaron técnicas criptográficas basadas en métodos de **transposición de letras**. Según este procedimiento, las primeras letras del alfabeto debían coincidir con las últimas; de ahí su nombre, atbash: esto es, a y t, primera y última letras, eran seguidas de la segunda –b– y penúltima –shin–, y así sucesivamente. En la Biblia (Jeremías 25,26) aparece el nombre de Babel cifrado como *"Sesac"*[1].

---

[1] Otros autores son de la opinión de que Sesac es la forma abreviada del nombre de Samas-sum-ukin, hijo de Asarhadón, hermano de Asurbanipal y virrey de Babilonia desde el 668 al 648 a.C.

La **India** milenaria usaba la criptografía: el *Kama-Sutra* enumera 64 artes o yogas que la mujer debe dominar, y en la posición 45 está el arte de *"mlecchita-vikalp"*, escribir secretos. La técnica recomendada es escribir secretos emparejando, al azar, las letras del alfabeto y luego sustituir la letra original por su pareja. Por ejemplo:

TABLA DE EMPAREJAMIENTO DE LETRAS DEL ALFABETO												
A	D	H	I	K	M	O	R	S	U	W	Y	Z
↕	↕	↕	↕	↕	↕	↕	↕	↕	↕	↕	↕	↕
V	X	B	G	J	C	Q	L	N	E	F	P	T

Aún deberíamos esperar unos siglos para encontrar el considerado como **primer método de cifrado debidamente documentado** por Suetonio en el siglo II, en su obra *"Vida de los Césares"*. Conocido como **método César** por ser utilizado por el emperador romano Julio César. Se basa en un proceso de sustitución de letras. Consistía en escribir el documento cifrado con la tercera letra que siguiera a la que realmente correspondía. La A se sustituía por la D, la B por la E y así sucesivamente. El método constaba de alfabeto, método para cifrar y método para descifrar. Julio César dejó de utilizarlo, entre otras razones, por no fiarse de Cicerón, que compartía con él el secreto de cifrado. El escriba de Cicerón, Tiro, inventó un método de cifrado propio basado en una serie de símbolos extraños conocidos como «caracteres tironianos».

Método César

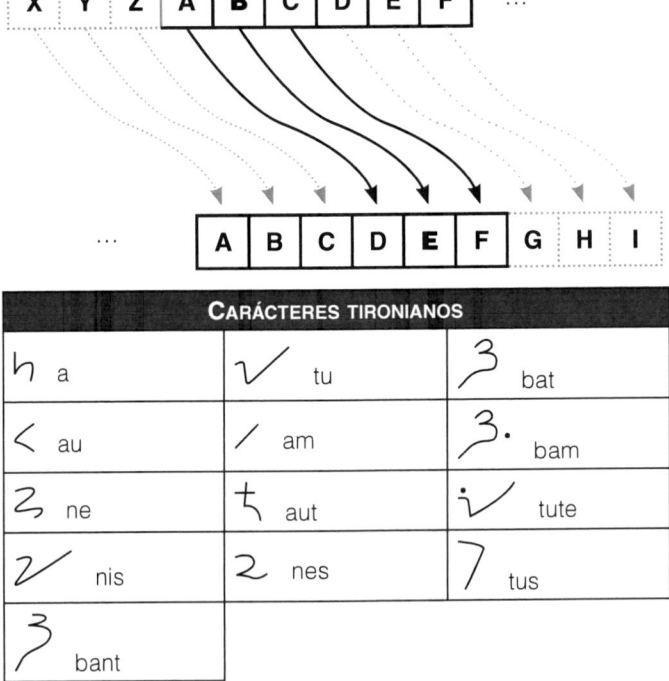

CARÁCTERES TIRONIANOS		
↱ a	✓ tu	Ȝ bat
< au	/ am	Ȝ. bam
Ȝ ne	ⱦ aut	⌄✓ tute
✓ nis	ᒿ nes	7 tus
Ȝ bant		

Un método muy parecido al de Julio César fue utilizado por César Augusto. En lugar de realizar una transposición de letras basada en el número 3, la transposición se basaba en el número 1, siendo así la letra A codificada como B.

La escítala y el método César ilustran los dos grandes métodos de cifrado existentes: transposición y sustitución.

Mediante las **técnicas de transposición** las letras intercambian sus posiciones según un cierto patrón, de modo que en el texto cifrado aparecen las mismas letras pero con sus posiciones permutadas. Es el caso de la escítala.

Las **técnicas de sustitución** hacen que las letras mantengan sus posiciones en el texto pero cambian su apariencia, siendo sustituidas cada una de ellas por una letra, por un número o por un símbolo cualquiera. Si a cada letra en claro solo le corresponde un único símbolo cifrado el método se denomina de sustitución **monoalfabética**. Este es el caso del método César.

Criptografía monoalfabética

Sistema de cifrado por sustitución de caracteres. Utiliza una sustitución fija para todo el mensaje.

Tras la caída del Imperio romano y hasta el Renacimiento, la criptografía solo registró avances significativos en los califatos islámicos, fundamentalmente en el abasí. En su capital, **Bagdad**, nació en el **siglo IV d.C.** el **moderno criptoanálisis**, a partir del descubrimiento de que cada lengua posee una frecuencia característica de aparición de sus letras. Así, bastaba con contar el número de veces que aparecía cada símbolo, letra o número en un texto cifrado para saber realmente cual era la letra subyacente, independientemente de su apariencia.

En sus estudios muestran que el criptoanálisis se basa en dos pilares fundamentales: el conocimiento de varias disciplinas (matemáticas, estadística, lingüística,…) y en el saber de temas religiosos. Es destacable resaltar que la cultura islámica estaba basada en una sociedad rica y pacífica, sustentada por estamentos como los funcionarios gubernamentales cuya misión principal era la protección de los archivos. En la publicación *"Adab al-Kuttab"* se explican técnicas de cifrado basadas en la sustitución monoalfabética. Uno de los pioneros en la aplicación del criptoanálisis fue Al Hindi, conocido como el *"filósofo de los árabes"*. En uno de sus trabajos, titulado *"Sobre el desciframiento de mensajes criptográficos"*, establece los pasos necesarios para descifrar un mensaje codificado.

Durante la **Edad Media**, los **templarios** utilizaron la criptografía para elaborar documentos y transacciones mercantiles. Las letras del alfabeto que utilizaban estaban basadas en ángulos y puntos determinados por la *"Cruz de las ocho Beatitudes"* y podían leerse mediante un medallón que portaban ciertos caballeros. Este alfabeto se confeccionó hacia el siglo XII y de él se conservan tres documentos, uno de ellos conservado en la Biblioteca Nacional de Francia, en París.

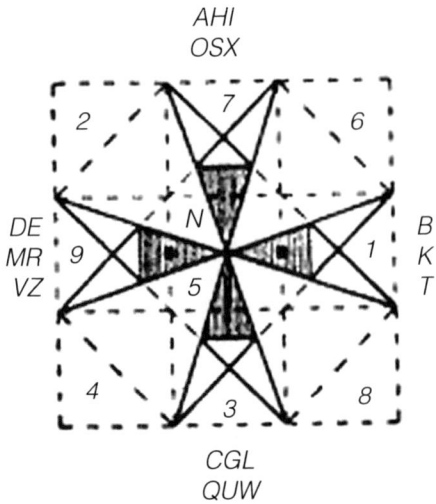

Cruz de las ocho Beatitudes

En el **siglo XIII** y gracias al monje franciscano Roger Bacon, se tiene constancia del uso de la criptografía en Europa, reflejada en la obra *"Epístola sobre las obras de arte secretas y la nulidad de la magia"*.

En España los primeros indicios de la utilización de la criptografía se hallan en la Corona de Aragón, en el siglo XIV, para cifrar la correspondencia diplomática, en fórmulas y plegarias supersticiosas y en recetas médicas.

Con la llegada del **Renacimiento**, resurge el arte criptográfico debido a las intrigas del papado en las ciudades-estado italianas y en las comunicaciones entre gobiernos y sus embajadores. Gabriele de Lavinde, servidor del Papa Clemente VII, escribió el primer manual de criptografía.

Se considera a **Giovanni Soro** como el **primer criptoanalista europeo**. En 1506 fue nombrado "Secretario de Cifras de Venecia". Clemente VII requirió sus servicios como consejero para discutir temas criptográficos con los propios criptógrafos del Vaticano.

En España, el primer secretario de cifra conocido es Miguel Pérez de Almazán, nombrado por los Reyes Católicos. Es Felipe II quien renueva e impulsa las técnicas de cifrado, poniéndolas bajo la responsabilidad del secretario de cifra Luis Valle de la Cerda. Estableció la **"cifra general"** para la comunicación entre él mismo, sus secretarios, sus embajadores y altos mandos militares, y la **"cifra particular"** para las comunicaciones más confidenciales entre él y alguno de los anteriores dignatarios. Asimismo, por seguridad, cambiaba frecuentemente todas estas cifras.

En el resto de reinos europeos la situación era muy parecida. En **Inglaterra**, Francis Walsinghan, con Isabel I y François Viète en **Francia** con Enrique III y Enrique IV, hicieron de la criptología una material imprescindible en las cortes y embajadas.

Hasta esa época el método de criptografía más comúnmente utilizado era la sustitución monoalfabética. Se introdujeron mejoras como el uso de caracteres nulos (símbolos o letras que no representaban nada) y el uso de códigos, esto es, sustitución a nivel de palabras o frases en vez de a nivel de letras o símbolos.

En el **siglo XVI** se comienza a utilizar un sistema mixto entre codificación y cifrado: **nomencladores**. Consiste en utilizar un alfabeto cifrado y un conjunto limitado de palabras codificadas. La mayor parte del mensaje es codificado utilizando el alfabeto cifrado y una mínima parte se codifica mediante las palabras codificadas.

Napoleón Bonaparte fue uno de los personajes que utilizó los códigos en los conflictos bélicos, obligando a sus mariscales a cifrar la información en el campo de batalla. En la Guerra de Independencia española, la clave utilizada por uno de sus generales, Louis Suchet, fue descubierta por los españoles, permitiendo la reconquista de dos fortalezas.

Una vez que se consideró que los cifrados monoalfabéticos ya no eran fiables, puesto que los criptoanalistas estaban ganando la batalla a los criptógrafos, comenzaron a desarrollarse los **métodos polialfabéticos**. En estos se utilizan muchos alfabetos diferentes para enmascarar la frecuencia de aparición de las letras. En los métodos polialfabéticos, cada vez que aparece una letra en claro se escoge un carácter cifrado (sea otra letra, un número o un símbolo) de entre un conjunto finito de ellos.

Criptografía polialfabética

Sistema de cifrado por sustitución de caracteres. Utiliza diferentes sustituciones en distintos momentos del mensaje.

La letra A unas veces será sustituida por la X, otras por el número 10, otras por la Y, todo ello siguiendo un estricto patrón para que no existan ambigüedades a la hora de descifrar. De este modo, el recuento del número de veces que aparece cada símbolo cifrado no aportará conocimiento alguno al criptoanalista.

Alguno de los métodos que se fundamentan en el esquema polialfabético fue ideado por una de las figuras más notorias del Renacimiento: **Leone Battista Alberti.** Se le atribuye la invención del primer utensilio de cifrado, el cifrado de disco.

Disco de Alberti

Consistía en dos coronas circulares concéntricas. La interior llevaba grabado el alfabeto cifrado y era fija; la exterior lleva impreso el alfabeto en claro y podía girar sobre su centro. Así, cada letra del alfabeto en claro se correspondía con otra del cifrado, pudiéndose cambiar esta correspondencia al girar la corona exterior. Era, por tanto, un método polialfabético.

Otro sistema muy popular fue el creado por Blaise de Vigenère. Estaba basado en una tabla en la que se leía la letra de intersección del texto en claro con una clave que indicaba qué alfabeto se estaba utilizando. El poder de la cifra de Vigenère radica en la utilización de hasta 26 alfabetos para cifrar un único mensaje.

	A	B	C	D	E	F	G	H	I	J	K	L	M	N	O	P	Q	R	S	T	U	V	W	X	Y	Z
A	A	B	C	D	E	F	G	H	I	J	K	L	M	N	O	P	Q	R	S	T	U	V	W	X	Y	Z
B	B	C	D	E	F	G	H	I	J	K	L	M	N	O	P	Q	R	S	T	U	V	W	X	Y	Z	A
C	C	D	E	F	G	H	I	J	K	L	M	N	O	P	Q	R	S	T	U	V	W	X	Y	Z	A	B
D	D	E	F	G	H	I	J	K	L	M	N	O	P	Q	R	S	T	U	V	W	X	Y	Z	A	B	C
E	E	F	G	H	I	J	K	L	M	N	O	P	Q	R	S	T	U	V	W	X	Y	Z	A	B	C	D
F	F	G	H	I	J	K	L	M	N	O	P	Q	R	S	T	U	V	W	X	Y	Z	A	B	C	D	E
G	G	H	I	J	K	L	M	N	O	P	Q	R	S	T	U	V	W	X	Y	Z	A	B	C	D	E	F
H	H	I	J	K	L	M	N	O	P	Q	R	S	T	U	V	W	X	Y	Z	A	B	C	D	E	F	G
I	I	J	K	L	M	N	O	P	Q	R	S	T	U	V	W	X	Y	Z	A	B	C	D	E	F	G	H
J	J	K	L	M	N	O	P	Q	R	S	T	U	V	W	X	Y	Z	A	B	C	D	E	F	G	H	I
K	K	L	M	N	O	P	Q	R	S	T	U	V	W	X	Y	Z	A	B	C	D	E	F	G	H	I	J
L	L	M	N	O	P	Q	R	S	T	U	V	W	X	Y	Z	A	B	C	D	E	F	G	H	I	J	K
M	M	N	O	P	Q	R	S	T	U	V	W	X	Y	Z	A	B	C	D	E	F	G	H	I	J	K	L
N	N	O	P	Q	R	S	T	U	V	W	X	Y	Z	A	B	C	D	E	F	G	H	I	J	K	L	M
O	O	P	Q	R	S	T	U	V	W	X	Y	Z	A	B	C	D	E	F	G	H	I	J	K	L	M	N
P	P	Q	R	S	T	U	V	W	X	Y	Z	A	B	C	D	E	F	G	H	I	J	K	L	M	N	O
Q	Q	R	S	T	U	V	W	X	Y	Z	A	B	C	D	E	F	G	H	I	J	K	L	M	N	O	P
R	R	S	T	U	V	W	X	Y	Z	A	B	C	D	E	F	G	H	I	J	K	L	M	N	O	P	Q
S	S	T	U	V	W	X	Y	Z	A	B	C	D	E	F	G	H	I	J	K	L	M	N	O	P	Q	R
T	T	U	V	W	X	Y	Z	A	B	C	D	E	F	G	H	I	J	K	L	M	N	O	P	Q	R	S
U	U	V	W	X	Y	Z	A	B	C	D	E	F	G	H	I	J	K	L	M	N	O	P	Q	R	S	T
V	V	W	X	Y	Z	A	B	C	D	E	F	G	H	I	J	K	L	M	N	O	P	Q	R	S	T	U
W	W	X	Y	Z	A	B	C	D	E	F	G	H	I	J	K	L	M	N	O	P	Q	R	S	T	U	V
X	X	Y	Z	A	B	C	D	E	F	G	H	I	J	K	L	M	N	O	P	Q	R	S	T	U	V	W
Y	Y	Z	A	B	C	D	E	F	G	H	I	J	K	L	M	N	O	P	Q	R	S	T	U	V	W	X
Z	Z	A	B	C	D	E	F	G	H	I	J	K	L	M	N	O	P	Q	R	S	T	U	V	W	X	Y

Tabla de Vigenère

La consolidación de la escritura secreta fue un instrumento imprescindible de poder en la creación de los Estados modernos, en la comunicación entre ejércitos y en la presencia de embajadas permanentes.

Se crearon los **secretarios de cifra**, responsables del cifrado de la correspondencia entre reyes, ministros y embajadores. También asumieron la responsabilidad de criptoanalizar la correspondencia intervenida de otros Estados.

La criptografía siguió avanzando durante el resto de la Edades Moderna y Contemporánea. En el **siglo XIX** es muy relevante la figura de **Auguste Kerckhoffs**, quien estableció las normas que debe cumplir un criptosistema para evitar ser violado por un criptoanalista. Profesor de lenguajes en la Escuela Superior de Estudios Comerciales de París, alcanzó la fama por sus dos famosos ensayos en *"Le Journal des Sciences Militaires"*, en el que dio a conocer sus célebres *"Seis Principios"*, que estudian el estado del arte en la criptografía militar. Habría que esperar hasta el **siglo XX** para asistir a progresos sustanciales en las técnicas de cifrado. Es el siglo de las máquinas y una de ella, la mítica **Enigma**, sobresale especialmente. Patentada por Arthur Scherbius en 1918 y utilizada por el ejército alemán –que llegó a contar con varios millares de unidades durante la II Guerra Mundial– a partir de 1923, en la que jugó un papel esencial. Incluso fue probada durante la Guerra Civil española en situaciones bélicas, dotando de varias unidades al bando nacional.

Criptosistema

Técnica criptográfica cuyos componentes interactúan de la forma adecuada para lograr la transformación de una comunicación inteligible en algo ininteligible.

Máquina Enigma

El **desciframiento de Enigma** constituyó uno de los episodios más importantes tanto para el devenir de los acontecimientos de la II Guerra Mundial como para el desarrollo de la criptografía.

Desde la iniciativa polaca, comandada por Marian Rejewski –quien llegó a descifrar el funcionamiento de la máquina pero no pudo mecanizar el proceso que realizaba a mano su equipo de criptoanalistas– hasta la continuidad de su trabajo por el matemático inglés Alan Turing –quien sí pudo gracias a las 100.000 libras esterlinas proporcionadas por el gobierno británico– existió un inmenso trabajo criptográfico que concluyó en la creación de la máquina *"Agnus Dei"* o *"Agnes"*, el 8 de agosto de 1940. Destacable es también la construcción en 1943 de *"Colossus"*, la máquina que consiguió descifrar el Enigma utilizado por la Marina alemana.

Después de la II Guerra Mundial se producirán los avances más significativos de la historia de la criptografía.

En **1949**, el matemático norteamericano Claude Elwood Shannon publicará la *"Teoría de las Comunicaciones secretas y la teoría matemática de la comunicación"*. En ese momento la criptografía deja de ser un arte y pasa a considerarse una ciencia, con complejas relaciones con otras como la estadística, la teoría de números y la teoría de la información, entre otras.

Con la aparición de máquinas más sofisticadas y las primeras computadoras la criptografía se fue asociando a la disciplina informática.

1.1. Criptografía informatizada

Shannon sugirió la combinación del método de transposición y del método de sustitución para crear nuevos criptosistemas para que las estadísticas del criptograma estuvieran influidas por el texto original, lo que supondría la obtención de resultados importantes con el simple estudio estadístico y comparativo de varios criptogramas generados con una misma llave y algoritmo.

Utilizando sus ideas, en la década de 1970, IBM desarrolló un sistema criptográfico denominado *Lucifer.* A partir de este algoritmo, y gracias al apoyo del gobierno estadounidense, IBM creó un nuevo sistema criptográfico denominado DES *(Data Encryption Standard)* también basado en las ideas de Shannon. DES consiste en un producto de sustituciones y transposiciones, cifrando bloques de 64 bits.

Desde el mismo proceso de diseño, sus creadores encontraron puntos débiles que no solucionaron. En 1977 Whitfield Diffie y Martin Hellman hicieron público que teóricamente, y utilizando una técnica de ensayo y error a través de claves posibles, el algoritmo DES era vulnerable. Así, se ponía en duda que una clave de 64 bits de longitud resultara suficiente para garantizar la seguridad del algoritmo.

La revolución en la criptografía surgió en un artículo publicado en 1976 titulado *"New Directions in Cryptography",* cuyos autores fueron Diffie y Hellman. Sugerían la utilización de dos claves diferentes: una de ella se utilizaría para cifrar y la otra para descifrar. El objetivo era que cualquier persona pudiera cifrar un mensaje utilizando su clave pública, pero solo el receptor del mensaje pudiera descifrarlo utilizando su clave privada. Estábamos asistiendo al nacimiento de los sistemas de cifrado asimétricos.

Para el cifrado se pretendía utilizar funciones matemáticas tales que su operación directa fuera sencilla pero su inversa bastante complicada, por ejemplo, la potenciación o los logaritmos.

Estos sistemas **se clasifican en función del método utilizado para garantizar su seguridad**: factorización entera, logaritmo discreto y curva elíptica.

El ejemplo más famoso de un sistema de **factorización entera** lo constituye el **algoritmo RSA**, que debe su nombre a sus creadores: *Robert Rivers, Adi Shamir* y *Leonard Adleman* en 1977. Durante los años 90 del s. XX, tuvieron su apogeo los algoritmos basados en el método de **logaritmo discreto**, por ejemplo **ElGamal**, creado por el criptógrafo egipcio Taher ElGamal. En 1985 aparecieron criptosistemas basados en curva elíptica (en inglés *Elliptic Curve Cryptography*, ECC). Fueron propuestos, de forma independiente, por Neil Noblitz y

Victor Miller. Se basan en los sistemas de algoritmo discreto, pero en lugar de números enteros utilizan coordenadas cartesianas (puntos). El algoritmo estándar basado en curva elíptica es el ECDSA (*Elliptic Curve Digital Signature Algorithm*).

En 1997 se consideraba que el algoritmo DES estaba anticuado y más desde que en 1991, los estudios de Eli Biham y Adi Shammir confirmaron que era vulnerable utilizando un sistema de texto escogido. Aunque resultaría extraño que se produjera un ataque de este estilo, sí se puso de manifiesto la vulnerabilidad.

Ataque de texto escogido

Tipo de ataque que consiste en que el atacante tiene la capacidad de elegir textos planos arbitrarios a cifrar y obtener los textos cifrados correspondientes.

Para solventar los problemas encontrados en el algoritmo DES se diseñó el "Triple DES".

TDES o 3DES. Utiliza una clave de 192 bits, 156 si se eliminan los bits de paridad. Este algoritmo consiste en aplicar tres veces el algoritmo DES. El sistema crece en seguridad, pero es considerablemente más lento.

Bits de paridad

Proporcionan el método más sencillo de detección de errores. Un bit de paridad es un dígito binario que indica si el número de bits con valor 1 en un conjunto de bits es par o impar.

Por ello, en 1997 El *National Institute of Standards Technology* (NIST) convocó un concurso para elegir sustituto para el algoritmo DES, que debería tener, en principio, una vigencia de al menos veinte años. En el año 2000, el NIST declaró vencedor al algoritmo **Rijndael**. A partir de ese instante se denominó *Advanced Encryption Algorythm* (AEA) y que conformaría el *Advanced Encryption Standard* (AES).

En los últimos 30 años han aparecido muchos algoritmos asimétricos, pero la mayoría han resultado inseguros. Otros no son prácticos, bien porque el resultado del cifrado es bastante mayor que el texto original, bien porque la longitud de la clave es enorme, incrementándose el tiempo de cómputo.

Hoy en día, para trabajar con el nivel de seguridad que permite la criptografía, hay que usar protocolos como SSL (*Secure Socket Layer*), que asegura las conexiones web, con e IPSec *(Internet Protocol Security)*, responsables ambos de asegurar el tráfico IP por Internet y de buena parte de la implementaciones de **redes privadas virtuales**. Igualmente, se utilizan los protocolos WPA *(Wi-Fi Protected Access)* y WPA2 de uso continuo en redes inalámbricas.

Hay que conocer asimismo otros protocolos de seguridad como **ssh** (*Secure Shell*), que se utilizan continuamente para conseguir accesos remotos seguros (autenticados y privados) a varios dispositivos de comunicaciones, que varían desde un simple equipo servidor hasta un cortafuegos, por poner dos ejemplos comunes.

1.2. Criptografía cuántica

A diferencia de los sistemas criptográficos convencionales, sean de clave pública o privada, los sistemas criptográficos cuánticos basan su fortaleza en un fenómeno físico.

En 1984, *Charles Bennet* y *Gilles Brassard* diseñaron –a nivel teórico– un protocolo criptográfico basado en un hecho de la física cuántica: es imposible medir de forma simultánea un par de observables, de acuerdo al *Principio de Incertidumbre de Heisenberg,* enunciado en 1927).

Principio de incertidumbre de Heisenberg

Heisenberg afirma que, en términos de la física cuántica, no se pueden determinar –a la vez y con precisión arbitraria– ciertos pares de variables físicas, como son, la posición y el momento lineal de un objeto dado.

La seguridad tradicional de un método de distribución de claves se ha basado en problemas de difícil tratamiento debido a su gran complejidad computacional. El método de Bennet y Brassard es un hecho físico inviolable.

En líneas muy básicas, puede imaginarse una nube de fotones que vibran en todas direcciones perpendiculares a su línea de propagación. Si se les fuerza a pasar por un filtro polarizado en vertical, los fotones que vibran verticalmente pasarán por el filtro. Únicamente los fotones que vibran horizontalmente no pasarán por el filtro.

Este escenario garantiza que emisor y receptor compartan una clave secreta sobre un canal no seguro con la total certeza de que ningún atacante habrá interceptado su comunicación.

En la actualidad, los prototipos de criptografía cuántica basados en el protocolo de Bennett y Brassard han avanzado significativamente y ya es posible realizar comunicaciones cuánticas a distancias de hasta 1.200 kilómetros a través de fibra óptica, gracias a los avances en la tecnología de repetidores cuánticos. Además, las redes cuánticas intercontinentales están comenzando a implementarse de forma experimental. China ha liderado estos desarrollos con su red cuántica de satélites, que permitió la primera transmisión cuántica a larga distancia entre satélites y estaciones terrestres. Japón también ha realizado importantes progresos y otros países, como Estados Unidos y algunos miembros de la Unión Europea, están invirtiendo fuertemente en la investigación y desarrollo de este tipo de tecnologías. A pesar de estos avances, los desafíos para una comercialización masiva y la implementación segura de la infraestructura siguen siendo significativos, en particular en lo que respecta a la creación de dispositivos fiables y seguros.

1.3. Criptografía de uso universal

Durante mucho tiempo el cifrado ha representado una parte importante tanto en ámbitos militares como gubernamentales, pero en la era de la información, la protección de ésta atañe a la criptografía.

Cifrados como el RSA proporcionan mecanismos que solucionan el problema de la distribución de claves y asegura las comunicaciones. Cuando en 1977 apareció el RSA, el proceso de cifrado requería de una gran potencia de cálculo en comparación con otros sistemas como el DES. Es una de las razones por la que este tipo de sistemas contaban con un uso tan restringido. La otra era el gran coste que suponía la distribución segura de las claves. Solo el ejército, utilizando soldados, y las grandes corporaciones, mediante el uso de guardias de seguridad, por ejemplo, podían permitirse la utilización de estos sistemas.

Con la idea de que el RSA fuera utilizado por el gran público, Phillip R. Zimmermann creó en 1991 un algoritmo con una interfaz agradable al usuario que lo convirtió en fácil de usar sin requerir conocimientos de criptografía previos. A este algoritmo le dio el nombre de *Pretty Good Privacy* (PGP). Tuvo que enfrentarse a problemas de índole legal, pues el núcleo de PGP, el algoritmo RSA, es un producto patentado. Además, el gobierno estadounidense quería legislar todos aquellos avances tecnológicos que pudieran estar fuera del alcance de las "escuchas" gubernamentales.

El giro que dio Zimmermann fue radical: puso el PGP a disposición de todo el mundo, gratis, a través de su publicación en su web, iniciándose su propagación generalizada.

La **libertad criptográfica** puede suponer que cualquier persona cifre sus documentos y comunicaciones. La parte negativa está en que puede ser un vehículo utilizado por delincuentes para sus comunicaciones. Asimismo, los gobiernos la ven como un riesgo de seguridad al estar fuera de su control.

Algunos países europeos han legislado el uso de la criptografía y luego han retirado las leyes que promulgaron. Otros siguen sin pronunciarse y también están los que aún cuentan con leyes anti-criptografía. La polémica continúa.

Como reflexión final cabe decir que, a estas alturas del siglo XXI, no se puede pensar en ser un buen profesional de la seguridad informática sin asimilar cómo funcionan los sistemas criptográficos. **Para entender suficientemente bien cómo conseguir una buena seguridad en redes hay que comprender la criptografía**. No es absolutamente necesario entender las matemáticas complejas que lleva implícitas, pero sí sus consecuencias. Se debe saber qué permite hacer la criptografía y, lo que es también importante, lo que no se puede hacer. Una cosa es ser un matemático especializado en criptografía y otra un ingeniero informático que sabe cómo hacer uso de ella y aplicarla en diferentes entornos de seguridad.

2. Teoría de la información

Los procesos que hacen posible transferir voz, datos y vídeo con ayuda de alguna forma de sistema se han desarrollado enormemente en las últimas décadas. Desde los años 40 del siglo XX la "Teoría de las comunicaciones" se desarrolló en dos líneas principales que tienen su origen en el trabajo de Claude Shannon y Warren Weaver. La rama de las comunicaciones que ha sido asociada al nombre de Shannon es la "Teoría de la información", desarrollada en 1948.

Wiener y Shannon trataron el problema de codificar las señales seleccionadas de un conjunto dado para hacer posible su apropiada reproducción después de su transmisión sobre sistemas de comunicaciones ruidosas.

Se trata de una teoría de medida, en el sentido que proporciona métodos para determinar los límites de ejecución cuando se transmite información a través de un canal de comunicación con ruido. Se demostró que es posible, incluso en un canal ruidoso, transmitir información con una probabilidad de error que puede ser tan pequeño como sea deseado.

También abarca las restantes formas de transmisión y almacenamiento de la información, incluyendo la televisión y los impulsos eléctricos que se transmiten en las computadoras y en la grabación de datos e imágenes.

El término **información** se refiere a los mensajes transmitidos: voz, música, imágenes, información digital e incluso impulsos nerviosos de organismos vivos. De forma general, la Teoría de la Información ha sido aplicada en campos tan diversos como la psicología, la estadística, la criptografía y la lingüística.

Los **elementos** del sistema de comunicación más estudiado son:

❑ **Fuente de información:** todo aquello que produce un mensaje o información que será transmitida.

❑ **Mensaje:** paquete de datos que viaja por una red.

❑ **Transmisor:** transforma o codifica el mensaje de forma adecuada al canal, (teléfono, amplificador, micrófono, transmisor de radio…).

❑ **Señal:** mensaje codificado por el transmisor.

❏ **Canal:** medio a través del que las señalas se transmiten al punto de recepción.

❏ **Fuente de ruido:** conjunto de distorsiones o adiciones no deseadas por la fuente de información que afectan a la señal. Pueden ser distorsiones del sonido (radio, teléfono), distorsiones de la imagen (televisión), errores de transmisión, etc.

❏ **Receptor:** decodifica o vuelve a transformar la señal transmitida en el mensaje original, o en una aproximación de este, haciéndolo llegar a su destino.

❏ **Destinatario:** receptor del mensaje.

Esquema de la comunicación ideado por Claude Shannon

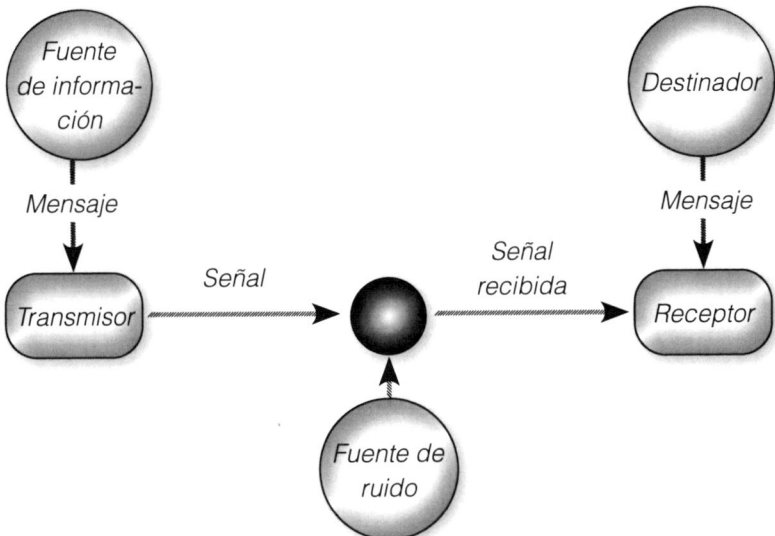

El tráfico de datos de Internet tiene mucha relación con la "Teoría de la información". Hay que recordar que Internet fue creada a partir de un proyecto de investigación y desarrollo de protocolos de comunicación para redes de área amplia. El objetivo era unir redes de transmisión de paquetes de diferentes tipos, capaces de resistir las condiciones de operación más difíciles y continuar funcionando aún con la pérdida de una parte de la red. El resultado de estas investigaciones fue el protocolo **TCP/IP** *(Transmission Control Protocol/Internet Protocol)*. A grandes rasgos, TCP/IP encapsula la información que se desea enviar y la extrae de los paquetes para utilizarla cuando se recibe. Los paquetes viajan a través de la red hasta que llegan al destino deseado. Una vez allí, el destinatario procesará la información. En caso de ser necesario, el destinatario enviará una respuesta al emisor utilizando el mismo procedimiento. Cada máquina conectada a Internet cuenta con una dirección única (la conocida como dirección IP), así se logra que la información que se envía no equivoque el destino.

Otra de las aplicaciones más conocidas de la "Teoría de la información" es la compresión existente en los archivos MP3. Este tipo de archivos se comprime para facilitar su descarga y almacenamiento en dispositivos. Cuando se accede a ellos se descomprimen para conseguir la disponibilidad de su uso.

TCP/IP

Conjunto de protocolos que permiten la transmisión de datos entre equipos informáticos. Es el par de protocolos más utilizados para las comunicaciones en Internet.

"A mathematical Theory of communication".
Claude E. Shannon and Warren Weaver.

3. Propiedades de la seguridad que se pueden controlar mediante la aplicación de la criptografía: confidencialidad, integridad, autenticidad, no repudio, imputabilidad y sellado de tiempos

El nacimiento de la criptografía se produjo ante la necesidad de mantener el secreto de las comunicaciones entre personas, normalmente de forma escrita. Posteriormente, la necesidad básica del mantenimiento del secreto hubo de complementarse, desarrollándose la criptografía digital, que surge como solución a los siguientes desafíos:

3.1. Confidencialidad

Es necesario garantizar la confidencialidad de la información transformada aplicando alguna de las técnicas criptográficas. Este fue el primer desafío que pretendió resolver la criptografía y, sin duda, el que motivó su nacimiento. Con la aplicación de transformaciones criptográficas se pretende que la información solo sea recibida por destinatarios autorizados para ello.

3.2.　Integridad

Hay que garantizar la integridad de la información, es decir, que el mensaje no haya sido modificado por ningún agente externo a la comunicación.

Dada la facilidad de insertar código en un documento digital sin dejar rastro, se hace necesario utilizar procedimientos criptográficos, principalmente con las denominadas funciones *hash*, que garanticen la integridad.

El documento digital puede ser un fichero, en cuyo caso es sencillo entender cómo se aplica:

❏　Se obtiene la marca de integridad (típicamente un *hash*) del fichero en el momento en que se sabe que tiene el contenido correcto

❏　Cuando se quiere comprobar si el fichero ha sido modificado, se recalcula tal marca y se compara con la original. Si es idéntica, no ha habido modificación. En caso contrario, el fichero ha sido modificado.

Este concepto tiene **diversas acepciones** dependiendo de dónde y cómo se aplique:

❏　En una **red**, en la que los participantes se han puesto de acuerdo en una función de una sola vía, para que el receptor compruebe si el mensaje que le ha llegado ha sido modificado o no.

❏　En **sistemas criptográficos**, mediante el uso de resúmenes de tipo HMAC *(Hash Message Authentication Code)*, en los que la función depende de una clave, compartida únicamente entre un grupo de participantes, lo que permite usar el método sólo al grupo deseado. Se podría hablar aquí de integridad autenticada, en el sentido de grupo.

Función hash

Función matemática de una sola vía eficaz en la criptografía, puesto que se conoce un procedimiento de cálculo eficiente y rápido para computar esa función, mientras que no se conoce un procedimiento eficiente para realizar ese mismo cálculo pero a la inversa.

FIRMA DIGITAL = RESUMEN DEL MENSAJE FIRMADO

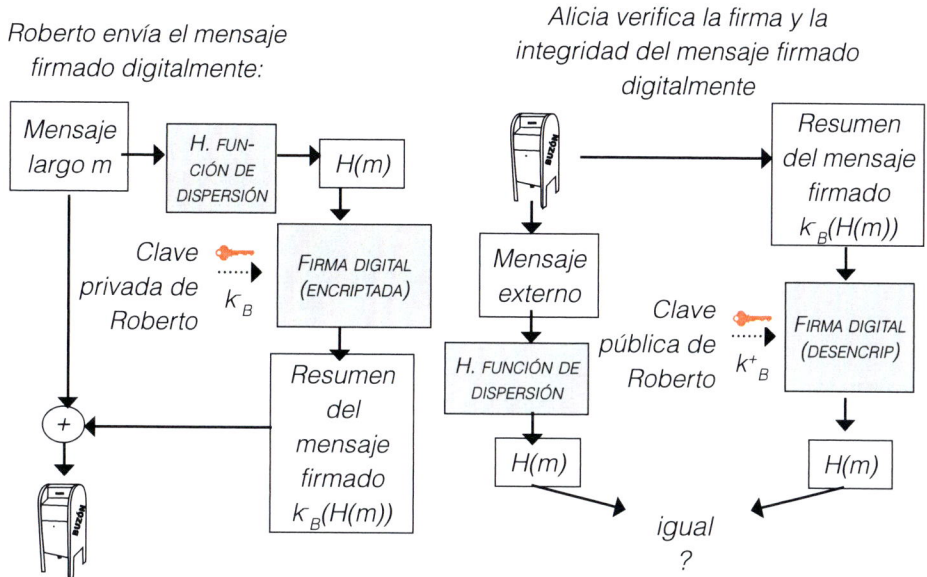

Roberto envía el mensaje firmado digitalmente:

Alicia verifica la firma y la integridad del mensaje firmado digitalmente

Integridad del mensaje

3.3. Autenticidad

HMAC

Operación en la que se aplica un hash a un código de autenticación de mensaje. Es el mecanismo habitual que se encuentra en protocolos de cifrado como SSL o IPSec.

Se hace necesario garantizar la autenticidad del origen de un mensaje, es decir, garantizar que el mensaje, que la información provienen de la persona o entidad de quien dice proceder. En los documentos en formato papel, esta garantía se logra mediante la firma física del emisor. En los documentos digitales se lleva a cabo, análogamente, mediante el uso de la firma digital.

Si se trata de una persona física que realiza su declaración de la renta a través de Internet la aplicación es clara pero, al igual que con la integridad, se puede aplicar en muchas otras situaciones.

Un dispositivo de red, por ejemplo un encaminador (router), demostrando a otro encaminador en Internet, que realmente su identidad es la que dice ser. Este paso es fundamental, como se analizará en un capítulo posterior, para la creación, por ejemplo, de una red privada virtual.

Un servidor de comercio electrónico, que usa SSL, demostrando a un posible cliente, mediante lo que se conoce como conexión segura, que realmente es el servidor que dice ser. Esto se aplica, también, en el otro sentido, pues es igual de importante que el cliente demuestre ser quien dice ser.

Un servidor de oficina de banca por Internet, que necesita asegurarse de que un mensaje de cargo a una cuenta corriente es de quien dice ser. El mensaje suele venir cifrado con una contraseña, que puede estar autenticada.

Firma digital

Mecanismo criptográfico que permite al receptor de un mensaje firmado digitalmente determinar tanto quién lo originó como garantizar que no fue modificado desde que fue enviado por su emisor.

3.4. No repudio. Imputabilidad

El desafío surge ante la posibilidad de que el emisor o receptor de un determinado mensaje intente negar, si ello le conviene, su emisión o recepción.

Cuando se recibe un mensaje no solo es necesario poder identificar de forma unívoca al remitente sino que este asuma todas las responsabilidades derivadas de la información que haya podido enviar. En este sentido, es fundamental impedir el repudio, es decir, la negativa por parte de una entidad de haber participado en una comunicación o en parte de ella.

El **no repudio** es una propiedad interesante para la seguridad, especialmente en entornos comerciales. Intrínsecamente ligada con la autenticación, en esencia, el no repudio es la necesidad de asociar un mensaje con su creador. Las comunicaciones seguras pueden resultar muy minusvaloradas si no se puede responsabilizar a los creadores de los mensajes de haberlos originado. Esto es necesario, tanto para poder culpar de un cierto problema, con seguridad, a su causante, como para poder darle el crédito de ser quien dice que es. Si no se puede asociar correctamente un mensaje con su creador, no es extraño que se cuestione tanto al emisor como la validez del contenido del propio mensaje. Esencialmente, el problema se puede resumir en dos cuestiones:

❑ Si el emisor niega haber enviado un mensaje, ¿cómo comprueba el receptor que el mensaje que le ha llegado es realmente del emisor? Se habla aquí del **no repudio del emisor**. El emisor debe asumir todas las responsabilidades derivadas de la información que ha enviado. Realmente, se trata de un problema no del todo resuelto.

❑ Si el receptor niega haber recibido un mensaje, ¿cómo comprueba el emisor, que ha enviado el mensaje al receptor, que efectivamente se envió? A esto se denomina no **repudio del receptor.**

3.5. Sellado de tiempos

Es preciso garantizar que una serie de datos contenidos en un documento electrónico han existido en un instante concreto en el tiempo.

El sellado de tiempo *(time stamping)* es un mecanismo en línea que permite demostrar que una serie de datos han existido en un instante específico en el tiempo. Este protocolo se incluye en el registro de estándares de Internet.

Para generar un sello de tiempo se realizan los siguientes pasos:

❑ Obtención del documento electrónico al que se desea aplicar el sellado de tiempo.

❑ Generación de un resumen digital (*hash*) para el documento en el ordenador en el que se ubica el documento digital.

❑ Este resumen forma la solicitud que se envía a la Autoridad de Sellado de Tiempo (en inglés, *Time Stamping Authority,* TSA).

❑ La TSA genera un sello de tiempo con esta huella, la fecha y hora obtenida de una fuente fiable y la firma electrónica de la TSA, basada en la clave privada del certificado de sello de tiempo que utiliza la TSA.

En España, esa fuente fiable es el servicio NTP *(Network Time Protocol)* del Real Observatorio de la Armada (ROA), que lo establece para todo el territorio estatal vía RedIRIS.

❑ El sello de tiempo se envía de vuelta al usuario y la TSA mantiene un registro de los sellos emitidos para su futura verificación.

La TSA únicamente recibe el *hash* de los datos originales. La privacidad de los mismos queda garantizada puesto que estos datos no se pueden reconstruir a partir del *hash* que se firma.

La Autoridad de sellado de tiempo es un **prestador de servicios de certificación** que proporciona certeza sobre la preexistencia de determinados documentos electrónicos a un momento dado, cuya indicación temporal junto con el *hash* del documento se firma por la Autoridad de sellado de tiempo.

Una autoridad de sellado de tiempo actúa como **tercera parte de confianza**, testificando la existencia de dichos datos electrónicos en una fecha y hora concretos.

RedIRIS
Es la red académica y de investigación española. Proporciona servicios avanzados de comunicaciones a la comunidad científica y universitaria nacional.

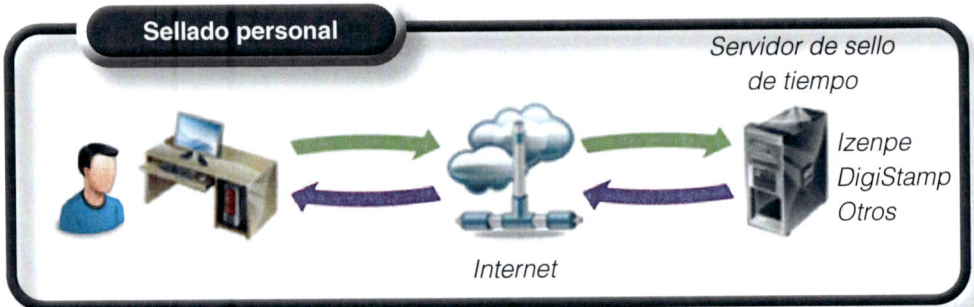

Sellado de tiempo personal y de órgano administrativo.

La emisión de los sellos de tiempo es un servicio que se contrata a terceros. Existen muchas posibilidades, desde la compra por volumen de sellos, hasta tarifas planas.

Con el estudio de este epígrafe hemos conseguido identificar las propiedades de la seguridad que se pueda controlar mediante la aplicación de la criptografía.

4. Elementos fundamentales de la criptografía de la clave privada y de la clave pública

Los **criptosistemas de clave secreta** se caracterizan por utilizar la misma clave para el cifrado y el descifrado, que se mantiene secreta. Estos sistemas de clave única son denominados también de **clave privada** en contraposición a los de **clave pública,** en los que parte de la clave se da a conocer. Por otra parte, al usar la misma clave secreta, se denominan también **simétricos**, en contraposición de los de clave pública, denominados **asimétricos**.

4.1. Criptografía de clave privada o cifrado simétrico

A nivel matemático es un método poco complejo y se ha utilizado durante años. La seguridad de estos sistemas se reduce exclusivamente a la seguridad de la clave (Principio de Kerckhoffs).

Si el algoritmo está bien diseñado, el texto cifrado solo se podrá descifrar si se conoce la clave. En la buena criptografía debiéndose suponer conocidos el resto de los parámetros del sistema criptográfico. O en otras palabras, como dijo Claude Shannon: **"el adversario conoce el sistema"**.

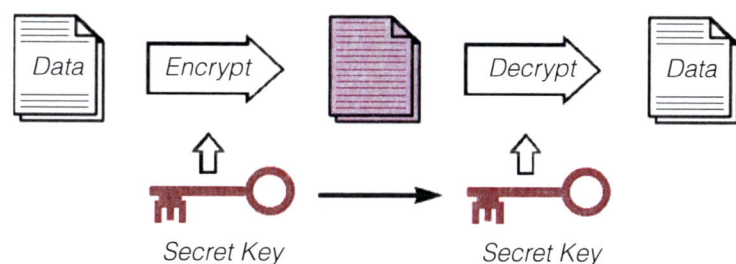

Ejemplo de clave privada/simétrica.

Para efectuar un cifrado simétrico es preciso realizar dos operaciones distintas: **sustitución** y **transposición**. La **sustitución** consiste en sustituir cada uno de los elementos que forman el texto por otro, a través de unas reglas conocidas por el emisor y el receptor. La **transposición** consiste en la reordenación de los elementos obtenidos en la primera operación. Para ello se utilizarán unas normas establecidas por emisor y receptor.

Por separado, estas operaciones no constituyen un buen sistema criptográfico, pero la robustez del algoritmo de cifrado puede mejorarse considerablemente si se combinan ambas operaciones, usando sustitución y transposición repetidamente sobre el mismo mensaje. Algunos algoritmos modernos de cifrado, como por ejemplo el AES o el Triple DES, utilizan múltiples vueltas de cifrado en las que se combinan las dos operaciones. Con esta técnica se consigue lo que se conoce como **difusión y confusión**.

Idealmente, un texto cifrado debe tener una apariencia totalmente aleatoria. Debe eliminarse del texto cifrado cualquier pista o patrón, lo que significa que es necesario eliminar cualquier relación estadística entre el mensaje original y su texto cifrado. La combinación de la sustitución y transposición difunde, es decir, distribuye o dispersa la estructura estadística del mensaje sobre la totalidad del texto cifrado.

En este contexto, la **difusión** tratará de repartir el *peso* (o influencia) de cada bit del texto legible original dentro del mensaje cifrado.

Dado que, normalmente, el criptoanalista solo dispondrá del texto cifrado y del conocimiento del funcionamiento del algoritmo de cifrado utilizado para tratar de dar con la clave secreta, la **confusión** busca ocultar la relación entre el texto cifrado y la clave secreta.

Los algoritmos de cifrado que se sirven de la confusión y de la difusión se suelen llamar **cifradores de producto**. Cada aplicación de la confusión y de la difusión se produce en una vuelta de cifrado. Los cifradores modernos suelen utilizar muchas vueltas de cifrado o iteraciones.

Muchos de estos cifrados tienen en común que dividen un bloque de texto en dos mitades sobre las que se aplica la estructura conocida como **red de Feistel**.

Red de Feistel
Estructura en la que se define un cifrado de producto iterativo en el cual cada salida de iteración se convierte en entrada de la siguiente. Además, esta estructura proporciona una característica muy importante: para descifrar solo es necesario aplicar el mismo algoritmo, eso sí, con los índices intermedios en orden inverso.

El primer factor de seguridad de un algoritmo es su diseño. El segundo factor es la longitud de la clave utilizada. Cuando un criptoanalista no puede encontrar fallos en el algoritmo, siempre le queda recurrir a un ataque de fuerza bruta. Se trata de un método que no ataca al algoritmo en sí, sino que busca exhaustivamente todos los posibles valores de la clave hasta dar con la correcta.

De ahí la **importancia de elegir claves suficientemente largas,** de manera que con la potencia de cálculo actual sea imposible probarlas todas en un tiempo razonable. Este fue el problema de uno de los algoritmos simétricos más populares y utilizados aún hoy en día, el DES (*Data Encryption Standard*). Su longitud de clave fue establecida en 64 bits (56 bits después de quitar los bits de paridad). DES fue diseñado en el año 1976, y en aquellos tiempos resultaba impensable que un ordenador pudiera probar 256 combinaciones posibles de la clave. Pero el aumento de la potencia de cómputo permitió que en el año 1998 se diseñara un dispositivo capaz de obtener la clave correcta en 56 horas. Sucesivos avances en computación paralela han conseguido reducir el tiempo a menos de un día. Actualmente, una clave simétrica de ese tamaño es completamente insegura.

Los algoritmos asimétricos utilizan longitudes de clave mayores que los simétricos. Mientras para estos últimos se estima que una longitud de clave de 128 bits es bastante segura, en los asimétricos se recomiendan longitudes de clave de, al menos, 1024 bits, excepto en el caso de los algoritmos basados en curvas elípticas. Algunos algoritmos permiten seleccionar a voluntad la longitud de la clave, como el estándar AES (*Advanced Encryption Standard*) que se basa en el algoritmo criptográfico Rijndael. Es importante conocer que cada bit que se añade a la clave dobla el tamaño del espacio de claves posibles.

TABLA CON RECOMENDACIONES PARA LA ELECCIÓN DE LONGITUD DE CLAVES		
Naturaleza de los datos	**Tiempo a mantener en secreto**	**Longitud recomendada de la clave**
Información militar	Minutos u horas	128 bits
Secretos de marca	Años	128 – 256 bits
Armas nucleares	Más de 40 años	256 – 512 bits
Espionaje	Más de 50 años	512 – 1024 bits

Los **cifrados simétricos** se pueden dividir en:

❑ **Cifrado en bloque.** Un texto está formado por palabras que, a su vez, se componen de caracteres. Un cifrado de bloque consiste en transformar cada una de las palabras en otras de igual longitud, esto es, mismo número de caracteres. Este es el cifrado simétrico más utilizado actualmente.

El texto original se procesa en bloques de 64 bits. Los bloques de salida, también de 64 bits, se concatenan para formar el texto cifrado. Con este sistema se impide la supresión y/o la inserción de bloques de texto cifrado, ya que, en ese caso, el receptor sería incapaz de descifrar el criptograma recibido quedando, por tanto, alertado de la posible intrusión. Además, los ataques estadísticos también se dificultan debido a la interdependencia del texto cifrado a lo largo de todo el proceso.

Ya en 1949, Claude Shannon sugirió la combinación de los métodos de transposición y sustitución para crear nuevos criptosistemas. Utilizando sus ideas se diseñaron los criptosistemas DES y AES.

❏ **Cifrado en flujo.** Son aquellos textos que se obtienen de combinar una clave secreta con el texto original a través de un operador XOR. Una de las propiedades de este operador logra operaciones de descifrado de gran sencillez.

Operador XOR

También denominado O exclusivo, es una disyunción lógica de dos operandos que únicamente es verdad si uno de los operandos es verdad pero no ambos.

Esta modalidad permite el tratamiento de bloques de menos de 64 bits. Habitualmente se utiliza para la seguridad de mensajes muy repetitivos y para cifrar o descifrar ficheros donde no conviene almacenar información inútil.

Este tipo de cifrados ya fueron propuestos en 1917 por Gilbert Vernam. Los cifrados de flujo más modernos se dividen en dos grupos: **síncronos** y **autosíncronos**.

Los cifrados **síncronos** son aquellos en que, si durante la transmisión del mensaje se pierde un carácter, se producirá un error de sincronización entre emisor y receptor. El método tiene como ventaja que el carácter perdido será mal codificado, pero el resto del mensaje permanecerá intacto.

Los **autosíncronos** se caracterizan porque cada carácter cifrado depende de un número fijo de caracteres del texto original. Utilizando este sistema no es necesaria la sincronización entre emisor y receptor. La desventaja está en que si se produce un error en la transmisión de un carácter, supone un error en el resto del proceso de descifrado.

Los cifrados de flujo son mucho más rápidos que los cifrados de bloque, pero son más inseguros.

Actualmente esta división es meramente formal. Los algoritmos actuales permiten cifrar indistintamente en bloque y en flujo, dependiendo de las necesidades de cada momento.

El mayor problema al que, históricamente, **se ha enfrentado la criptografía de clave privada es el de la distribución de su clave**. Puesto que la clave solo es conocida por emisor y receptor, ¿cómo hacérsela llegar en el caso de que emisor y receptor estén separados por muchos kilómetros? ¿Y si tienes que hacérsela llegar a muchas personas? Sería inmanejable.

Hasta mediados del siglo XX muy pocos necesitaban realmente hacer uso de la criptografía: militares, diplomáticos y algunas empresas. El uso de la criptografía de clave simétrica era suficiente. Podían gastar tiempo y dinero en distribuir las claves: los militares podían enviarlas custodiadas por soldados, los políticos podían protegerlas por fuerzas de seguridad y las grandes empresas podían contratar a agentes de seguridad.

Por todo lo anteriormente expuesto, durante siglos no hubo muchas respuestas exitosas a este problema.

Sin embargo, a finales del siglo XX cada vez era mayor la demanda del uso de la criptografía, por lo que resultaba necesario encontrar un mecanismo capaz de distribuir claves secretas de manera rápida, segura y al alcance de todos.

Durante la década de los años 70 del siglo XX se asiste al nacimiento de la criptografía de clave pública.

4.2. Criptografía de clave pública o cifrado asimétrico

Whitfield Diffie y Martin Hellman publicaron en 1976 el artículo titulado *"New Directions in Cryptograghy"*, proponiendo el uso de una clave para cifrar y otra distinta para descifrar. El objetivo era conseguir que cualquier persona pudiera cifrar un mensaje, con la denominada clave pública, y que únicamente el destinatario pudiera descifrarlo, utilizando la clave privada. Este proceso solucionaría el problema de la distribución de claves del sistema simétrico, garantizando la confidencialidad.

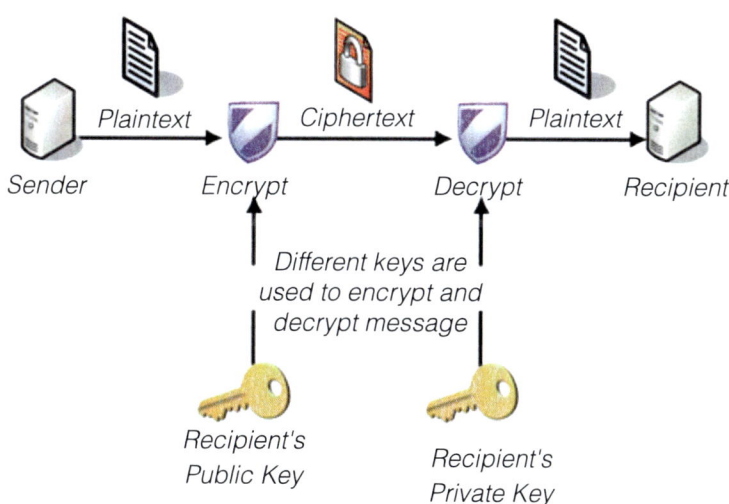

Ejemplo de clave pública/asimétrica.

Para el cifrado se pretendía utilizar funciones matemáticas tales que su operación directa fuera sencilla, pero su inversa bastante complicada, como la potenciación o los algoritmos.

Las propiedades de complejidad de cálculo que debía cumplir cualquier algoritmo asimétrico son:

❑ El usuario debe ser capaz de calcular su clave pública y privada en tiempo polinómico.

❑ El tiempo de cifrado, con la clave pública, debe ser también polinómico.

❑ El tiempo de descifrado, con la clave privada, debe ser también polinómico.

❑ El proceso de hallar la clave privada, a pesar de ser resoluble a nivel teórico, ha de ser irresoluble a nivel práctico, por motivo de costes, en tiempo y dinero.

❑ El proceso de descifrado del criptograma, aplicando la clave pública, debe ser inviable.

Tiempo polinómico

En computación, cuando el tiempo de ejecución de un algoritmo es menor que un cierto valor calculado a partir del número de variables implicadas usando una fórmula polinómica, se dice que el problema puede ser resuelto en un tiempo polinómico.

Estos sistemas se clasifican en función del método utilizado para garantizar su seguridad: factorización entera, logaritmo discreto y curva elíptica.

El ejemplo más famoso de un sistema de factorización entera lo constituye el algoritmo RSA, creado en 1977.

Cuando se cifra algo con una clave privada luego no puede decirse que no se hizo: esta propiedad de seguridad de los sistemas de clave asimétrica se denomina **no repudio**. Así, conviene mantener a buen recaudo la pareja de claves necesaria en estos sistemas, por ejemplo, en el DNI electrónico.

¿Cómo se puede estar seguro de que la clave pública de un usuario es en realidad la suya y no la de un atacante que ha logrado sustituirla por la suya propia?

Es uno de los grandes problemas de la criptografía de clave pública. La situación descrita se denomina *man-in-the-middle* (hombre en el medio).

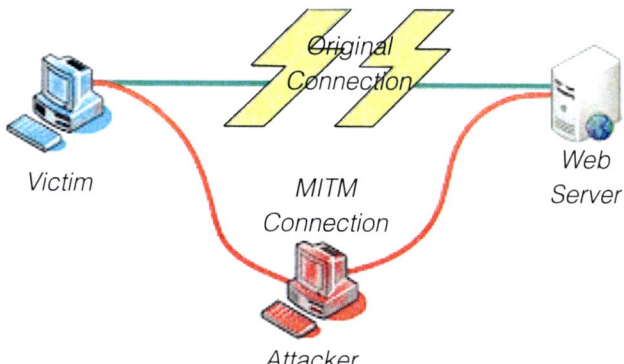

Ejemplo de ataque del tipo man-in-the-middle.

Hoy en día esta peligrosísima situación está parcialmente resuelta utilizando los certificados digitales y los sistemas de infraestructura de clave pública (en inglés *Public Key Infrastructure*, PKI).

 *New Directions in Cryptograghy. W. Diffie y M.Hellman*

Comparación entre los sistemas de clave pública

❑ **Seguridad.** Para llegar a un grado aceptable de seguridad, el RSA y el DSA deberían utilizar claves de 1024 bits, mientras que para la ECC el tamaño recomendable bastaría con 160.

A medida que crece la clave, aumenta la distancia entre la seguridad de cada propuesta.

 *El ECC con 380 bits es mucho más seguro que el RSA o el DSA con 2000 bits (de hecho, para esta longitud de clave el ECC es comparable al RSA de 7600 bits).*

❑ **Eficiencia.** Para comparar los niveles de eficiencia, deberíamos contar con los siguientes factores:

◆ **Costes computacionales**, es decir, la computación necesaria para cifrar y descifrar.

Cada uno de los tres sistemas –ECC, RSA y DSA– exige un gran esfuerzo computacional. En el RSA se puede utilizar un exponente público pequeño para mejorar la rapidez en la verificación de las firmas y en el cifrado pero no en la generación de la firma y el descifrado. Tanto en el DSA como en el ECC se pueden calcular con antelación varias tablas para mejorar su rendimiento.

Teniendo en cuenta el estado actual de las implementaciones, resulta que la ECC es un orden de magnitud más rápido que el RSA y que el DSA.

♦ **Tamaño de la clave**, esto es, la cantidad de bits necesarios para guardar la pareja de claves y los restantes parámetros del sistema.

La siguiente tabla muestra la medida de los parámetros y de las claves:

TABLA COMPARATIVA ENTRE LOS TAMAÑOS DE LA CLAVE		
	SISTEMA DE PARÁMETROS (BITS)	CLAVE PÚBLICA (BITS)	CLAVE PRIVADA (BITS)
RSA	2208	1088	2048
DSA	2208	1024	160
ECC	481	161	160

♦ **Ancho de banda**, es decir, la cantidad de bits que se deben transmitir para comunicar un mensaje cifrado o una firma digital.

Los tres tipos de criptosistemas requieren el mismo ancho de banda cuando se utilizan para firmar mensajes largos.

Si, por ejemplo, deseamos firmar un mensaje de 2.000 bits o un mensaje de 100 bits. Las dos siguientes tablas comparan las longitudes de firma y de los mensajes cifrados, respectivamente:

MEDIDA DE LAS FIRMAS EN MENSAJES DE **2000** BITS	
Criptosistema	**Tamaño de la firma (bits)**
RSA	1024
DSA	320
ECC	320

MEDIDA DE LOS MENSAJES DE **100** BITS, CIFRADOS	
Criptosistema	**Tamaño de la firma (bits)**
RSA	1024
DSA	2048
ECC	321

Resumiendo: el sistema ECC es de gran eficiencia. En las implementaciones, este dato implica rapidez, bajo consumo y reducción de la medida del código transmitido.

 *Con el estudio de este epígrafe hemos conseguido describir las diferencias entre los algoritmos de cifrado de clave privada y los de clave pública, indicando sus diferentes usos.*

5. Características y atributos de los certificados digitales

Para solucionar el problema de asegurar que la clave pública que se recibía era de la persona correcta y no de un suplantador, se buscó algún sistema identificativo único de una entidad o persona. Se pensó en implementar una especie de documento de identidad electrónica que identificara, sin lugar a dudas, a su emisor.

La solución se produjo con la aparición de los certificados digitales, documentos electrónicos basados en la criptografía de clave pública.

La principal misión de un certificado digital es la de garantizar, con toda confianza, el vínculo existente entre una persona, entidad o servidor web con una pareja de claves correspondientes a un sistema criptográfico de clave pública.

El certificado digital, de clave pública o de usuario, es un documento electrónico identificado por un número de serie único y con período de validez incluido en el propio certificado que contiene varios datos. Está emitido por una entidad de confianza, denominada autoridad de certificación y vincula a su propietario con una clave pública.

Un **certificado emitido por una autoridad certificadora**, además de estar firmado digitalmente por esta, **debe contener, al menos**:

❑   Nombre, dirección y domicilio del suscriptor.

❑   Identificación del suscriptor nombrado en el certificado.

❑   Nombre, dirección y lugar donde realiza actividades la autoridad de certificación.

❑   Clave pública del usuario.

❑   Metodología para verificar la firma digital del suscriptor impuesta en el mensaje de datos.

❑   Número de serie del certificado.

❑   Fecha de emisión y expiración del certificado.

- Quén emite el certificado.
- Quién es el usuario.
- Clave pública.
- Fecha de emisión.
- Fecha de caducidad.
- Extensiones (ejemplos):
  - Límites de uso.
  - Límites valor transacciones.
- Firma de la autoridad emisora.

- Confianza entre las partes (autentificación).
- Seguridad en la comunicación (cifrado).
- Firma digital.
- Existen otras.

El DNI tiene certificados para:
- Autentificación.
- Firma digital.

Características y atributos de un certificado.

Como el certificado está firmado por la autoridad de certificación, se garantiza que el mensaje no ha sido modificado (la firma garantiza la integridad), que la clave pública pertenece al usuario con el identificador indicado y que el certificado es accesible para todos (es necesaria la clave pública de la autoridad de certificación para poder leer el certificado).

Para comprobar la autenticidad de un certificado, hay que tener instalado en el equipo informático el certificado raíz de la autoridad certificadora. Su vigencia puede comprobarse consultando el propio certificado y acudiendo a la entidad certificadora para asegurarse de que el certificado no ha sido revocado.

El **ciclo de vida de los certificados** atraviesa las siguientes fases:

❑   Solicitud.

❑   Emisión.

❑   Modificación.

❑   Renovación.

❑   Revocación.

Certificados reconocidos

Certificados que se han expedido cumpliendo los requisitos cualificados en su contenido, los procedimientos de comprobación de la identidad del firmante y la fiabilidad y garantías de la actividad de certificación electrónica.

Los certificados no se emiten con carácter indefinido. En ellos debe figurar su fecha de expiración, pasada la cual dejarán de ser válidos. El **período de validez** de los certificados electrónicos será adecuado a las características y tecnología empleada para generar los datos de creación de firma. En el caso de los **certificados reconocidos**, este período **no podrá ser superior a cuatro años**.

No obstante lo anterior, un certificado puede ser renovado antes de que expire su período de validez.

También es posible **revocar un certificado**. Esto significa privarle de su validez antes de que finalice el período incluido en el propio certificado. Éste puede ser revocado por varios motivos:

❑ Los datos que contiene han dejado de ser válidos.

❑ La clave privada ha sido comprometida o ha llegado conocimiento de terceras personas.

❑ El certificado ha dejado de tener validez dentro del contexto para el que ha sido emitido.

6. Identificación y descripción del funcionamiento de los protocolos de intercambio de claves usados más frecuentemente

Uno de los problemas de la criptografía de clave privada está en la distribución de las claves entre los usuarios de una red de comunicaciones en la que cada pareja de usuarios necesita compartir una clave para crear un canal privado virtual entre ambos.

Esta clave no puede ser enviada por la propia red de comunicaciones (habitualmente insegura) y por motivos de seguridad deberá cambiarse periódicamente. En muchas ocasiones, la clave es desechable y se denomina **clave de sesión.**

Esta gestión de claves conlleva algunos interrogantes, como asegurar quiénes asumen la responsabilidad de la creación de claves, cómo se construirán los distintos tipos de claves (de sesión, maestras, de comunicaciones, etc.), definir los requisitos de seguridad en su almacenamiento, etc.

Normalmente, una comunicación mediante protocolos de intercambio de claves consta de dos fases:

❑ **Fase de saludo.** Se corresponde con los sistemas de criptografía de clave asimétrica, en la que se negocia entre la partes el algoritmo que se utilizará en la comunicación. También se produce el intercambio de claves públicas, autenticándose cada una de las partes mediante certificados digitales X.509. Los dos interlocutores eligen una clave de sesión.

❑ **Fase de comunicación.** Se corresponde con los sistemas de criptografía de clave simétrica, en la que se produce el cifrado del tráfico basado en cifrado simétrico a partir de la clave de sesión y se van generando nuevas claves de forma dinámica.

Para probar la seguridad de un protocolo de intercambio de claves es necesario establecer una propiedad de seguridad, que sea suficiente para garantizar que la clave es apropiada para usarse. Específicamente, un intruso que interactúa con el protocolo de intercambio de claves no debería ser capaz de extraer información que pueda comprometer el protocolo de aplicación que utilizada la clave resultante. Esta idea parece pertenecer al ámbito de los más modernos cifrados simétricos, pero es válida para cifrados más antiguos.

6.1. Intercambio de claves en los sistemas criptográficos de clave pública

En un sistema de clave pública, en el que cada usuario dispone de su pareja de claves y no es necesaria la distribución de claves para cifrar. Al contrario, han de ser accesibles para cualquiera que desee utilizarlas y poder comunicarse con su propietario.

Existe, no obstante, el riesgo de no personación, esto es, un atacante podría hacer creer que su clave pública es la clave pública de otro usuario.

Existen cuatro esquemas posibles de **gestión de claves públicas**:

❑ **Anuncio público.** Cada participante difunde su clave pública al resto de usuarios. El riesgo de no personación es grande.

❑ **Directorio público.** Se mantiene por una autoridad, una tercera parte de confianza que dispone de acceso directo y libre (de lectura) por parte de cualquier usuario al directorio de claves. Cualquier usuario registra en el directorio su identidad y su clave pública. De este modo, en principio, se elimina el riesgo de la no personación.

❏ **Autoridad pública.** Similar al punto anterior, pero los usuarios no tienen acceso al directorio de claves, sino que interaccionan con un centro de distribución de claves (*Key Distribution Center,* KDC). Si un usuario desea conocer la clave pública de otro, ha de formular una petición expresa a la autoridad que mantiene el directorio.

❏ **Autoridad de certificación.** Es una tercera parte de confianza que expide a cada usuario su certificado de clave pública, ligada a su identidad junto con otros datos. El certificado va firmado con la clave privada de la autoridad. De este modo, un usuario puede enviar el certificado a otro y éste puede comprobar, utilizando la clave pública de la autoridad, la validez de la clave, la identidad del emisor y el resto de datos incluidos (por ejemplo, la vigencia del certificado).

6.2. Intercambio de claves en los sistemas criptográficos de clave privada

En estos sistemas las claves deben distribuirse de forma centralizada puesto que, de otra forma, el administrador de una red debería proporcionar claves a cada pareja de usuarios que quisieran intercambiar información secreta.

En estos sistemas, dos usuarios pueden establecer una clave compartida utilizando dos métodos:

❏ **Transporte de claves.** Un usuario crea una clave y la transfiere, con seguridad, al otro usuario. De forma alternativa, una tercera persona podría crearla y transferírsela a ambos.

❏ **Acuerdo de claves.** La clave es calculada por los usuarios como una cierta función de la información suministrada por ambos usuarios. Ningún usuario por sí mismo, en principio, puede determinar el valor de esta clave.

Un problema adicional que se puede plantear es el de autenticación de las claves y de los usuarios que las acuerdan o envían. Dicha autenticación será resuelta con los protocolos de distribución utilizando, en la mayoría de los casos, sistemas criptográficos de clave pública para distribuir una clave privada:

❏ **Protocolo de transporte de una clave privada.** Permite transferir una clave elegida por un usuario a otro, utilizando un algoritmo de un solo paso.

❏ **Protocolo de intercambio de dos claves de Needham-Schroeder.** Permite intercambiar dos claves entre dos usuarios con únicamente tres pasos, al mismo tiempo que los usuarios se autentican mutuamente.

❑ **Protocolo de distribución de claves centralizado** (*Key Distribution Center,* KDC). Permite la distribución de una clave de sesión a dos usuarios para utilizar en un sistema criptográfico de clave privada.

Para iniciar el protocolo, un usuario comunica a la autoridad pública que se quiere comunicar con otro. Para ello, solicita la identidad de éste último y una clave de sesión para compartir. Además, se utilizará un parámetro temporal para controlar el plazo de vigencia.

❑ **Protocolo de acuerdo de claves de Diffie-Hellman.** Se basa en la función exponencial y el logaritmo discreto y no precisa de intervención más que la de los propios usuarios que desean establecer la comunicación.

 *Con el estudio de este epígrafe hemos conseguido identificar los diferentes protocolos de intercambio de claves, describiendo su funcionamiento.*

7. Algoritmos criptográficos más frecuentemente utilizados

7.1. Algoritmos simétricos

Un sistema de cifrado es simétrico o de clave privada cuando se utiliza la misma clave para cifrar y para descifrar. La seguridad del sistema se reduce exclusivamente a la seguridad de la clave.

Como es sabido, para obtener un cifrado simétrico es necesario realizar dos operaciones distintas: sustitución y transposición.

En 1949, Claude Shannon sugirió la combinación de los métodos de transposición y de sustitución para crear nuevos criptosistemas. Dicha combinación posibilitaría la obtención de importantes resultados con el simple estudio estadístico y comparativo de los criptogramas generados con una misma llave y algoritmo. Utilizando las ideas de Shannon se generaron los siguientes algoritmos simétricos.

7.1.1. Algoritmos DES *(Data Encryption Standard)*

Algoritmo de cifrado desarrollado en 1976 por la empresa IBM a partir del original *Lucifer,* que se basaba en las ideas de Shannon.

El sistema es un producto de sustituciones y transposiciones, lo que le convierte en simétrico.

El algoritmo DES distribuye el texto que se desea cifrar en bloques de 64 bits y los modifica mediante una clave del mismo tamaño. Tras la codificación, el texto mantiene el tamaño.

Desde su mismo diseño, los autores se dieron cuenta de los puntos débiles de su algoritmo. En 1977, Diffie y Hellman probaron que, utilizando una técnica de prueba y ensayo a través de las claves posibles, el algoritmo DES era vulnerable. Con este estudio se demostró que una clave de 64 bits era insuficiente para garantizar la seguridad del algoritmo. En un principio se había pensado en dotar al algoritmo de una clave de 128 bits pero, finalmente, se quedó en 64. Algunas teorías apuntan a que fue la Agencia Nacional de Seguridad, agencia gubernamental americana que impidió su aparición con 128 bits, presuntamente para así contar con la capacidad necesaria para descifrar los mensajes cifrados con DES, las conversaciones telefónicas, así como destruir el algoritmo de ser necesario.

En 1991, los estudios de Biham y Shammir descubrieron que el algoritmo DES era vulnerable utilizando un sistema de texto escogido.

Para descifrar un texto cifrado con el algoritmo DES se realiza el mismo proceso que para codificarlo. Lo único que varía es que el dato de entrada será el texto codificado y el de salida el texto original.

7.1.2. Algoritmo 3DES (Triple DES o TDES)

Se diseñó para solventar los problemas detectados en el algoritmo DES. Utiliza una clave de longitud de 192 bits, 156 si se eliminan los bits de paridad. Este algoritmo consiste en aplicar tres veces el algoritmo DES utilizando la secuencia:

CIFRADO ➡ DESCIFRADO ➡ CIFRADO

Para el primer cifrado se utilizan los primeros 64 bits de la clave, para la operación de descifrado los 64 bits siguientes y para el último cifrado los restantes. El sistema crece en seguridad, pero es considerablemente más lento. Con ello también se logra la compatibilidad con el algoritmo DES, porque si se repite la clave de 64 bits del algoritmo DES para formar una clave de 192 bits y se aplica el algoritmo 3DES, el resultado es el mismo que el de aplicar el algoritmo DES.

7.1.3. Algoritmo DESX

Creado por *RSA Data Security*. Fue muy utilizado en programas de correo electrónico desde 1986 así como en el EFS *(Encrypted File System)* de los sistemas operativos de Microsoft.

7.1.4. Algoritmo IDEA *(International Data Encryption Algorithm)*

Creado en 1992. Trabaja con bloques de 64 bits, proceso en iteraciones y claves de 128 bits de longitud. Se utiliza, entre otros, en algunas versiones del programa *Pretty Good Privacy* (PGP).

7.1.5. RC2/RC4/RC5: propiedad de RSA Security

Utilizan un cifrado en combinaciones de números aleatorios. En función del cifrado RC utilizado se aumenta la longitud de su algoritmo, llegando hasta los 256 bits a los que puede llegar el RC4 siendo lo suficientemente rápido para establecer comunicaciones. En cambio RC5, puede variar en su longitud de algoritmo de cifrado llegando hasta los 2048 bits. En este caso, la comunicación sería demasiado lenta.

7.1.6. Algoritmo AES *(Advanced Encryption Standard)*

En 1997 se consideraba que el algoritmo DES estaba anticuado. El *National Institute of Standards Technology* (NIST) convocó un concurso para elegir sustituto que debería tener, en principio, una vigencia de al menos veinte años. A mediados de 1998 se aceptaron 15 candidatos: CAST-256, CRYPTON, DEAL, DFC, E2, FROG, HPC, LOKI97, MAGENTA, MARS, RC6, RINJDAEL, SAFER+, SERPENT y TWOFISH. Tras un período de evaluación los cinco finalistas fueron: MARS, RC6, RINJDAEL, SERPENT y TWOFISH.

❑ **Algoritmo MARS.** Este algoritmo, creado por IBM, se basaba en las redes de Feistel, ya utilizadas en el algoritmo Lucifer. El principal problema de este algoritmo era que su ejecución dependía de máquinas de 32 bits. Actualmente no es problema, pues todas las máquinas cuentan con procesadores, al menos, 32 bits pero en la década de los 70 del siglo XX constituyó una limitación importante para su utilización.

❑ **Algoritmo RC6.** A partir del algoritmo RC5 –utilizado por *Netscape* en su navegador *Navigator*–, RSA Laboratorios presentó el algoritmo RC6 como alternativa a DES. Es de longitud de bloque y clave variables. RC6 se desechó por motivos de seguridad ya que un algoritmo predecesor, el RC4, fue atacado con éxito comprometiendo su seguridad.

❑ **Algoritmo RINJDAEL.** Este algoritmo fue presentado por los belgas Joan Daemen y Vincent Rijmen. Fue el más rápido de todos los presentados. Aunque únicamente contaba con diez iteraciones, se demostró que el algoritmo era ya seguro solo con seis. Basaba su seguridad en el mismo modelo que el algoritmo DES. Entre sus características principales están:

◆ No es del tipo Feistel.

- ◆ Tiene un tamaño de clave variable. El estándar es de 256 bits pero puede elegirse entre 128, 192, 256 o un múltiplo de 4 bytes.

- ◆ Su diseño se realizó pensando en el rendimiento de los procesadores de 8 bits de las tarjetas inteligentes, así como de las CPUs de 32 y 64 bits.

- ❑ **Algoritmo SERPENT.** Desarrollado en la Universidad de Cambridge, unía aspectos tradicionales en estos algoritmos, como las iteraciones (32) con otros más novedosos. Su costosa implementación fue su principal desventaja.

- ❑ **Algoritmo TWOFISH.** Propuesto por Bruce Schneier, es de diseño simple y de tipo Feistel. Puede utilizarse en varias plataformas e, incluso, en algunas versiones de PGP. Cuenta con una seguridad demostrada, no exhibe claves débiles. Su longitud de bloque es de 128 bits y su longitud de clave es variable.

En el año 2000, el NIST declaró vencedor al algoritmo RIJNDAEL. A partir de ese instante se denominó *Advanced Encryption Algorythm* (AEA) y conformaría el *Advanced Encryption Standard* (AES).

Conviene recordar que la debilidad básica de estos algoritmos se encuentra en la necesidad de una buena gestión de las claves, problema grave que se hace aún más a medida que aumenta el número de participantes en el sistema.

7.2. Algoritmos asimétricos

Como se ha comentado anteriormente, en 1976, Diffie y Hellman **propusieron el uso de dos claves diferentes**, una para el cifrado y otra para descifrado. Con esta propuesta dieron un vuelco a la criptografía tal y como estaba entendida hasta entonces.

El objetivo era lograr que cualquier persona pudiera cifrar un mensaje utilizando la clave pública pero que únicamente el receptor pudiera descifrarlo, utilizando su clave privada. Este proceso garantizaría la **confidencialidad** con lo que se permitirían aplicaciones tales como la **autenticación** y la **firma digital**.

El algoritmo DIFFIE-HELLMAN recibe el mismo nombre de sus creadores. Para el cifrado pensaron en utilizar funciones matemáticas tales que su operación directa fuera sencilla y su inversa bastante complicada (potenciación o logaritmos).

Para facilitar el uso de este sistema, la clave pública se coloca en directorios de acceso público mientras que la privada solo será conocida por su dueño.

Los sistemas asimétricos se clasifican en función del método utilizado para garantizar su seguridad: factorización entera, logaritmo discreto y curva elíptica.

7.2.1. Algoritmos de factorización entera

El **algoritmo RSA** fue creado por Ronald Rivest, Adi Shamir y Leonard Adleman en 1977.

Las especificaciones de Diffie y Hellman no proporcionan ninguna implementación concreta de la estructura necesaria para un criptosistema de clave pública, excepto para el caso del protocolo de distribución de claves privadas. Rivert, Shamir y Adleman presentaron un criptosistema de clave pública que cumplía las especificaciones de Diffie y Hellman basado en la dificultad de factorizar un valor obtenido al multiplicar dos números primos.

RSA utiliza un número que es producto de dos números primos de entre 100 y 300 cifras. La dificultad de este algoritmo reside en la búsqueda de los números primos. Para realizar esta búsqueda se utilizan métodos probabilísticos de tal forma que, elegido un número al azar, nos muestra la probabilidad de que sea primo o no. Si existiese algún error y los números no fueran primos, bastaría con una prueba del algoritmo RSA para detectar el fallo y se deberían escoger números nuevos.

Todos los algoritmos basados en la factorización basan su seguridad en la dificultad de factorizar un número resultado de la multiplicación de dos grandes primos. Factorizar un número de este tipo no es complejo sino que resulta, a efectos prácticos, muy costoso en tiempo y recursos. Si en un futuro se encontrase un método de factorización menos costoso, la seguridad de RSA estaría en entredicho.

Factorizar

Expresar un número entero como producto de sus divisiones (Fuente: DRAE).

7.2.2. Algoritmos de logaritmo discreto

Cuando el algoritmo RSA ya era de uso común por los usuarios se planteó la creación de un nuevo algoritmo asíncrono de clave privada para cubrir la demanda existente.

Del mismo modo que ocurre con el problema de factorización, el sistema basado en logaritmo discreto es seguro y la solución es sencilla en una única dirección, tal y como exige la norma de Diffie y Hellman.

Comparado este algoritmo con otros similares de su grupo presenta ratios similares tanto en velocidad como en codificación, descodificación y seguridad. Esta afirmación fue demostrada por Ronald Rivest en el año 1992.

Algoritmos pertenecientes a este grupo son los algoritmos **ElGamal** y el estándar **DSS**.

El algoritmo ElGamal sirvió de base para la definición del algoritmo DSA *(Digital Signatura Algorithm)*, un algoritmo de firma digital que sirve de alternativa al RSA.

El algoritmo DSA fue propuesto por el NIST como un estándar de firma digital.

7.2.3. Algoritmos de curva elíptica

Este grupo de algoritmos aparecieron en 1985, propuestos por Neil Noblitz y Victor Millar de forma independiente. Se basan en el sistema de logaritmo discreto y su novedad radica en que, en vez de utilizar números enteros, utiliza coordenadas cartesianas, esto es, puntos. Sobre dichos puntos se define un grupo conmutativo con propiedades (conmutativa, asociativa, elemento neutro y elemento simétrico) y las operaciones (suma y multiplicación).

El algoritmo estándar basado en curva elíptica es el ECDSA *(Elliptic Curve Digital Signature Algorithm)*.

En la actualidad aún no se ha encontrado ningún sistema capaz de romper el criptosistema en un tiempo razonable, ni siquiera para claves pequeñas. Los procesos de cifrado y descifrado de estos algoritmos son más rápidos que los anteriores, lo que reduce los costes de implementación.

Aunque estos sistemas se consideran un campo de reciente aparición, en los sistemas asimétricos su futuro es prometedor.

Desde la década de los años 80 del siglo XX, el esfuerzo para estandarizar la criptografía elíptica ha sido liderado por la compañía Certicom.

8. Elementos de los certificados digitales, los formatos comúnmente aceptados y utilización

8.1. Elementos de los certificados digitales

Los elementos de un certificado digital típico son los siguientes:

❑ **Versión.** Este campo contiene el número de versión del certificado codificado. Los valores aceptables son 1,2 y 3.

❑ **Número de serie.** Este campo contiene un número entero asignado por una autoridad de certificación (AC). Cada certificado emitido por una AC debe contar con un número de serie único.

❑ **Identificador del algoritmo de firmado.** Este campo identifica el algoritmo emplea-do para firmar el certificado (ejemplo: RSA o DSA).

❑ **Nombre del emisor.** Este campo identifica la AC que ha firmado y emitido el certi-ficado.

❑ **Período de validez.** En este campo se indica el período de tiempo durante el cual es válido el certificado y la AC está obligada a mantener información sobre el mismo:

♦ **No antes de:** contiene la fecha en la que el certificado comienza a ser válido.

♦ **No después de:** contiene la fecha a partir de la cual el certificado dejará de serlo.

❑ **Nombre del sujeto.** Este campo identifica la identidad cuya clave pública está cer-tificada en el campo siguiente. El nombre ha de ser único para cada entidad certifi-cada por una AC dada, aunque puede emitirse más de un certificado con el mismo nombre si es para la misma entidad.

❑ **Información de clave pública del sujeto**. Este campo contiene la clave pública, sus parámetros y el identificador de algoritmo con el que se emplea la clave:

♦ Algoritmo de clave pública del sujeto.

♦ Clave pública del sujeto.

❑ **Identificador único de emisor (opcional).** Se trata de un campo opcional que per-mite reutilizar nombres de emisor.

❑ **Identificador único de sujeto (opcional).** Otro campo opcional que permite reutili-zar nombres de sujeto.

❑ **Extensiones (opcional).** Las extensiones proporcionan una manera de asociar in-formación adicional a sujetos, claves públicas, etc.

8.2. Formatos comúnmente aceptados

El formato más común es el X.509. Es un estándar del *International Telecommunication Union-Telecommunication Standarization Sector* (ITU-T) y el *International Standards Organization/International Electrotechnical Commission* (ISO/IEC) que se publicó por vez pri-mera en 1988.

El formato de la versión 1 fue extendido en 1993 para incluir dos nuevos campos que soportarían el control de acceso a directorios.

Después de emplear el formato **X.509 v2** para tratar de desarrollar un estándar de correo seguro, el formato sufrió una revisión que permitiera la inclusión de elementos adicionales, dando lugar en 1996 al **X.509 v3**.

En la actualidad, hablar de X.509 y de certificados electrónicos es hablar casi del mismo concepto. Este estándar se utiliza tanto en protocolos de uso tan extendido como SSL o IPSec, así como en estándares técnicos como, por ejemplo, S/MIME *(Secure Multipurpose Internet Mail Extensions)* utilizado para el correo electrónico.

El certificado X.509 es emitido por una Autoridad de Certificación (AC) que garantiza la equivalencia **certificado** n **persona**. Exigen presencia física en las Autoridades de Registro (AR).

Se almacenan en el navegador, en un fichero (formato PKCS#12) y en tokens criptográficos PKCS#15 (en Smartcards, dispositivos USB, software, etc.).

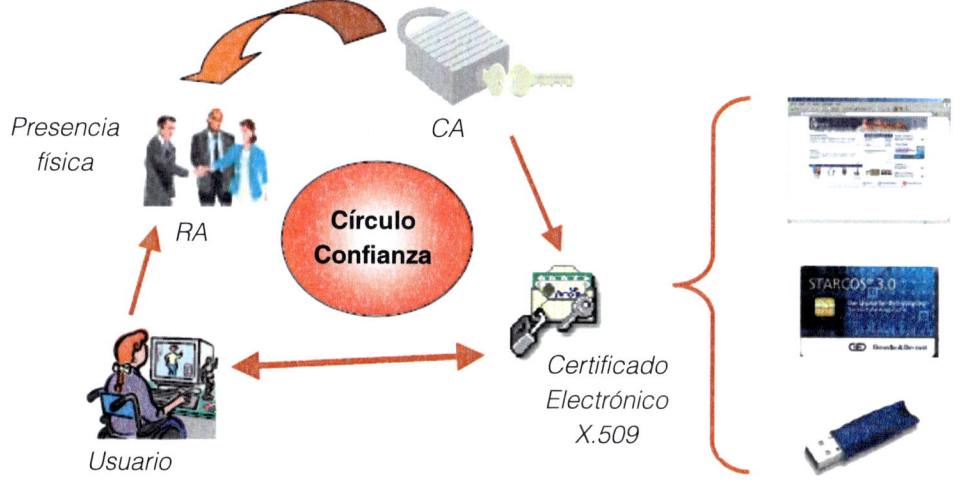

Esquema de uso de un certificado X.509.

 **Token criptográfico**

Dispositivo electrónico que contiene claves criptográficas que permiten el proceso de autenticación.

Las extensiones del estándar X.509 v3 proporcionan una manera de asociar información adicional a sujetos, claves públicas, etc. Un campo de extensión cuenta con tres partes:

❑ **Tipo de extensión.** Es un identificador de objeto que proporciona la semántica y el tipo de información (fecha, cadena de texto u otra estructura de datos) para un valor de extensión.

❑ **Valor de la extensión.** Este subcampo contiene el valor actual del campo.

❑ **Indicador de importancia.** Es un subcampo de control que indica a una aplicación si es seguro ignorar el campo de extensión si no reconoce el tipo. El indicador proporciona una manera de implementar aplicaciones que trabajan de modo seguro con certificados y evolucionan conforme se van añadiendo extensiones.

El ITU y el ISO/IEC han desarrollado y publicado un conjunto de extensiones estándar en un apéndice al X.509 v3:

❑ **Limitaciones básicas.** Este campo indica si el sujeto del certificado es una AC y el máximo nivel de profundidad de un camino de certificación a través de esa AC.

❑ **Política de certificación.** Campo que contiene las condiciones bajo las que la AC emitió el certificado y el propósito del mismo.

❑ **Uso de la clave.** Este campo restringe el propósito de la clave pública certificada indicando, por ejemplo, que la clave solo se debe usar para firmar, para la encriptación de claves, para la encriptación de datos, etc. Este campo suele marcarse como importante, ya que la clave solo está certificada para un propósito y usarla para otro no estaría validado en el certificado.

8.3. Utilización de los certificados

La utilización de certificados digitales aporta una serie de importantes ventajas:

❑ Implica un importante ahorro de tiempo, evitando desplazamientos para la realización de gestiones entre empresas o entre empresas y las Administraciones Públicas, por ejemplo. En este último caso, hay que destacar el esfuerzo que está realizando la Administración reforzando el portfolio de servicios que pueden realizarse con la posesión de un certificado: trámites con la Dirección General de Tráfico, Tesorería de la Seguridad Social, Catastro, Servicio Público de Empleo Estatal, obtención de la tarjeta sanitaria, pago de impuestos, etc.

❑ Permite ahorrar costes al habilitar la gestión telemática de trámites, sin necesidad de imprimir documentación.

❑ Permite la realización de trámites a través de Internet, a cualquier hora, desde cualquier lugar y de una forma segura.

❑ Facilita la firma de documentación en los procesos empresariales.

❑ Favorece las relaciones comerciales.

En función de sus diferentes aplicaciones pueden distinguirse **distintos tipos de certificados**:

❑ **Certificados de servidor.** Aportan la característica de seguridad y confianza necesarias para entablar cualquier tipo de comunicación a la página web que los incorpora.

Son el elemento necesario para poder aprovechar el comercio electrónico, área donde la seguridad de los datos es la principal barrera para su desarrollo siendo, en definitiva, clave para la existencia de confianza o no de los clientes.

Estos certificados permiten la incorporación del protocolo SSL *(Secure Socket Layer)*, que conformarán las URLs que comienzan por https, siendo **s** el equivalente a seguro.

Gracias a este protocolo toda la comunicación entre el cliente y el servidor permanecerá segura, cifrando la información que se envía entre ambos extremos (datos personales, datos de tarjetas de crédito, números de cuenta, contraseñas, etc.).

❑ **Certificados WAP** *(Wireless Application Protocol)***.** Permiten a los sitios web de comercio electrónico la realización de transacciones seguras, basadas en cifrado y autenticación, con los usuarios o clientes que utilizan dispositivos móviles.

❑ **Certificados personales.** Otorgan seguridad a los correos electrónicos basados en un estándar técnico tipo S/MIME. El usuario podrá firmar o cifrar los mensajes de correo para garantizarse de que únicamente el receptor designado sea capaz de leer el mensaje.

❑ **Certificados para firmar código.** Permitirá a un administrador, desarrollador o empresa de software la posibilidad de firmar su software, por ejemplo controles Active X, Applets, Java, Plug-ins, etc., y distribuirlos de forma segura entre sus clientes.

Los certificados de usuario pueden ser utilizados tanto para firmar documentos como garantizar la confidencialidad en las comunicaciones.

Applet

Componente de una aplicación que se ejecuta en el contexto de otra. A diferencia de un, programa, no puede ejecutarse de forma independiente y suelen realizar un función muy específica y con privilegios de seguridad restringidos.

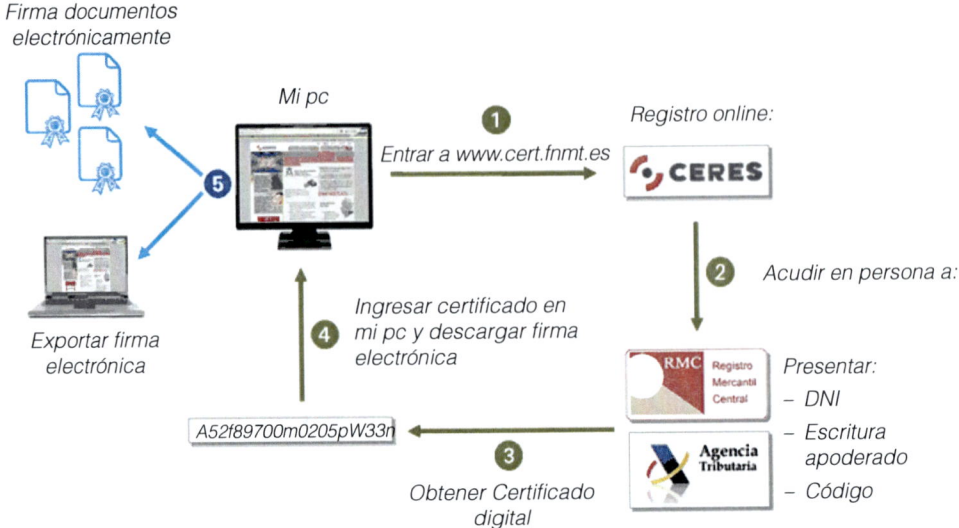

Ejemplo de utilización de certificados digitales.

Ejemplos de servicios y aplicaciones que hacen uso de los certificados digitales:

❑ **DNI electrónico.** Con la llegada de la sociedad de la información y la generalización del uso de Internet, se plantea la necesidad de proporcionar a los ciudadanos una herramienta que les permita ampliar la utilización de su identidad al espacio digital, para poder realizar operaciones de comerciales y trámites administrativos.

Así, el DNI electrónico nace con la función de **acreditar electrónicamente** y de forma inequívoca **la identidad de su titular o propietario.**

El DNI electrónico resuelve las siguientes situaciones:

♦ Identificación digital.

♦ Firma de documentos: integridad y no repudio.

El DNI electrónico aporta **autenticación**, **integridad** y **no repudio** pero, sin embargo **no aporta confidencialidad**. Para lograrla se deberán usar herramientas de cifrado, sellado de tiempo, etc.

DNI ELECTRÓNICO 4.0
NATIONAL eID 4.0

ANVERSO / FRONT

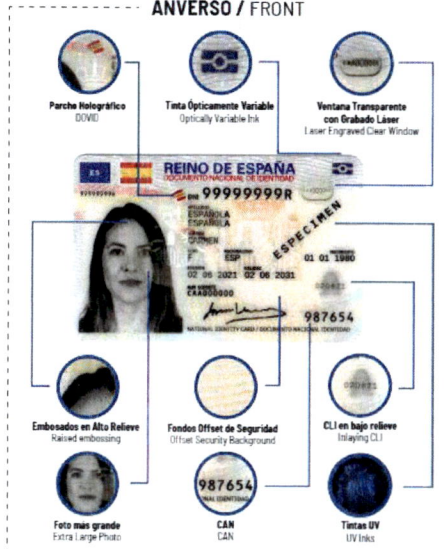

REVERSO / REVERSE

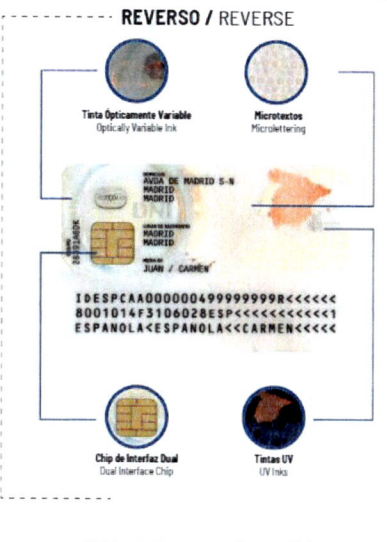

Fuente: https://www.dnielectronico.es/portaldnie/index.jsp

❑ **Sellado de tiempo.** Este servicio permite visar cualquier tipo de archivo informático. De este modo el usuario puede acreditar el día y la hora en que un archivo informático fue recibido o enviado.

El aumento de uso de documentos electrónicos y la necesidad de establecer relaciones entre un documento y su tiempo de generación, modificación, firma, etc., lleva a la necesidad de crear evidencias de la posesión de esos datos en un momento determinado. La solución posible es introducir o estampar, más en su contenido que en su continente, señales de tiempo relacionadas con el momento de creación, modificación, etc.

Además, para el almacenamiento temporal de documentos digitales resulta fundamental incorporar el sello de tiempo, garantizando así su vigencia y posterior validez.

Asimismo, son necesarios para llevar a cabo los procesos de firma de larga duración y proteger en todo momento el origen de las firmas. A través del sellado de tiempo, todas las operaciones de firma realizadas tendrán una evidencia jurídica.

El sellado de tiempo se convierte en un elemento imprescindible en determinados procedimientos que exigen, en la mayoría de las ocasiones, la constatación de la fecha y hora exactas en la que el acto jurídico tuvo lugar.

El servicio de sellado de tiempo está en conformidad con las disposiciones legales que rigen el asunto de firma electrónica en la Unión Europea y en España, cumpliendo todos los requisitos técnicos y de seguridad exigidos para la prestación de estos servicios.

Su funcionamiento es muy sencillo. En el momento de aplicar un sellado de tiempo, el documento hace una llamada a un servidor de tiempo que está sincronizado continuamente con las fuentes anteriormente descritas y te devuelve un sello de tiempo que se aplica en el documento. Así nos quedaría un sellado de tiempo en un documento **pdf**, que nos indica la existencia de una marca de hora mediante el icono de un reloj.

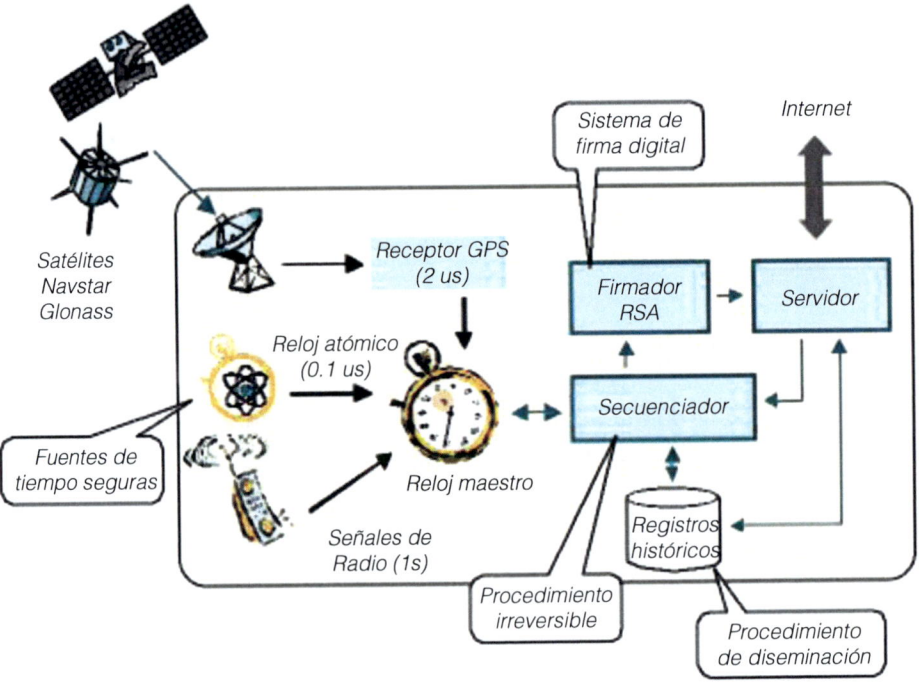

Estructura de un servicio digital de sellado de tiempo.

❏ **Acceso seguro a webs.** Esta aplicación facilita la posibilidad de eliminar el usuario/contraseña en las páginas web o bien otra opción de acceso mediante un certificado digital, dotando de una total seguridad de acceso a cualquier intranet/extranet. Proporciona:

◆ Máxima seguridad de acceso a sitios web.

◆ Mejor control de las sesiones del usuario e imposibilidad de acceso a la plataforma si el usuario cierra sesión o ésta caduca automáticamente tras cierto tiempo, aunque se queden abiertos los navegadores.

♦ Se integra totalmente en la página web de la empresa.

♦ Funciona en cualquier sistema operativo y navegador web con soporte para Java y Javascript.

♦ Utilización de certificados digitales tanto hardware PKCS#11 (USB criptográficos, tarjetas SmartCard, etc.) como software PKCS#12 instalados en el PC del usuario.

❑ **Facturación electrónica.** El Real Decreto 1496/2003, de 28 de noviembre, contempla la posibilidad de que las facturas o documentos sustitutivos pudieran expedirse en soporte electrónico. De ese modo, se garantizaba el poder prescindir del formato en papel. La normativa (Orden EHA/962/2007, de 10 de abril) exige que el destinatario haya dado su consentimiento y que los medios implicados garanticen tanto la autenticidad del origen como la integridad del contenido. La finalidad última de la facturación electrónica es poder prescindir del papel manteniendo la validez legal plena del documento.

Para que dicho documento sea legal debe haber sido elaborado conforme a los requisitos dispuestos por la normativa conteniendo los siguientes elementos:

♦ Número de la factura.

♦ Fecha de expedición.

♦ Razón social.

♦ Emisor y receptor.

♦ NIF de emisor y receptor.

♦ Domicilio de emisor y receptor.

♦ Descripción de las operaciones (base imponible, tipo impositivo, cuota tributaria, etc.).

♦ Fecha de prestación del servicio.

Debe disponerse de un software especial de digitalización que esté homologado por la AEAT (Agencia Estatal de Administración Tributaria) que sea capaz de aplicar la firma electrónica, de tal manera que tengamos una garantía de tener una imagen fiel e íntegra de la factura que, además, viene firmada electrónicamente mediante un certificado de firma electrónica reconocida. De esta manera podremos guardar las facturas digitalizadas en una base de datos y eliminar el papel.

❑ **Portafirmas.** Es una herramienta que permite gestionar y ejecutar los flujos de aprobación y firma electrónica de documentos (certificados, pliegos, avales, actas, contratos, etc.) de una forma totalmente electrónica.

En un flujo de aprobación y firma (conocido como circuito) intervendrán determinados usuarios para realizar una serie de acciones sobre los documentos. Estas acciones, que pueden ser revisión, firma electrónica, envío de avisos internos y/o envío de notificaciones por e-mail, permiten reflejar el ciclo de vida que han de seguir los documentos en un procedimiento de aprobación y conformación.

Los documentos que intervienen en los circuitos (que pueden estar en cualquier formato como Word, Excel, LibreOffice, PDF, etc.) llevarán asociado un tipo documental, que indicará al portafirmas de qué tipo de documento se trata (si el documento a revisar/firmar es un aval técnico, un aval financiero, una factura o un contrato, por ejemplo). Gracias a esta identificación del tipo documental, el portafirmas podrá asociar automáticamente un documento al circuito adecuado y colocar las marcas gráficas de las firmas (PDF-417, imagen de la rúbrica e información sobre el certificado digital) en la posición que se desee para ese tipo documental concreto. De esta forma, si existen diferentes documentos con los datos en distinta posición, se puede evitar que las firmas gráficas oculten la información.

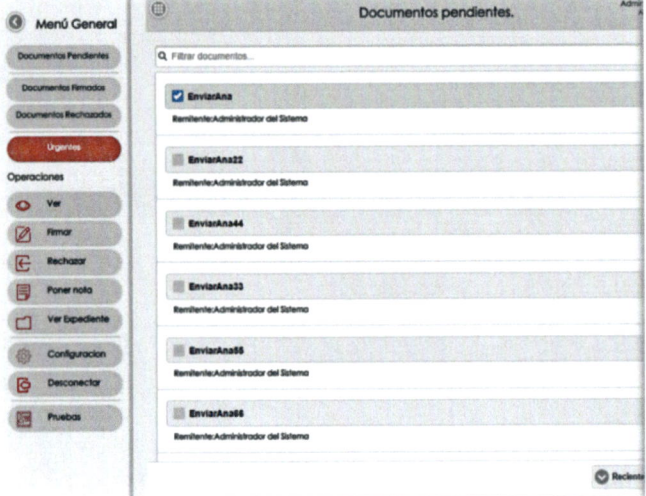

Portafirmas digital.

❑ **Voto electrónico.** Es la votación que se realiza por medios electrónicos mediante un certificado digital reconocido, a diferencia de la votación tradicional en la que se utiliza un documento acreditativo para identificar al votante. El voto electrónico permite establecer:

♦ La autenticidad del votante.

♦ La integridad, confidencialidad y no repudio del voto.

Este sistema cuenta con varias ventajas entre las cuales destacan las siguientes:

- ◆ No será necesaria la presencia física del votante. Los usuarios pueden votar por Internet.

- ◆ Recuento instantáneo del voto.

- ◆ Posibilidad de restringir las votaciones accesibles al usuario en función de sus atributos. Es decir: dependiendo de los poderes o cargos de la persona, se le puede permitir o no participar en una determinada votación.

9. Elementos fundamentales de las funciones resumen y los criterios para su utilización

Las funciones resumen, o hash, son funciones de un sola vía y han resultado cruciales para el desarrollo de la criptografía, fundamentalmente para la de clave pública o asimétrica.

Reciben el nombre de una sola vía debido a que son funciones matemáticas en las cuales se conoce un procedimiento de cálculo eficiente y rápido para computar esa función, mientras que no se conoce un procedimiento eficiente para realizar ese mismo cálculo pero a la inversa.

Un ejemplo que puede resultar útil sería el de romper un plato. Es sencillo romper uno pero mucho más complicado –y a veces imposible– recomponerlo a partir de los trocitos.

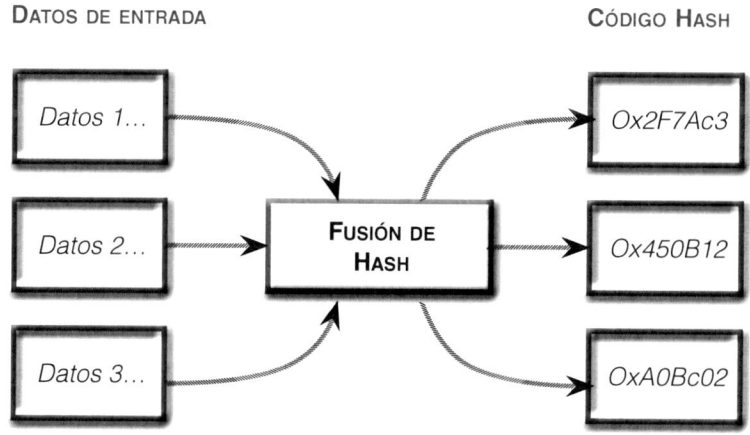

Esquema de una función hash

Este tipo de funciones debe cumplir, además de la ya citada de unidireccionalidad, una serie de **características** para poder ser usadas en criptografía con éxito:

❑   **Compresión**. Dado un mensaje de cualquier longitud, el *hash* debe tener una longitud fija, siendo esta, normalmente, menor que la del mensaje.

❑   **Difusión.** El *hash* debe ser una función compleja de todos los bits del mensaje o texto original. La modificación de un bit del mensaje debería modificar, al menos, la mitad de los bits del *hash*.

❑   **Facilidad de cálculo del** hash. A partir de un mensaje o texto debe ser sencillo calcular su *hash*.

❑   **Colisión simple.** Conocido el texto original, será computacionalmente imposible obtener otro texto, tal que el resumen del primero y del segundo sean el mismo.

Un *hash* es algo así como una huella dactilar digital. Sirve para identificar algo mucho mayor. Cualquiera podría calcular el *hash* (o resumen) de este texto, pero dado el *hash* de este texto, es imposible crear otro texto cuyo *hash* tenga el mismo valor, o deducir del *hash* de este texto, el texto original.

Debido a esta naturaleza, han estado siendo usadas en todas las ramas de la informática desde hace mucho tiempo, con diferentes nombres: función de compresión, *message digest*, *checksum* criptográfico, *message integrity check* (*MIC*), etc.

Estas funciones son públicas. Su seguridad no reside en el proceso sino en la naturaleza, de un solo camino, del proceso.

Su **uso más habitual** es el de **garantizar la integridad**, esto es, garantizar que un fichero, por ejemplo, no ha sido modificado. El procedimiento es simple: el *hash* de un fichero será distinto si se modifica, luego si se tiene almacenado el *hash* del fichero sin modificar, este resulta modificado y se vuelve a calcular su *hash* , se obtendrá un *hash* distinto al primero. Si se quiere verificar que alguien tiene el mismo fichero, bastará con pedir que se calcule el *hash*: ambos resúmenes deben ser idénticos.

También es importante en las transacciones comerciales por la red. Nadie quiere que un cargo de 500 € se convierta en 5000 €.

En general, se usan, además, funciones de una sola vía sin clave, para que cualquiera pueda verificar el *hash* pero si no se requiere esta propiedad, se pueden utilizar también funciones de una sola vía que dependen de una clave. Se habla entonces de código de autenticación de mensaje (en inglés, *Message Authentication Code,* MAC). En este caso, el valor del *hash* es una función tanto del texto original como de la clave. La teoría es idéntica a lo anteriormente expresado, salvo que solo aquél que disponga de la clave puede verificar el valor resumen.

Las funciones de una sola vía tienen un amplio abanico de usos en la cripto-grafía. Prácticamente cualquier protocolo los utiliza para procesar claves, en-cadenar una secuencia de eventos o, incluso, autenticar eventos y son esen-ciales en la autenticación utilizando firmas digitales.

Las funciones de una sola vía convierten una cantidad de bits de tamaño arbitrario a un conjunto reducido de bits –el *hash*–, típicamente 128 o 160 bits. Por tanto, como la salida es reducida y la entrada puede ser muy grande, existen muchas entradas diferentes que darán el mismo resumen.

En criptografía, a estas entradas que dan el mismo resumen se les denomina *pre-imá-genes*. Una buena función *hash* debe ser resistente a pre-imagen, es decir, debe ser compu-tacionalmente inabordable que un atacante deduzca fácilmente las diferentes entradas que producen una misma salida.

Además, deben ser resistentes a ataques de segunda pre-imagen, es decir, debe ser computacionalmente inabordable que, partiendo de un mensaje, sea posible encontrar otro que sea modificación del primero y cuyos resúmenes coincidan.

Por tanto, si una función *hash* es resistente a una segunda pre-imagen, entonces la fun-ción unidireccional lo seguirá siendo, incluso aunque se conozca la relación de que un men-saje deriva en un resumen concreto.

Para construir una función unidireccional segura se reutiliza mucho del conocimiento existente en la construcción de algoritmos criptográficos y, en particular, de la construcción de algoritmos de cifrado en bloque. Aquí también se persigue que entradas muy parecidas a nivel de bits generen salidas completamente diferentes y no relacionadas.

En algoritmos de cifrado de bloque de n vueltas, modificar un solo bit puede hacer que en una pasada del algoritmo cambien el 50% de los bits resultantes.

El diseño de funciones *hash* se ha ido renovando gracias a las propuestas de ataque de criptoanalistas. Por ejemplo, los algoritmos estándar de funciones *hash* desarrollados y utilizados desde la década de los 90, como MD5 *(Message Digest)* o SHA-1 *(Secure Hash Algorithm)*, hoy en día o están rotos o significativamente amenazados.

Cuando se descubre una pareja de mensajes que generan el mismo resumen, la función hash ya no es resistente a colisiones. Esto le sucedió al algoritmo MD5 en 2005. Se implementó su sucesor, SHA-2 y desde 2010 la práctica totalidad de entidades gubernamentales esta-dounidenses se vieron forzadas a actualizarse. En 2012, un concurso organizado por el NIST designó ganador al algoritmo Keccak que pasó a denominarse SHA-3.

Dado que una utilidad importante de las funciones *hash* está en las firmas digitales, encontrar colisiones puede facilitar la falsificación de dichas firmas. Es decir, dos mensajes distintos que tengan un mismo resumen, tienen además la misma firma y un atacante puede reemplazar un mensaje por el otro.

 *En 2008, un grupo de investigadores en Amsterdam, falsificaron un certificado raíz mediante el uso de un ataque de colisión contra el algoritmo MD5. Los certificados digitales actúan como tarjetas de identificación para los sitios web y este ataque permitió falsificar muchos de estos certificados.*

Habitualmente, siempre existen varias líneas de defensa. Algunas son administrativas y permiten a las autoridades de certificación hacer que estos ataques sean más difíciles. Por ejemplo, introducir números de serie aleatorios en los certificados digitales hace los ataques menos prácticos a corto plazo.

Por otro lado, **utilizar funciones** hash **más seguras**, como la familia SHA-2, es sin duda la mejor solución de momento, aunque esto requiere más tiempo. Mientras tanto, los criptógrafos ya están analizando nuevas funciones hash mediante una competición internacional en curso que está a punto de anunciar un nuevo estándar mundial, como sucedió hace más de diez años con el cambio del estándar de cifrado simétrico DES por el AES. Otras formas de mejorar la seguridad, especialmente en firmas digitales, consiste en trabajar en procedimientos que no dependan de la resistencia a colisión. Por ejemplo, el uso de variables aleatorias en el proceso de generación del resumen puede producir esquemas de firma digital que no dependan de la resistencia a colisión.

10. Requerimientos legales

La Ley 6/2020, de 11 de noviembre, que complementa el Reglamento (UE) 910/2014 (el-DAS) para España, entró en vigor el 13 de noviembre de 2020 y deroga expresamente la Ley 59/2003, de firma electrónica

La ley aborda los servicios electrónicos de confianza (firma, sello y sello de tiempo electrónicos, certificados, envío certificado y conservación electrónica), entendiéndolos como servicios clave para garantizar la seguridad, integridad y el no repudio en las comunicaciones telemáticas

Los prestadores de servicios de confianza, públicos o privados, deben:

❏ Comunicar al Ministerio de Asuntos Económicos y Transformación Digital su actividad, que supervisará y publicará una lista de prestadores cualificados y no cualificados.

❑ Mantener un servicio público de consulta sobre la validez y estado de revocación de certificados emitidos.

❑ Publicar una declaración de prácticas, similar a la antigua "declaración de prácticas de certificación", visible y gratuita, detallando procedimientos, garantías y usos correctos

❑ Conservar los registros de servicio durante 15 años tras la revocación o fin de prestación, para prestadores cualificados

❑ Notificar incidentes de seguridad en plazo breve (24 h o sin dilación) a la Agencia Española de Protección de Datos, al Ministerio y a los usuarios afectados.

❑ Avisar con al menos dos meses de antelación a usuarios y al órgano supervisor en caso de cese de actividad.

Sobre certificados electrónicos:

❑ La vigencia máxima es de 5 años (renovables una sola vez), sin interrupción de la equivalencia a la firma manuscrita en el caso de servicios cualificados

❑ Se simplifica la emisión: solo personas físicas pueden obtener certificados de firma. Las personas jurídicas y entidades sin personalidad jurídica usan sellos electrónicos.

❑ Para certificados de representación, se deben incluir datos completos del representado y la referencia al documento público que acredita la representación.

❑ Se admite la vídeo-identificación para verificar la identidad en la emisión de certificados, equiparable a la comprobación presencial.

11. Elementos fundamentales de la firma digital, los distintos tipos de firma y los criterios para su utilización

Con anterioridad hemos visto que la firma electrónica es un concepto jurídico que suele definirse como el "conjunto de datos en formato electrónico que acompañan a la información –también en formato electrónico– identificando al firmante".

Sin embargo, la **firma digital** es el mecanismo criptográfico que permitirá al receptor determinar la entidad que originó un mensaje.

La firma digital trata de resolver el problema de la autenticidad del mensaje, garantizando que proceda del origen de quien dice venir y que el emisor no pueda negar haber sido quien lo generó.

11.1. Elementos fundamentales de la firma digital

❑ **Autenticación.** Se creó con el propósito de asegurar que un mensaje no ha sido sometido a un ataque activo.

Un usuario –distinto al que escribió el mensaje original–, puede interceptar un mensaje, descifrarlo, manipular el texto original y volver a cifrarlo, con lo que el receptor recogería un mensaje que no es el original. Este problema, así planteado, se resuelve mediante la autenticación.

La autenticación tiene que asegurar que un mensaje no ha sido manipulado. En un sistema de clave pública y privada, la autenticación funcionaría del siguiente modo: se codifica el mensaje con la clave privada del emisor y se comprueba su integridad utilizando la clave pública, también del emisor (clave conocida por el receptor). Si el resultado obtenido es un texto ilegible será debido a que el mensaje ha sido manipulado, es decir, no es auténtico.

Este proceso no es seguro porque se puede dar el caso de que se extraiga una firma digital de un documento y se inserte en un segundo documento para falsificar así este último.

La solución a este problema pasa por relacionar la firma digital con el mensaje o texto que se firma. Así, no se podría dar el caso de robo de firma digital.

Si se empleara toda la longitud del documento que se desea firmar, aumentaría de tamaño de forma considerable a la hora de transmitirlo. Para evitar esta situación, se utilizará un resumen, –el *hash*–, que se utilizará como generador de la firma digital. Para realizar el resumen se utiliza una función *hash*.

❑ **Funciones** hash **o de resumen.** Tienen como misión producir un texto de una longitud predeterminada, siendo lo habitual una longitud de 160 bits. Si el texto es demasiado largo, lo acortará; si es demasiado corto, lo ampliará.

Las propiedades que deben cumplir las funciones *hash* son:

♦ **Resistencia a colisión.** No se pueden encontrar dos mensajes cuyo resumen sea el mismo.

♦ **Resistencia la pre-imagen.** Teniendo un resumen del texto, debe ser imposible hallar un mensaje que no sea el original, que se corresponda con él.

❑ **Certificación de firmas digitales.** La firma digital está completamente garantizada cuando el par de claves que se utilizan para generar las firmas son correctas. Esto se garantiza a través de una jerarquía en la cual se certifica la relación clave-propietario.

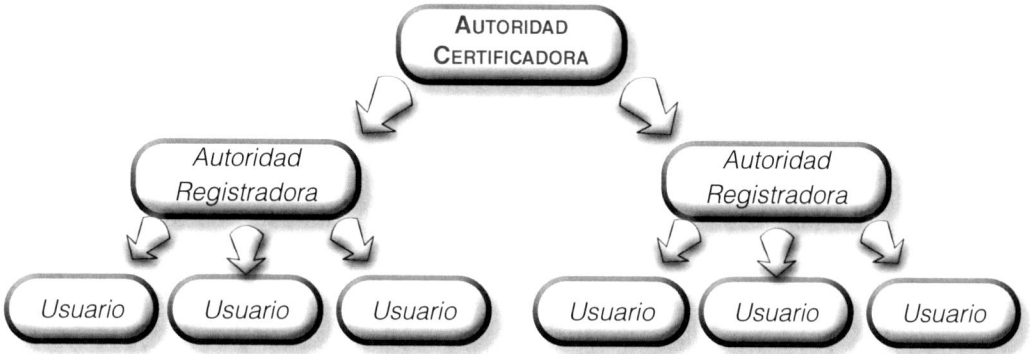

Esquema de una Autoridad Certificadora (AC o CA en inglés).

La autoridad certificadora se encarga de la relación entre el par de claves y el propietario, garantizando, de este modo, la autenticidad.

También confirma que las autoridades registradoras son ciertas y válidas. Las autoridades registradoras son establecidas por los gobiernos de cada país. Suele haber una única entidad certificadora por país. En España contamos con la ENAC (Entidad Nacional de Acreditación).

La autoridad registradora registra la **relación par de claves-usuario**. Gestiona las firmas digitales (renovación, anulación, etc.). Asimismo, tiene la misión de crear listas de firmas que no cuentan con un tipo de validez alguna.

Una firma digital será válida si ha sido certificada por la autoridad certificadora y no se encuentra en ninguna de las listas anteriormente mencionadas.

11.2. Tipos de firma digital

11.2.1. Firma digital con árbitro

Se utiliza en sistemas de clave simétrica, en los que se usa la misma clave para cifrar y descifrar los mensajes. Este mecanismo hace que dos usuarios que no confían entre ellos elijan a un tercer usuario, que cuenta con la confianza de ambos, y le otorguen el papel de intermediario en la transacción de datos. El funcionamiento de este sistema se basa en que el árbitro conoce las claves de los otros dos usuarios. Este árbitro recibe el mensaje del emisor y lo descifra utilizando la clave de éste. A continuación cifra el mensaje con la clave del receptor y se lo envía al mismo.

11.2.2. Firma digital ordinaria

Actualmente, el método más común de emplear la firma digital es la "firma digital ordinaria". Se basa en el uso de funciones *hash* y cifrado de clave pública o asimétrico. En este caso, ya no se utiliza un tercero de confianza (algo que presentaba bastantes problemas en un entorno distribuido tan heterogéneo y amplio como internet) sino que el mecanismo garantiza la autenticidad en el envío desde el emisor al receptor de forma directa. La función *hash* garantiza la integridad, el par de claves asimétricas del emisor garantizan la autenticación en origen y si, además, se cifra usando la clave pública del receptor, también habría confidencialidad. El proceso de firmado digital de un documento comienza cuando el emisor aplica una función *hash* al documento a firmar obteniendo un resumen del mensaje. A continuación, se cifra el resultado anterior con su propia clave privada, obteniendo la firma digital del documento.

Por último, adjunta la firma digital al documento a enviar. Si los datos se han cambiado, se obtendrá un resumen diferente.

Para comprobar que la firma del mensaje es correcta, si el destinatario, cuando recibe el documento junto con el resumen (que ha sido encriptado con la clave privada del emisor), aplica la función *hash* a los datos del documento, obtendrá un resumen del mensaje recibido. A continuación, podrá utilizar la clave pública del emisor para descifrar la firma, obteniendo así un resumen del mensaje original. Si los dos resúmenes coinciden, la firma es válida, con lo que se puede asegurar que el mensaje procede de quien dice ser y además que no ha sido modificado. Si alguien ha modificado los datos o falsificado la firma, ambos resúmenes no coincidirán, con lo que el destinatario podrá advertir la manipulación.

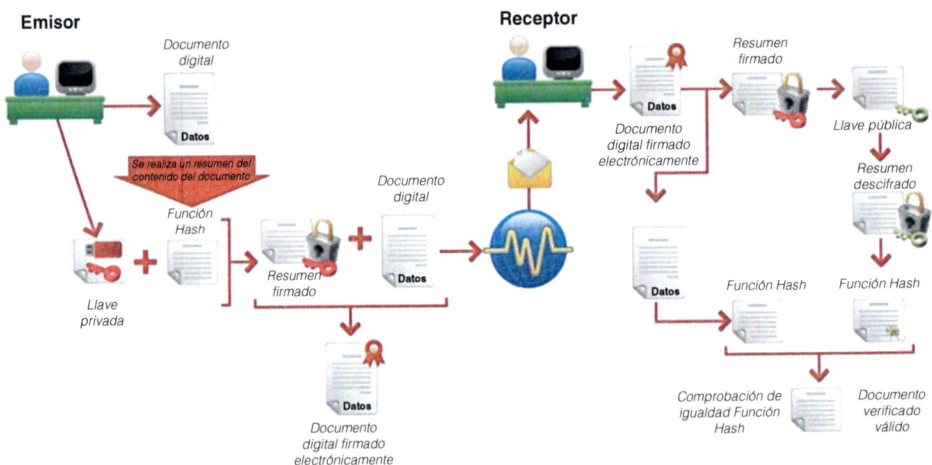

Esquema del proceso de funcionamiento de la firma digital ordinaria.

12. Criterios para la utilización de técnicas de cifrado de flujo y de bloque

Un criptosistema incondicionalmente seguro necesita, al menos, tantos bits de clave como bits de texto para cifrar. El precio que se paga por esta garantía de seguridad es la ineficiencia del cifrado. La longitud de la clave ha de ser muy grande y por tanto, es más complicado mantenerlas en secreto.

Los **cifrados de flujo** surgen como un intento de optimizar esta situación. La idea es construir una clave lo bastante larga a partir de una clave inicial corta mediante lo que se denomina generador pseudoaleatorio. El generador expande la clave corta, llamada "semilla", para obtener una mucho más larga. La operación de expansión ha de tener unas características determinadas, puesto que la secuencia que resulta se utiliza para cifrar el texto en claro.

La alternativa al cifrado en flujo es el **cifrado en bloque**, que también se incluye en el grupo de criptosistemas de clave compartida, puesto que emisor y receptor comparten la misma clave, que es empleada tanto para cifrar como para descifrar.

La diferencia básica entre ambos sistemas está en el uso de la memoria en los algoritmos de cifrado.

El cifrado de flujo utiliza una clave diferente para cada bit de información, que depende tanto de su generador como de su estado en el momento de cifrar el bit. Así, dos bits iguales pueden quedar cifrados de formas diferentes según el estado del generador. Esto no sucede en el cifrado en bloque, puesto que las cifras en bloque actúan sin memoria y el texto cifrado solo puede depender del texto en claro y de la clave utilizada. En el cifrado de bloque, dos textos en claro iguales se cifran siempre del mismo modo cuando se utiliza la misma clave.

Es necesario cuidar este detalle, puesto que los sistemas de cifrado resultantes son bastante vulnerables y podrían dar lugar a inserciones o borrados de bloques de texto cifrado sin que se detectara. Además, si dos bloques quedan cifrados del mismo modo puede dar pistas a un criptoanalista.

Los cifrados de bloque se emplean bastante, puesto que consiguen velocidades de cifrado aceptables, aunque menores que las de los de flujo. Concretamente, el cifrado de bloque más utilizado fue el DES, que se consideró como el estándar. Fue sustituido por el AES ya que DES (creado en los años 80 del siglo XX), en algunos ámbitos está considerado como inseguro debido a la capacidad de cómputo actual.

Dependiendo de la naturaleza del dato a transmitir, nos puede interesar utilizar una técnica de cifrado diferente y así conseguir que, tanto la seguridad como la velocidad a la hora de transmitir y/o procesar la información, sean las adecuadas.

La siguiente tabla nos muestra ventajas e inconvenientes de los sistemas de afinado de flujo y de bloqueo:

	VENTAJAS	DESVENTAJAS
CIFRADO DE FLUJO	• Alta velocidad de cifrado. • Muy adaptable a aplicaciones en tiempo real (audio y vídeo).	• Vulnerable. Se pueden alterar los elementos al ir por separado.
	• No propaga errores.	• Baja difusión de los datos.
CIFRADO DE BLOQUE	• Alta difusión de los datos.	• Menor velocidad de cifrado.
	• Muy robusto y seguro. Altísima dificultad para introducir bloques falsos sin detectarlo.	• Puden darse situaciones de inserciones o borrado de bloques.

Como conclusión rápida, puede observarse que un modelo proporciona un cifrado lento y seguro y el otro es rápido pero vulnerable.

Actualmente, la división entre cifrados de bloque y de flujo es meramente formal. Los algoritmos actuales permiten cifrar indistintamente en bloque y en flujo, dependiendo de las necesidades de cada momento.

13. Protocolos de intercambio de claves

Los protocolos de intercambio de claves son un conjunto de reglas que permiten a dos partes compartir una contraseña común para comunicarse en una red insegura sin exponer esta contraseña.

En el intercambio de clave cifrada, una clave secreta o contraseña, es derivada de la clave pública de una parte y la clave privada de la otra parte. La clave secreta compartida se usa entonces para cifrar comunicaciones entre las partes, quienes no tienen conocimiento previo entre sí, usando un sistema de cifrado de clave simétrica. Los pares de claves públicas y privadas pueden generarse una y otra vez, cada vez que se ejecute el protocolo, para mantener la seguridad.

A diferencia de protocolos clásicos de cifrado, el **intercambio de clave cifrada** proporciona protección contra ataques activos, en los que un atacante intenta adivinar la contraseña, y otros tipos más sofisticados de ataques en línea, conocidos como ataques de diccionario. En un ataque de este tipo, el atacante intenta todas las combinaciones posibles de claves secretas en un pequeño conjunto de valores, –conocido como el diccionario–, para tratar de romper la seguridad del esquema de cifrado por fuerza bruta.

Casi la práctica totalidad de protocolos de intercambio de claves son una variante del intercambio de claves de Diffie-Hellman. Como ya sabemos, el Diffie-Hellman clásico resulta vulnerable al ataque del hombre en el medio (*man-in-the-middle*), ya que un atacante activo, que puede modificar paquetes en la red, podrá sustituir los valores que se intercambian emisor y receptor por otros calculados por él, sin que ninguno de los dos comunicantes pueda advertirlo, ya que no los conocían de antemano.

Así, ya se puede vislumbrar el principal inconveniente de este sistema: el uso de la clave compartida requiere la **existencia de un canal seguro separado**. Esto no siempre es posible y limita enormemente la utilidad del sistema.

Por otra parte, el sistema **no aporta una autenticación real.** Uno de los extremos puede hacer creer al otro que ha completado el intercambio de claves sin haberlo hecho realmente.

Para evitar esto, se precisa de un protocolo de intercambio más completo, que denominamos **desafío-respuesta** (*challenge-response*). Con él se comprueba si ambos extremos realmente han acordado la misma clave, lo cual solo es posible si el intercambio de claves se completó satisfactoriamente y ambos conocían la clave compartida. El proceso completo consta de tres pasos: desafío –respuesta/desafío–respuesta.

El diseño de un buen protocolo de intercambio de claves precisa de unos supuestos razonables acerca de nuestras capacidades y las de un posible atacante. Concretamente, asumiremos lo siguiente:

❑ Disponemos de unas funciones criptográficas, tanto simétricas como asimétricas, que son **suficientemente seguras**. Un atacante que no posea la clave adecuada no puede cifrar o descifrar los mensajes.

❑ Disponemos de unas funciones de *hash* que ofrecen **resistencia suficiente** a pre-imagen y a colisiones.

❑ El atacante tiene una **capacidad computacional limitada**. No puede realizar cálculos más allá de unos límites razonables.

❑ El atacante tiene **acceso activo a la red.** Tenemos que suponer que los mensajes pueden ser eliminados, cambiados o reenviados sin nuestro conocimiento.

14. Uso de herramienta de cifrado PGP, GPG o Cryptoloop

14.1. PGP *(Pretty Good Privacy)*

Es un programa que permite el cifrado de datos, archivos y mensajes. Está disponible para múltiples sistemas operativos y cuenta con versiones gratuitas y de pago.

Se diseñó inicialmente para ser utilizado en el correo electrónico pero ahora permite aplicaciones tales como cifrado de archivos mediante clave simétrica, la creación de redes privadas virtuales, discos virtuales cifrados y borrado seguro de datos.

Utiliza dos formas de clave pública:

❏   RSA, con función hash MD5 y longitud de clave de hasta 2048 bits.

❏   Diffie-Hellman con función hash SHA-1 y longitud de clave de hasta 4096 bits.

Los algoritmos de clave simétrica que pueden utilizarse son: CAST, IDEA y 3DES.

Asimismo, PGP puede conectarse y buscar en repositorios, denominados servidores de claves. Cuando el usuario desee cifrar o firmar un mensaje, introducirá una frase que funcionará como contraseña; ésta protegerá el archivo de claves privadas proporcionando una protección adicional.

El programa de libre uso puede conseguirse en numerosos sitios web y ha de instalarse en un equipo informático. Conviene ser precavido utilizando un análisis de antivirus para evitar propagaciones indeseadas.

Resulta conveniente adecuar las distintas posibilidades de configuración a nuestras necesidades; si no estamos en un entorno de red de área local puede que no necesitemos instalar el módulo de redes privadas virtuales, por ejemplo.

La generación de claves –pública y privada– será la próxima tarea. El programa consigue que, incluso sin conocimientos previos de criptografía, podamos generar el par de claves sin mayor dificultad. No es incompatible generar más de un par de claves de cada clase, esto es, RSA y Diffie-Hellman para, posteriormente, utilizarlas según criterios más apropiados a cada uso.

Es muy importante la elección de la frase que servirá como contraseña: protegerá nuestras claves. Se aconseja elegirla de un tamaño que impida su obtención mediante "ataques de fuerza bruta".

Más importante aún es **no olvidar la contraseña**. Si se diese este caso, ya **no será posible utilizar la clave privada** por lo que no se podrá **ni cifrar ni volver a firmar con ella.**

Una vez generadas las claves, existe la posibilidad de enviar nuestra clave pública a un servidor de claves. Es un repositorio donde se almacenan claves públicas. Es un sistema cómodo y seguro.

14.2. GPG *(GNU Privacy Guard o GnuPG)*

Es la alternativa con licencia GPL *(General Public License)* al programa PGP. Cumple los estándares especificados para el proyecto OpenPGP, de modo que las versiones de PGP pueden operar con GPG.

GPL

Licencia que habilita a los usuarios finales a usar, estudiar, compartir y modificar el software.

La primera versión fue desarrollada en 1999. Inicialmente, el gobierno alemán aportó los fondos tanto para la documentación como para la portabilidad en los entornos Microsoft Windows. En 2014 el proyecto pudo ubicarse en un nuevo sitio web y mejorar su infraestructura.

El programa básico contiene una interfaz de línea de comandos pero también existen dispositivos frontales que permiten la existencia de interfaces gráficas para los sistemas de escritorio de varias distribuciones Linux, Mac y Windows.

GPG es un programa de cifrado híbrido que utiliza una combinación de criptografía de clave simétrica para conseguir mayor velocidad y de clave asimétrica para facilitar el intercambio seguro de claves. Esta forma de funcionamiento es parte del estándar OpenPGP y ha formado parte de PGP desde su primera versión.

GPG cifra los mensajes utilizando un par de claves asimétricas generadas por los usuarios. Las claves resultantes pueden ser intercambiadas con otros usuarios de diversas formas, por ejemplo, utilizando los servidores de claves. Posibilitan el añadir una firma digital al mensaje, ayudando así a verificar la integridad, tanto del mensaje como del emisor.

GPG también soporta cifrado simétrico. Por defecto utiliza el algoritmo CAST5.

Para las claves públicas puede utilizar los algoritmos IDEA, 3DES, AES, Blowfish, Twofish y Camellia.

No utiliza algoritmos con derechos de licencia, patente o restringidos de cualquier otro modo.

Puede utilizar los hashes MD5, SHA-1, SHA-256, SHA-512, entre otros.

14.3. Cryptoloop

Es un módulo de cifrado de discos para Linux. Fue introducido, por vez primera, en el *kernel* "2.5.x".

Cryptoloop puede crear un sistema de archivos cifrado dentro de una partición o bien un archivo que forma parte de un sistema de archivos.

Una vez que el archivo es cifrado, puede moverse a otro dispositivo de almacenamiento. Esto puede hacerse gracias a un **dispositivo de bucle**, esto es, un pseudo-dispositivo que permite que un fichero normal sea montado como un dispositivo físico. Cifrando la entrada y salida en el dispositivo de bucle, el acceso a cualquier dato exigirá que sea descifrado antes de pasar al sistema de archivos. En el procedimiento inverso, cualquier dato que sea almacenado será cifrado.

Cryptoloop es vulnerable a los ataques de **marca de agua**, permitiendo detectar la presencia de datos con dicha marca en los sistemas de archivos cifrados. Los ficheros con marcha de agua contienen patrones de bits que pueden detectarse sin descifrar.

Este ataque funciona en sistemas de archivo con un tamaño de bloque igual o mayor a 1024. Los sistemas de archivo ext2, ext3 y Reiserfs cuentan con esa característica.

El sucesor de Cryptoloop, dm-crypt, es menos vulnerable a este tipo de ataque tomando las precauciones y aplicando las recomendaciones necesarias.

Con el estudio de estos epígrafes hemos conseguido:

❏ *Identificar los diferentes modos de cifrado, describiendo las características principales.*

❏ *Clasificar los diferentes algoritmos de clave privada, describiendo sus fases de ejecución.*

❏ *Clasificar los diferentes algoritmos de clave pública, describiendo sus fases de ejecución.*

❏ *Identificar los diferentes protocolos de intercambio de claves, describiendo su funcionamiento.*

❏ *Identificar y describir el funcionamiento de los certificados digitales.*

❏ *Conocer el marco legislativo español y comunitario que regula la firma electrónica.*

Resumen

En este tema se ha tratado de aclarar toda una serie de términos que se aplican con frecuencia cuando se habla de aspectos, en principio tan ásperos, como códigos y lenguajes secretos. Así, se ha explicado el significado de la palabra criptografía y el de la palabra criptoanálisis, para después pasar a asociarlos, de una manera aplicada, no en su profundidad matemática sino en cuanto a sus usos para obtener sistemas seguros de acceso y transmisión de datos.

Se ha definido toda una serie de **términos ligados con la criptografía**, de uso habitual en ella como cifrado y descifrado, así como las diferencias existentes entre algoritmos dependientes o no de claves, la importancia actual de estos últimos, la necesidad de generación de claves secretas suficientemente bien elegidas y la importancia de una correcta administración de tales claves.

Se han descrito los principales **tipos de algoritmos criptográficos** explicando sus usos habituales, sus características y sus fases de ejecución. Se ha hecho, también, una breve descripción de los ataques que han sufrido a lo largo de su historia y que obligó al desarrollo de nuevos y más potentes criptosistemas. Igualmente, se han planteado las tendencias actuales en criptografía, representados por los vanguardistas estudios y aplicaciones en la implantación de la criptografía cuántica.

Los **certificados digitales** han supuesto una parte muy importante del tema. Su descripción, identificación, los atributos empleados y los modos de utilización han tenido un amplio reflejo.

Los **aspectos legales y regulatorios** –de suma importancia–, también quedan reflejados pues son vitales para la confianza y el desarrollo de los certificados digitales en todos los ámbitos.

Por último, se han detallado algunos ejemplos de **uso de herramientas de cifrado** tan relevantes como PGP, GPG y CryptoLoop, ampliamente extendidas y que han universalizado el concepto y utilización de la criptografía en nuestra vida cotidiana.

Autoevaluación Unidad 1
Enunciados

- -

1.

¿Cuál es el propósito principal del cifrado?:

a) El cifrado se utiliza para mantener información en secreto.
b) El cifrado es una cuestión pasada de moda. Ya no es necesario.
c) El cifrado permite autenticar a un usuario cuando se quiere conectar a un recurso de red.
d) El cifrado permite tener la certeza de que un mensaje no ha sido modificado desde que se envió.

2.

El cifrado de clave secreta se considera simétrico. ¿Por qué?:

a) Porque las dos claves tienen el mismo tamaño.
b) Porque la misma clave es utilizada para los dos términos de la comunicación.
c) El cifrado de clave secreta es asimétrico.
d) El cifrado de clave secreta es un término que no existe.

3.

¿Qué es un hash?:

a) Un algoritmo de autenticación.
b) Un concepto no relacionado con la criptografía. Es una cuestión de matemáticas.
c) Es el resultado de una función de una sola vía que se utiliza para validar contenidos de un mensaje de texto en plano de mayor tamaño para verificar el conocimiento de un secreto sin necesidad de transmitir el propio secreto.
d) Un método de encapsulado.

4. ¿Cuál es el uso más común de los algoritmos de hash?:

   a) Se utilizan para realizar complejos cálculos matemáticos y resolver ecuaciones de segundo grado.
   b) Autentican a los usuarios de una red remota.
   c) Me permiten cifrar el contenido de mis correos electrónicos.
   d) Su uso más común es el de cifrar contraseñas.

5. ¿Cuál es la diferencia entre el cifrado de clave pública y el cifrado de clave secreta?:

   a) El cifrado de clave pública es asimétrico: utiliza dos claves diferentes para cifrar y para descifrar. El cifrado mediante clave secreta utiliza la misma clave para cifrar y para descifrar.
   b) No hay ninguna diferencia. Se trata del mismo concepto.
   c) En el primero se precisan dos claves, en el segundo no se necesitan claves.
   d) Ninguna es correcta.

6. ¿Qué problema de seguridad, mantenido a lo largo de gran parte de la historia de la criptografía, resuelve el cifrado de clave pública?:

   a) Que, por fin, un mensaje es imposible de descifrar.
   b) El cifrado de clave pública resuelve el problema del intercambio seguro de claves.
   c) La necesidad de contratar empresas de seguridad que transporten las claves para realizar el cifrado de la información.
   d) Todas son correctas.

7. ¿Cuál es el mayor problema del cifrado de clave pública al compararlo con el cifrado de clave secreta?:

   a) Es preciso contar con grandísimos conocimientos matemáticos para aplicarlo.
   b) Es carísimo, imposible de utilizar excepto por las grandes corporaciones.
   c) Es más lento que el cifrado de clave secreta.
   d) Ninguna es correcta.

8.

¿Qué es un criptosistema híbrido?:

a) Aquel que combina autenticación e integridad.
b) Aquel que combina velocidad con seguridad.
c) Aquel que utiliza cifrado de clave pública para garantizar el intercambio seguro de claves y también el cifrado de clave secreta para el cifrado posterior.
d) Todas son correctas.

9.

¿Para qué se utiliza la autenticación?:

a) Para determinar la identidad de un usuario.
b) Para determinar qué permisos tiene un usuario sobre un recurso de red.
c) Para poder establecer una comunicación anónima en una consulta.
d) Todas son correctas.

10.

¿Qué es una firma digital?:

a) Una firma manuscrita que luego digitalizo con la ayuda de un escáner.
b) Es información de identidad que puede ser cifrada y descifrada por cualquiera.
c) Es información de identidad que puede ser descifrada por cualquiera pero cifrada únicamente por el poseedor de una clave específica.
d) Todas son correctas.

11.

¿Cuál es la diferencia entre un certificado y una firma digital?:

a) Un certificado es una firma digital que ha sido digitalmente cifrada por una Autoridad de Certificación.
b) Un certificado es una firma digital que ha sido cifrada digitalmente por una Asociación de Seguridad.
c) No existe diferencia alguna entre firma y certificado digital.
d) Son correctas a) y b).

12. ¿Cuál de los siguientes algoritmos criptográficos debe verse como más seguro?:

   a) Un algoritmo secreto, sólo conocido por el fabricante, y que no depende de ninguna clave.
   b) Un algoritmo semisecreto, conocido sólo por el grupo que debe usarlo, no dependiente de ninguna clave.
   c) Un algoritmo secreto, solo conocido por el fabricante, dependiente de tres claves.
   d) Un algoritmo secreto, únicamente conocido por el fabricante, dependiente de tres claves.

13. ¿Qué tipo de algoritmos criptográficos permiten conseguir la privacidad de los mensajes cifrados?:

   a) Las funciones de una sola vía.
   b) Los algoritmos de criptografía simétrica.
   c) Los algoritmos de clave secreta.
   d) Sólo mediante una combinación de los dos últimos.

14. La longitud de las claves utilizadas en algoritmos criptográficos debe ser independiente del texto a cifrar con ellas:

   a) Verdadero, esto hace a los algoritmos más portables.
   b) Falso, sólo es cierto para algoritmos de criptografía simétrica.
   c) Falso, depende de la longitud del mensaje a cifrar, así como de la importancia del mismo.
   d) Verdadero, por eso es tan sencillo crear programas que los usen.

15. ¿En qué niveles de la familia de protocolos de IP se pueden implantar los procesos criptográficos?:

   a) De manera completa, solo en el nivel de IP.
   b) En el nivel de transporte y en el nivel de aplicación.
   c) En el nivel de aplicación, en el de transporte, en el de enlace de datos y entre procesos, entre el de aplicación y el de transporte.
   d) Sólo entre los niveles de aplicación y transporte.

16.
¿Cuál es la implementación informática que permite más fácilmente hacer las modificaciones pertinentes a un proceso criptográfico?:

a) La consistente en procesos software.
b) La consistente en lógica especial diseñada para un chip.
c) La consistente en aplicaciones descargables por la red hasta un dispositivo hardware.
d) Esta operación, por su propia naturaleza matemática, no puede realizarse nunca de manera sencilla.

17.
Los algoritmos de cifra simétrica, como el DES, permiten que los mensajes cifrados, intercambiados entre dos participantes por un canal inseguro, exhiban una propiedad de seguridad. ¿Cuál es la citada propiedad?:

a) La autenticación segura o firma digital.
b) La integridad del mensaje.
c) La privacidad, o confidencialidad, del mensaje.
d) La autenticación y la privacidad.

18.
Si se quiere emplear una función de una sola vía, por ejemplo MD5, y se desea que no todo el mundo que quiera pueda conocer el hash de un mensaje, ¿qué mecanismo se debe utilizar?:

a) No hace falta hacer nada más, pues MD5 ya proporciona este comportamiento.
b) Usar la versión MD5-HMAC y dar a conocer la clave a los participantes deseados.
c) Usar una variante de MD5 con DES, llamada DESX.
d) Autenticar el mensaje con la clave pública de los participantes.

19.
¿Cuál de las siguientes características no es típica del algoritmo RSA?:

a) Es un algoritmo de clave pública, que típicamente usa una clave de 1.024 bits.
b) Los problemas de complejidad matemática que utiliza son los de factorización de grandes números.
c) Es un algoritmo rápido, de fácil uso para cifrado de gran volumen de datos.
d) Es uno de los más usados en los sistemas de firma digital.

20. ¿Cuál de las siguientes características es típica de las funciones de una sola vía?:

a) Permite dotar de privacidad a los mensajes cifrados con ellas.

b) Permite garantizar la autenticación de un mensaje, siempre que el emisor del mismo lo cifre usando un hash previamente pactado.

c) Permite garantizar la no modificación de la clave privada de los participantes en un sistema de comunicaciones seguro que use DES y DSA.

d) Permite comprobar si ha habido cambios en un fichero del que, previamente, se disponía de su hash.

Autoevaluación Unidad 1
Soluciones

----

1. *a)* *El cifrado se utiliza para mantener información en secreto.*

2. *b)* *Porque la misma clave es utilizada para los dos términos de la comunicación.*

3. *c)* *Es el resultado de una función de una sola vía que se utiliza para validar contenidos de un mensaje de texto en plano de mayor tamaño para verificar el conocimiento de un secreto sin necesidad de transmitir el propio secreto.*

4. *d)* *Su uso más común es el de cifrar contraseñas.*

5. *a)* *El cifrado de clave pública es asimétrico: utiliza dos claves diferentes para cifrar y para descifrar. El cifrado mediante clave secreta utiliza la misma clave para cifrar y para descifrar.*

6. *b)* *El cifrado de clave pública resuelve el problema del intercambio seguro de claves.*

7. *c)* *Es más lento que el cifrado de clave secreta.*

8. *c)* *Aquél que utiliza cifrado de clave pública para garantizar el intercambio seguro de claves y también el cifrado de clave secreta para el cifrado posterior.*

9. *a)* *Para determinar la identidad de un usuario.*

10. *c)* Es información de identidad que puede ser descifrada por cualquiera pero cifrada únicamente por el poseedor de una clave específica.

11. *a)* Un certificado es una firma digital que ha sido digitalmente cifrada por una Autoridad de Certificación.

12. *d)* Un algoritmo secreto, únicamente conocido por el fabricante, dependiente de tres claves.

13. *c)* Los algoritmos de clave secreta.

14. *c)* Falso, depende de la longitud del mensaje a cifrar, así como de la importancia del mismo.

15. *c)* En el nivel de aplicación, en el de transporte, en el de enlace de datos y entre procesos, entre el de aplicación y el de transporte.

16. *a)* La consistente en procesos software.

17. *c)* La privacidad, o confidencialidad, del mensaje.

18. *b)* Usar la versión MD5-HMAC y dar a conocer la clave a los participantes deseados.

19. *c)* Es un algoritmo rápido, de fácil uso para cifrado de gran volumen de datos.

20. *d)* Permite comprobar si ha habido cambios en un fichero del que, previamente, se disponía de su hash.

UNIDAD DIDÁCTICA **2**

Aplicación de una infraestructura de clave pública (PKI)

Objetivos

- ⊡ Describir la estructura de la infraestructura de clave pública, indicando las funciones de los elementos que la integran.

- ⊡ Describir los servicios y obligaciones de la autoridad de certificación, relacionándolos con la política de certificado y la declaración de prácticas de certificación.

- ⊡ Identificar los atributos –obligatorios y opcionales– de los certificados digitales, describiendo el uso habitual de dichos atributos.

- ⊡ Describir la estructura de una infraestructura de gestión de privilegios, indicando las funciones de los elementos que la integran.

- ⊡ Determinar los campos de los certificados de atributos, describiendo su uso habitual y la relación existente con los certificados digitales.

Contenido

Introducción

Mapa Conceptual

APLICACIÓN DE UNA INFRAESTRUCTURA DE CLAVE PÚBLICA (PKI)

Identificación de los componentes

| Modelo de relaciones | Autoridad de certificación | Política de certificado | Declaración de prácticas de certificación | Lista de certificados revocados | Solicitudes de firma de certificados |

Certificados de atributos

| Campos | Descripción usos habituales | Relación con los certificados digitales |

Infraestructura de gestión de privilegios

| Modelos | Arquitecturas |

Aplicaciones que se apoyan en la existencia de una PKI

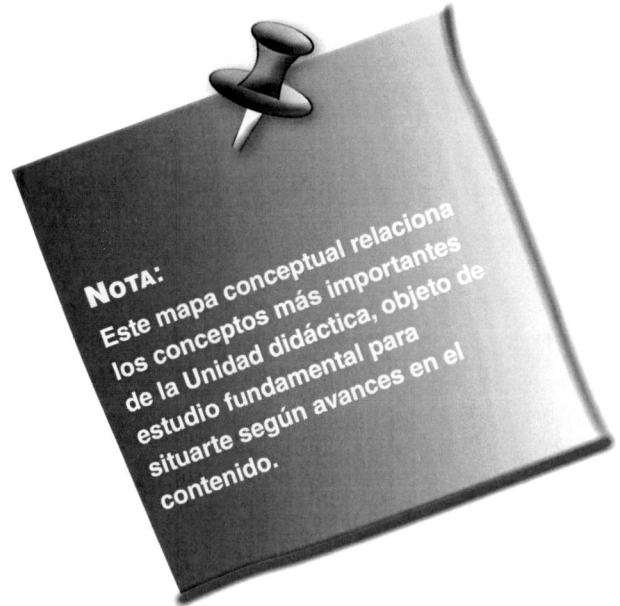

NOTA:

Este mapa conceptual relaciona los conceptos más importantes de la Unidad didáctica, objeto de estudio fundamental para situarte según avances en el contenido.

Introducción

Para solucionar el problema de la autenticación en las transacciones realizadas a través de Internet, se buscó algún sistema identificativo único de una entidad o persona. Ya existían los sistemas criptográficos de clave asimétrica, mediante los cuales una persona disponía de dos claves, una pública, al alcance de todos, y otra privada, solo conocida por el propietario.

El problema era asegurar que, efectivamente, la clave pública que se recibía era de la persona correcta y no de un suplantador. Entonces se pensó en implementar una especie de documento de identidad electrónica que identificara, sin lugar a dudas, a su emisor. La solución a este problema fue la aparición de los certificados digitales, documentos basados en la criptografía de clave pública y en el sistema de firmas digitales.

No obstante, la utilización de los certificados digitales –como cualquier sistema criptográfico de firma digital– se basa en un pilar fundamental: la autenticidad del certificado de cada participante. Si no se puede asegurar esta característica, nos enfrentamos a una más que probable situación de fraude.

Para proporcionar una solución se diseñaron empresas y organismos encargados de la emisión, gestión y revocación de los certificados de clave pública en los que se puede confiar. Se le dio el nombre de Infraestructura de Clave Pública (PKI). Todos los componentes de una PKI –que serán analizados a lo largo de la Unidad–, permiten que se puedan generar interacciones entre usuarios y empresas de distintos sectores y países al confiar en terceras partes de confianza.

1. Identificación de los componentes de una PKI y su modelo de relaciones

Una infraestructura de clave pública, *Public Key Infrastructure,* PKI, es una estructura de sistemas informáticos, procedimientos de operación, protocolos, políticas de certificación, repositorios de información, estándares, declaraciones de prácticas y recursos humanos, cuya finalidad es ofrecer a los usuarios una plataforma para la gestión de la identidad digital.

Una PKI dispone de la arquitectura y de los elementos necesarios para integrar todos los procedimientos de solicitud de certificados, verificación de identidades, generación de claves, almacenamiento y publicación de certificados electrónicos, renovación, revocación, etc.

La infraestructura de clave pública se fundamenta en la interacción de diversos componentes:

❑ **Autoridad de certificación (AC).** Es una entidad de confianza, cuya finalidad es la emisión, renovación y revocación de certificados electrónicos. Las autoridades de certificación constituyen el núcleo de las infraestructuras de clave pública y permiten utilizar, con total seguridad, los certificados electrónicos.

❑ **Autoridades de registro (AR)**. Es una entidad encargada de llevar a cabo los procesos de verificación de identidad, solicitud y distribución de certificados electrónicos. Normalmente, en una infraestructura de clave pública, los usuarios finales no interactúan directamente sobre la autoridad de certificación sino que canalizan sus operaciones a través de una o varias autoridades de registro. No obstante, estos subsistemas no pueden expedir certificados electrónicos por sí mismos.

❑ **Certificados electrónicos.** Un certificado electrónico es un archivo o documento electrónico expedido y firmado por una autoridad de certificación, en el que se vincula una identidad a una clave pública, y ligado, a su vez, a la correspondiente clave privada.

Para obtener un certificado electrónico, el usuario se dirige a una autoridad de registro, ésta verifica la identidad del usuario y pide a la autoridad de certificación que expida el certificado.

❑ **Autoridad de validación.** Es la autoridad encargada de comprobar la validez de los certificados. Su figura puede coincidir con la autoridad de certificación. Proporcionan información sobre el estado de cualquier certificado a través de unos protocolos de validación, en tiempo real.

❑ **Entidades finales.** También denominados suscriptores. Poseen un par de claves (pública y privada) y un certificado que asocia su identidad a la clave pública.

❑ **Repositorios.** Tienen como finalidad la de actuar como almacén para los certificados electrónicos y para la lista de certificados revocados (CRL).

❑ **Directorios.** Son un tipo especial de repositorios que almacenan información especializada y optimizan los procesos de consulta y lectura. Utilizan el protocolo ligero de acceso al directorio *(Lightweight Directory Access Protocol,* LDAP). Se trata de una versión simplificada de otro protocolo, el X.500, que especifica tanto el modelo de información como los mecanismos de acceso a la misma.

❑ **Autoridad de sellado de tiempo.** Es la entidad encargada de firmar un mensaje para demostrar que existe en un momento dado. Su existencia es importante, pues permitirá que los servicios establezcan la existencia de unos datos antes de un determinado momento (por ejemplo, si se envió la información antes de la caducidad de un certificado digital). Para considerar válido el sellado deben protegerse los datos y su marca habrá sido obtenida de una fuente de confianza. Por esto los proveedores oficiales de valores de tiempo se coordinan en horario universal *(Universal Time Coordinated,* UTC), que garantiza la exactitud de los datos temporales. El sellado de tiempo se añade a la marca resumen.

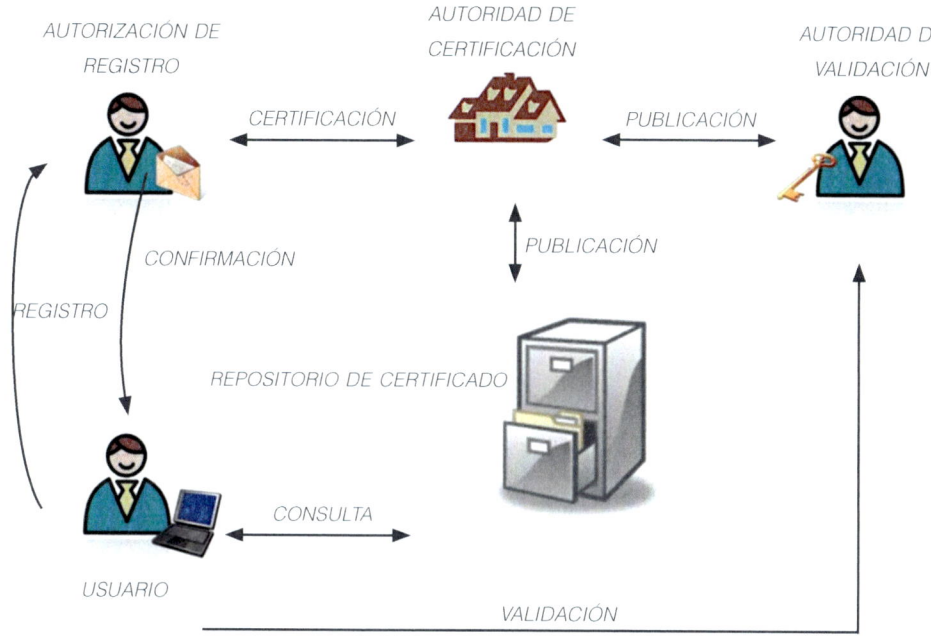

Componentes de una infraestructura de clave pública (PKI)

En la actualidad, existen dos modelos generales de infraestructura de clave pública:

❏ **Modelo central.** Existe una única autoridad de certificación, la **AC raíz**, que **firma todos los certificados.** Cada participante en la infraestructura de clave pública que necesite un certificado envía una petición a la AC raíz. Es una solución habitual para organizaciones no demasiado grandes, esto es, varios cientos de máquinas.

❏ **Modelo jerárquico.** La capacidad de firma de un certificado se delega en una estructura jerárquica. El punto superior de la jerarquía es la AC raíz, que firma los certificados de las **AC subordinadas.** A su vez, estas firmarán certificados de AC de nivel jerárquico inferior o, directamente, de participantes en la estructura. Cuando una gran organización tiene sus sedes muy dispersas geográficamente, suele utilizar este modelo de infraestructura de clave pública.

Existe otra variable organizativa derivada del hecho de que se pusiera en duda la fiabilidad de la autoridad de certificación. Una cosa es que emita certificados y otra muy distinta es que su método de comprobación de identidad del participante, para el que se emite el certificado, sea seguro. Es un aspecto que sigue generando controversias por sus implicaciones.

La variante consiste en introducir un intermediario entre el peticionario del certificado y la autoridad de certificación. Dicho intermediario, responsable de asegurarse de la identidad del primero, se conoce como **Autoridad de Registro.** Suministra los datos verificados del solicitante del certificado a la autoridad de certificación con la que trabaja para que, de este modo, esta pueda emitir el certificado. En una capa de complejidad añadida a cualquiera de los dos modelos citados anteriormente, no exenta de polémica y que no está soportada por todos los programas que implementan soluciones tecnológicas de infraestructura de clave pública.

Existen diversos métodos de petición de certificados, distintos protocolos de comunicación entre los peticionarios de certificados y las autoridades de certificación o las autoridades de registro.

El más común es el basado en los estándares PKCS *(Public Key Infrastructure Standards)* publicados por RSA *Data Security* y seguidos por la mayor parte de los fabricantes. Es utilizado, por ejemplo, en la implantación del protocolo IPSec *(Internet Protocol Security)*, utilizada para el establecimiento de redes privadas virtuales.

IPSec

Conjunto de protocolos que se utilizan para asegurar las comunicaciones sobre el protocolo IP. También incluye protocolos para el establecimiento de claves de cifrado.

Entre los más relevantes de esos estándares encontramos:

❏ **PKCS #1:** estándar relacionado con RSA; sigue siendo relevante para el cifrado y las firmas digitales.

❏ **PKCS #3:** abarca el algoritmo Diffie-Hellman y sigue siendo relevante, especialmente para la negociación de claves seguras en protocolos como TLS. Sin embargo, los estándares más nuevos sugieren el uso de Diffie-Hellman de curva elíptica (ECDH), ya que ofrece una seguridad más eficiente y robusta con claves más pequeñas.

❏ **PKCS #5:** estándar relacionado con el cifrado de contraseñas; fue originalmente diseñado para usar con DES y algoritmos de hash como MD5 y MD2. Hoy en día, AES es el algoritmo recomendado para cifrar mensajes, y el uso de MD5 o MD2 es ampliamente desaconsejado. Se han desarrollado mejoras, como PBKDF2 *(Password-Based Key Derivation Function 2)*, para la derivación de claves más seguras.

❏ **PKCS #7:** este estándar define la sintaxis para el cifrado y la firma de datos. Aunque aún es utilizado en algunos contextos, se ha evolucionado hacia CMS *(Cryptographic Message Syntax)*, que se considera el sucesor de PKCS #7. CMS es parte de estándares más amplios como RFC 5652 y es ampliamente usado en aplicaciones modernas de seguridad y firma digital.

❏ **PKCS #10:** este sigue siendo el estándar de facto para las peticiones de certificados, también conocido como CSR *(Certificate Signing Request)*. Es ampliamente utilizado en la generación de peticiones de certificados que las autoridades de certificación validan. No ha cambiado mucho, pero es relevante mencionar que la mayoría de las autoridades de certificación hoy en día emplean ECC *(Elliptic Curve Cryptography)* además de RSA.

❏ **PKCS #11:** es la especificación para las interfaces criptográficas de hardware (como HSM - *Hardware Security Modules*). Este estándar sigue siendo relevante y ha sido actualizado en varias versiones, con el último cambio importante siendo la versión PKCS #11 v3.0. Esta versión incluye soporte mejorado para algoritmos de curva elíptica (ECC) y otras funcionalidades avanzadas.

❏ **PKCS #12:** este estándar, que describe un formato para almacenar certificados, claves privadas y otros datos criptográficos, sigue siendo ampliamente utilizado. Sin embargo, hoy en día, también se hace uso de otros formatos como PEM y JKS en aplicaciones de almacenamiento de claves. A pesar de ello, PKCS #12 sigue siendo un estándar robusto, especialmente en aplicaciones que requieren almacenar tanto claves públicas como privadas de manera segura.

❏ **PKCS #15:** relacionado con la gestión de claves y certificados en dispositivos criptográficos como tarjetas inteligentes *(smart cards)*. Este estándar define cómo almacenar y gestionar estos objetos en dispositivos de hardware seguros. A pesar de ser menos conocido, es importante para aplicaciones en las que se utilizan dispositivos de seguridad.

❏ **PKCS #14:** un estándar menos común, que describe el uso de una interfaz criptográfica de software para generar y gestionar claves en una máquina. Es más específico en algunos escenarios, pero no tan utilizado como los anteriores.

❏ **PKCS #16:** en general, se refiere a mejoras y extensiones en la forma de almacenar certificados y claves en contenedores más robustos.

Para que un suscriptor pueda obtener un certificado digital debe registrarse ante una entidad habilitada para concederlos.

El registro es el proceso por el que una entidad final se da a conocer a una autoridad de certificación y le proporciona información referida a su identidad. El carácter de dicha información se especifica en las políticas de certificación particulares de cada autoridad de certificación. Específicamente, dicha información tendrá un formato estándar convenido en los estándares de clave pública **PKCS #10.** En el citado estándar, la información se estructura en un campo: el **certificationRequestInfo**, que contiene los siguientes atributos:

❏ Versión de la sintaxis concreta que se utiliza.

❏ Nombre distinguido y definitorio del usuario de la clave pública.

❏ Información de la clave pública.

❏ Conjunto adicional de datos sobre la identidad válida y cierta del suscriptor.

La autoridad de certificación verificará la firma y construirá el certificado, haciéndolo llegar al solicitante de forma personal e intransferible.

Los **organismos internacionales** encargados de los procesos de estandarización de las infraestructuras de clave pública son:

❑ Internet Engineering Task Force **(IETF).** Trabaja para el desarrollo de los estándares de redes. Sus resoluciones se expresan en una serie de documentos, los conocidísimos RFCs *(Request for Comments).*

❑ International Standard Organization **(ISO).** Se encarga de comprobar y de ratificar los estándares generados por otros organismos.

❑ European Telecommunications Standards Institute **(ETSI).** Organismo europeo formado por empresas de telecomunicaciones.

La IETF es quien definió el estándar X.509v3, que estructura los certificados.

1.1.   Problemas de seguridad de las PKI

Pese a las evidentes ventajas para solventar los problemas de autenticación que ofrecen las PKI y la firma digital, existe una serie de inconvenientes de seguridad que hay que tener en cuenta a la hora de implementar una PKI concreta. La **mayor parte de los problemas** está relacionada con:

❑ No hay una manera estándar de implementarlas.

❑ Hay toda una serie de problemas de incompatibilidad.

❑ Problemas de formación y concienciación de los usuarios.

La mayor parte de los usuarios no sabe si está usando o no una PKI y no conocen cómo interactuar con tales sistemas que, además, no son ni amigables ni muy intuitivos.

Puesto que no todas las aplicaciones aceptan los mismos certificados digitales, existe una falta real de interoperabilidad. El hecho de respetar el estándar X.509.v3 no garantiza en absoluto que dos certificados generados por dos sistemas desarrollados por empresas distintas sean mutuamente compatibles. Además, se producen problemas de confianza entre autoridades de certificación de distintas organizaciones, que pueden imposibilitar la verificación con éxito de cadenas de certificación cuya autoridad de certificación raíz sea desconocida o no confiable, invalidándose todo el esquema de PKI.

Es más, aún pueden encontrarse aplicaciones que no aceptan los certificados digitales, con lo que esto implica en cuanto a problemas de integración.

Además, los certificados digitales pueden falsificarse y aprovecharse de que los usuarios no son capaces de diferenciar entre uno válido y otro inválido. Si la política de seguridad de la autoridad de certificación no es robusta, el sistema completo está en peligro. Por ejemplo, podría pasar un tiempo peligrosamente largo entre que se revoca un certificado y se actualizan todos los servidores que mantienen la CRL.

Asimismo, las PKI terminan presentando problemas de escalabilidad cuando el número de certificados emitidos para los usuarios va creciendo, debido a que las listas de revocación deben ser consultadas en cada operación que involucre certificados y firmas digitales, si se desea una implantación segura.

No cabe duda que el esquema de confianza vertical, promulgado por las estructuras de certificación en árbol, resulta más escalable que los modelos de confianza horizontal, como el adoptado por PGP, cuya problemática es tan seria que no se prevé solución satisfactoria.

Otro problema grave es el relacionado con el no repudio. Se asume que, realmente, únicamente el participante conoce su clave privada, lo cual no es, ni mucho menos, tan evidente. Como consecuencia, cuando se descifra un mensaje firmado con tal clave privada no se puede afirmar, con completa seguridad, que lo firmó el propietario de la clave. Puede haber sido alguien que la robó o, incluso, un troyano que estaba en el ordenador del participante. Una firma digital no es igual que una manuscrita. En ésta, se puede asumir que quien firmó leyó el documento, y entendió sus términos. Se ha tomado el término "no repudio" de la literatura académica criptográfica, en la que quiere decir únicamente que el algoritmo de firma digital no es atacable, y se le está dando un significado legal muy peligroso, de manera que, si una clave usada para firmar documentos digitalmente ha sido certificada por una autoridad de certificación aprobada por la ley, el propietario de la clave puede ser responsable de lo que se haga con tal clave. Es decir, no importa quién estuviera sentado delante del ordenador utilizándola o qué virus la utilizó, el responsable es el propietario de la clave.

Otro parámetro de configuración muy importante –desde el punto de vista de los problemas de seguridad– que puede ocasionar problemas es el período de validez de los certificados, que debería estar claramente planificado. Por defecto, muchas autoridades de certificación definen un período de validez de tres o cinco años. Esto puede ser una buena política para algunas situaciones pero, para otras, es una elección que puede resultar corta.

Pese a todo lo anterior, puede que **el más grave de los problemas** esté relacionado con eso que se ha denominado como **Peopleware** y seguramente también con la filosofía. Son toda una serie de aspectos relacionados con la confianza depositada en las autoridades de certificación, especialmente en el tráfico certificado utilizado en Internet. El hecho más evidente es el que no haya ninguna entidad u organización en la que todo el mundo confíe y cuyo juicio sea inapelable. Además, más que la máxima autoridad, en el que todo el mundo confía, realmente existe una jerarquía de autoridades de certificación debido al uso extensivo del modelo jerárquico. Los certificados de las autoridades de certificación raíces de estas jerarquías suelen estar –muchas veces sin que los usuarios lo conozcan– en el software que utilizan, por ejemplo, los navegadores.

Peopleware

Cualquier aspecto relacionado con el rol de las personas en el uso y desarrollo del hardware y del software. Desde el trabajo en equipo, pasando por la gestión de proyectos, hasta llegar al diseño de interfaces humanas o el estudio de las interacciones entre máquinas y humanos.

Otro problema grave para el comercio por Internet es el de la **unicidad del nombre del propietario del certificado**. Al estar basada la identidad en tal nombre, es fácil que haya problemas de identificación, si no se determinan claramente suficientes campos de identificación, en el nombre, como para diferenciar todos los *"José García"* posibles.

Otros problemas parecidos aparecen si se analiza el modelo de autoridades de certificación y de autoridades de registro. La idea es que ésta última sea la responsable de validar lo que va a aparecer en el certificado y la primera sea la responsable de emitirlo. Este modelo puede ser, pese a todo, bastante menos seguro que el de gestionar únicamente autoridades de certificación, pues permite a una entidad (la autoridad de certificación), que no es autoridad sobre los contenidos, obtener un certificado con dichos contenidos. Indudablemente, podría firmar un contrato comprometiéndose a no hacer tal cosa, pero dispone de la capacidad técnica para hacerlo.

Otro problema es el relacionado con los **sistemas, que no tienen en cuenta correctamente las listas de revocación de certificados** (CRLs). Si no se soportan en el sistema, ¿cómo se revoca un certificado? Y, si no se soporta tal revocación, ¿cómo se detecta que una clave ha sido comprometida para poder revocarla? ¿Tendría sentido pensar en una revocación retroactiva, para que el propietario de un certificado pudiera negar haber firmado algún documento?

Queda claro que ni los certificados digitales ni las PKI son la solución definitiva para hacer que el sistema sea completamente seguro. Hay que usarlos correctamente si se desea un cierto nivel de seguridad y, en la actualidad, existe aún mucho trabajo que hacer en el campo de la confianza.

Resumiendo, se podría afirmar que, además de decidir el sistema de PKI que se va a utilizar, **una buena organización de autenticación debe de tener en cuenta**:

❑ Una política de seguridad con respecto a la certificación, con su ámbito de actuación y estructura claramente definidas, así como sus relaciones con otras PKI, especialmente en la cuestión de distintos modelos de certificación.

❑ Deberá estar clarísimamente definido el procedimiento de aprobación de certificados, en todas sus posibilidades: cuándo puede ser automático, cuándo manual y en qué casos requerirá una seguridad mayor, incluyendo, por ejemplo si es de una persona, la presencia física.

Deberá estar, también, claramente definida la política con respecto a la lista de revocación de certificados.

Todas estas cuestiones, y algunas otras citadas previamente, hacen que la administración segura de una PKI sea algo especialmente sofisticado y costoso, dando lugar a muchas interpretaciones y problemas, que hay que tener en cuenta a la hora de la implantación y mantenimiento.

Con el estudio de este epígrafe hemos conseguido a describir la estructura de la infraestructura de clave pública, indicando las funciones de los elementos que la integran.

2. Autoridad de certificación y sus elementos

En la vida no digital se han utilizado diversos métodos para reducir la capacidad de que las personas nieguen que han sido las creadoras de documentos de papel. Los homólogos a estos métodos en la vida digital son bastante parecidos y están muy ligados a los problemas de autenticación. En ambos casos, se aplica una firma al documento o mensaje. En el caso de firmas en papel se trabaja con una autoridad de confianza, como puede ser un notario, que validará el documento. En el campo digital es típica la utilización de una **Autoridad de Certificación**, que será la encargada de emitir los certificados digitales.

La Autoridad de Certificación (AC) es el componente clave de cualquier infraestructura de clave pública. Es una entidad –que suele ser un servicio presente en una máquina– que emite y gestiona certificados digitales y que cuenta con una propiedad fundamental: se puede confiar en ella.

Las **autoridades de certificación** tienen una serie de **responsabilidades** importantes:

❑   Crear certificados digitales.

❑   Administrar los certificados digitales.

❑   Revocar certificados digitales inválidos.

Una infraestructura de PKI puede contar con o más autoridades de certificación. Su creación comienza con la generación de un par de claves (pública y privada) que se utilizarán para firmar y validar los certificados digitales que emita la propia autoridad de certificación. Las claves han de ser lo bastante fuertes para resistir un ataque de fuerza bruta, por ejemplo. Este aspecto dependerá de la combinación de la longitud de la clave y de la calidad del algoritmo de generación de las mismas.

Una vez generado el par de claves, la pública se distribuirá entre todas las entidades de confianza potenciales. La distribución puede realizarse mediante un certificado digital emitido por una autoridad de certificación en la que los usuarios ya confían o por un certificado generado por la propia autoridad de certificación que se acabe de crear (este tipo de certificados se denominan "autofirmados"). Para garantizar la seguridad de la información, las ACs se tendrán que distribuir desde un canal externo (será preciso pasar el certificado físicamente: por correo, incorporado al software, etc.).

La AC protegerá su clave privada de un uso no autorizado. La seguridad de toda la infraestructura de PKI depende del uso de prácticas adecuadas para crear y administrar toda una infraestructura de confianza. El control de acceso a las claves ha de ser muy estricto. Por ello, habitualmente, las claves se guardan en una tarjeta, en un chip o hardware criptográfico y se hace uso de la protección física que representa el contar con una autoridad de certificación aislada y sin conexión de red alguna.

Por supuesto, es posible contar con la AC dentro de la red de la organización, controlada y gestionada por miembros de la propia organización que son, habitualmente, parte del equipo TIC o del de seguridad o fuera de la propia red, como un tercero (de confianza) con el que se colabora. Incluso puede haber modelos mixtos, que manejen diferentes necesidades con diferentes autoridades de certificación. Hay, además, en el mercado distintas soluciones de construcción y gestión de los programas que implementan estos servicios de autenticación, que forman la pieza clave de una PKI.

Para conseguir el cumplimiento de esas obligaciones se utilizan diversas combinaciones de algoritmos criptográficos asimétricos y funciones de una sola vía. La forma en la que la autoridad de certificación valida el certificado es firmándolo digitalmente.

El núcleo fundamental de una autoridad de certificación es el par de claves criptográficas pero no hay que olvidar otros componentes o servicios, como el repositorio de claves, servicios seguros de logs, etc.

Actualmente, un usuario puede escoger entre múltiples autoridades de certificación para conseguir un certificado electrónico, tanto en el ámbito público como en el privado.

En el ámbito público contamos con varios ejemplos: la Fábrica Nacional de Moneda y Timbre (FNMT), la Dirección General de Policía, para el DNI electrónico y RedIRIS, para la red académica de investigación.

La FNMT es un organismo público estatal español dependiente del Ministerio de Hacienda que tiene establecida una arquitectura de certificación –CERES–, para autenticar y garantizar la confidencialidad de las comunicaciones entre ciudadanos, empresas u otras instituciones y administraciones públicas a través de redes abiertas de comunicación.

En el ámbito privado destacan empresas como Verisign, que es una de mayor reputación internacional en el mundo de la certificación digital y de la seguridad de la información. Aunque su portfolio de servicios es amplio –desde soluciones comerciales para comercio electrónico, pasando por servidores seguros, tarjetas inteligentes, servidores de nombres de dominio hasta consultoría–, el más conocido es el de autoridad de certificación para la emisión de certificados electrónicos, muy ampliamente utilizados en Internet. Otros ejemplos del ámbito privado lo constituyen GlobalSign, Thawte Certification, COMODO y Godaddy, todas ellas internacionales. En nuestro territorio podríamos citar a ANCERT, la Agencia Notarial de Certificación, a Camerfirma, del Consejo Estatal de Cámaras de Comercio y a la Agencia de Certificación Electrónica (ACE).

3. Política de certificado y declaración de prácticas de certificación (CPS)

*Se entiende por **política de certificado** al conjunto de reglas que definen la aplicabilidad de un certificado en una comunidad y/o en alguna aplicación, con requisitos de seguridad y utilización comunes.*

Una política de certificado expone la garantía de seguridad que se puede dar al certificado y los usos para el cual es adecuado. Es un concepto general, no particular de una organización. Sirve como vehículo para establecer las bases de interoperabilidad.

La política de certificado facilita a las autoridades de certificación la capacidad de establecer unas directivas de certificación, globales y comunes, mediante una Declaración de Prácticas de Certificación (*Certificate Practice Statement,* CPS).

Una CPS puede definirse como el conjunto de prácticas adoptadas por una autoridad de certificación para la emisión de certificados, tanto en la gestión de su ciclo de vida como en sus medidas de seguridad, siendo propias de cada autoridad de certificación. Una CPS contiene información detallada sobre su sistema de seguridad, soporte, administración y emisión de los certificados, además de sobre la relación de confianza entre el firmante, suscriptor o tercero que confía y la autoridad de certificación.

La CPS estipula la forma en que una autoridad de certificación en particular establece dicha garantía de seguridad. Normalmente, la CPS suele presentarse en forma de documento al alcance del público.

A pesar de ser conceptos distintos, es muy importante su interrelación puesto que, entre las dos, establecen la relación legal y técnica entre una autoridad de certificación y sus suscriptores y usuarios.

A modo de resumen, puede decirse que una política de certificado define **qué** requerimientos de seguridad son necesarios para la emisión de los certificados y la declaración de prácticas de certificación añade el **cómo** se cumplen los requerimientos de seguridad impuestos por la política.

3.1. Declaración de prácticas de certificación

Según el artículo 18 de la **Ley 6/2020, los prestadores de servicios de confianza deben garantizar la gestión continua y la tutela de los certificados electrónicos** que expiden, tal como lo establecía la Ley 59/2003, pero bajo un marco más actualizado en cuanto a las medidas de seguridad y la interoperabilidad europea. En este sentido, el artículo 18 de la Ley 6/2020 también establece la obligación de mantener una declaración de prácticas de servicios de confianza, que debe especificar las condiciones de solicitud, expedición, uso, suspensión y extinción de los certificados electrónicos.

El artículo 19 de la Ley 6/2020 refuerza lo dispuesto en el artículo 19 de la antigua Ley 59/2003 y exige que los prestadores de servicios de confianza pongan a disposición de los usuarios un servicio de consulta sobre el estado de vigencia de los certificados, indicándose si están vigentes, suspendidos o expirados. Este servicio debe ser accesible de manera gratuita y pública por vía electrónica.

La declaración de prácticas de servicios de confianza contiene todos los requisitos detallados de la gestión de los certificados, sus condiciones de uso y los procedimientos de seguridad aplicables. En concreto, se especifican los siguientes puntos:

❑ **Gestión de los datos:** los prestadores de servicios de confianza se comprometen a gestionar de manera segura los datos de creación y verificación de firma y a garantizar que el uso de los certificados se realiza conforme a las normativas aplicables.

❑ **Disponibilidad pública de la declaración:** la declaración de prácticas de servicios de confianza debe ser accesible públicamente y gratuita, tanto en formato electrónico como de manera clara y comprensible, de conformidad con el artículo 19 de la Ley 6/2020.

❑ **Protección de datos:** la declaración de prácticas de servicios de confianza tiene la consideración de documento de seguridad, tal y como se establece en la legislación de protección de datos personales, adaptándose al Reglamento (UE) 2016/679, del Parlamento Europeo y del Consejo, relativo a la protección de las personas físicas en lo que respecta al tratamiento de datos personales y a la libre circulación de estos datos.

La Ley 6/2020 también regula la gestión de las políticas y prácticas de certificación por parte de los prestadores de servicios de confianza. Los prestadores pueden:

❑ Especificar, revisar y aprobar las políticas de confianza a través de los órganos directivos correspondientes.

❑ Elaborar y revisar las prácticas de certificación particulares en función de los servicios prestados y las necesidades de los usuarios.

❑ Establecer procedimientos de revisión y mantenimiento para las prácticas de certificación y las políticas correspondientes.

Asimismo, se exige a los prestadores de servicios de confianza realizar un análisis de riesgos para evaluar las amenazas a las que pueden estar expuestos los sistemas de certificación. Este análisis permitirá establecer las medidas de seguridad técnicas y organizativas necesarias para mitigar los riesgos asociados al manejo de certificados y claves electrónicas.

Los prestadores de servicios de confianza pueden modificar las políticas y prácticas de certificación, pero deben notificar estos cambios a los usuarios con una antelación mínima de 30 días cuando tales modificaciones afecten directamente a los derechos y obligaciones de los usuarios.

En cuanto a la suspensión y extinción de la vigencia de los certificados electrónicos, la Ley 6/2020, en su artículo 15, especifica las causas y los procedimientos mediante los cuales un prestador de servicios de confianza podrá suspender o extinguir la validez de un certificado.

4. Lista de certificados revocados (CRL)

 *Una **lista de certificados revocados** (CRL), es un documento electrónico expedido y firmado por una autoridad de certificación, en el que se incluyen los números de serie de todos aquellos certificados que, sin haber expirado, han sido revocados por algún motivo.*

Al recibir un certificado electrónico, el usuario debe consultar la CRL de la autoridad de certificación que firma el certificado para verificar la validez del mismo. El protocolo de estado del certificado en línea (OCSP, *Online Certificate Status Protocol*) permite realizar consultas en tiempo real sobre la base de datos de certificados revocados de una autoridad de certificación.

La validación de certificados en tiempo real es imprescindible para el desarrollo del comercio electrónico, por ejemplo.

La recomendación X.509 define un formato estándar para las listas de certificados revocados, de forma análoga a la estructura sugerida para los certificados electrónicos.

Otro aspecto muy significativo a plantearse a la hora de implantar una PKI es la forma en que se van a administrar las CRL.

Estas listas deben ubicarse en uno o varios sitios de la red, alcanzables tanto por las autoridades de certificación como por los participantes. Su **administración** ha de tener en cuenta los siguientes aspectos:

❑ Son creadas por la autoridad de certificación, que las mantiene en el propio sistema donde reside el programa de dicha autoridad, en un directorio *LDAP* o en cualquier sitio alcanzable y administrable por la citada autoridad de certificación.

❑ Cuando un participante no se fía de su clave pública, bien porque sabe que le han robado, bien porque quiere cambiar las claves o por cualquier otra razón, se lo comunica a la autoridad de certificación para que le revoque el certificado y le genere uno nuevo, **obviamente a partir de otra clave pública**.

❑ La autoridad de certificación debe, en ese momento, revocar ese certificado. Esto consiste en incluirlo en la CRL. Además, la CRL está firmada por la autoridad de certificación.

❑ Si se ubica en varios lugares, es preciso distribuirla periódicamente. Teóricamente, debería ser cada vez que exista un cambio.

Es necesario recordar que la CRL ha de consultarse cada vez que se vaya a utilizar un certificado para comprobar que sigue siendo válido. No existe la obligación de los participantes de asegurarse que una CRL se encuentre actualizada. En la práctica, estos procedimientos no se aplican, de ahí que las CRL son uno de los posibles agujeros de seguridad de un sistema de infraestructura de clave pública.

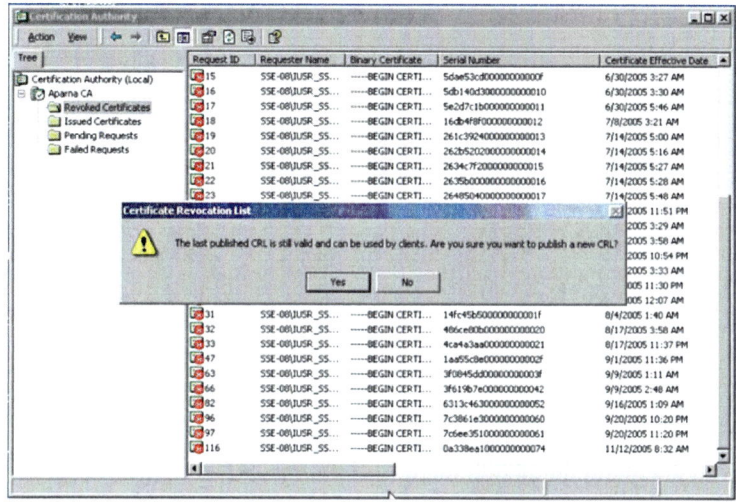

Lista de certificados revocados (CRL) de una CA.

En cada certificado, de acuerdo con el estándar X.509, existe una extensión CRL que incluye el punto de distribución de la misma.

En el lado de los participantes, sea una persona, un equipo informático o un dispositivo de red (como por ejemplo un encaminador, un cortafuegos, un concentrador VPN, etc.), hay que seguir siempre el mismo procedimiento de trabajo, esto es, hay que almacenar certificados e información relacionada. Esta **información** es, básicamente, de **tres tipos**:

❑   Certificados personales, de identidad del participante.

❑   Certificados de autoridad de certificación y de autoridad de registro.

❑   Peticiones de certificados PKCS #10.

Actualmente, muchas autoridades de certificación soportan mecanismos automáticos de petición y obtención de certificados. Por ejemplo, se puede citar el **SCEP** *(Simple Certificate Enrollment Protocol)*, principalmente desarrollado por Cisco Systems, adoptado por Microsoft y soportado por muchos fabricantes de software de autoridades de certificación.

El SCEP es un protocolo que actúa entre el cliente y la autoridad de certificación. El proceso de petición de certificado es siempre el mismo, aunque el proceso de comprobación depende de si el certificado de identidad se aprueba manual o automáticamente (es el caso, por ejemplo, del *Certificate Server* de Windows Server).

El proceso depende de las posibilidades de configuración y administración de cada autoridad de certificación.

En una red corporativa, que controlaría de forma interna la PKI y sus mecanismos de seguridad, el proceso de aprobación se podría realizar automáticamente. Sin embargo, si se trata de una petición a una autoridad de certificación pública, el proceso debería retrasarse para realizar una aprobación manual más detallada.

Mediante el uso de SCEP el proceso tendría los siguientes pasos:

❑ Envío de la petición de certificado de la autoridad de certificación a la autoridad de certificación.

❑ El cliente SCEP verifica el certificado de la autoridad de certificación, genera su pareja de claves, genera también la petición PKCS #10 de certificado propio y se lo envía a la autoridad de certificación.

❑ La autoridad de certificación procesa la petición, incluyendo en este paso el procedimiento de aprobación, genera un certificado para el cliente y lo envía. Es importante, como aspecto de seguridad, señalar la diferencia entre dos modelos:

◆ El **modelo clásico de software**, en el que las personas que instalan y administran los productos son los responsables finales de la seguridad de la PKI.

◆ El **modelo empresarial**, de negocio, como, por ejemplo, el de Verisign. Es éste, se está dependiendo de una compañía cuyo objetivo es vender certificados y no nos está permitido el poder verificar los férreos controles que la empresa dice imponer para la administración de los certificados.

5. Funcionamiento de las solicitudes de firma de certificados (CSR)

En un sistema de infraestructura de clave pública, una solicitud de firma de certificado (*Certificate Signing Request*, **CSR)** es un mensaje enviado por un solicitante a una autoridad de certificación en el que se solicita un certificado de identidad digital. El formato más común de un CSR es el PKCS #10.

5.1. Procedimiento

Antes de crear la CSR, el solicitante ha de generar el par de claves, manteniendo en secreto la clave privada.

La CSR también contendrá la clave pública elegida por el solicitante. Asimismo, la CSR contiene información que identifica al solicitante, por ejemplo el denominado "nombre distinguido" si se trata de certificados que respeten el estándar *X.509*.

Además, la CSR puede acompañarse de otra información adicional requerida por la autoridad de certificación, que podrá contactar a posteriori con el solicitante si precisa de más información.

La información más habitualmente requerida en una CSR es:

❏ **Nombre distinguido** (*Distinguished Name*, DN). Es el nombre de dominio completamente cualificado que se desea asegurar.

www.ejemplo.es o correo.ejemplo.es. Incluye el nombre común (en inglés Common Name, CN), esto es, www o correo.

❏ **Nombre de la empresa u organización.** Habitualmente es el nombre registrado de una empresa. Suele incluir el tipo de sociedad de que se trata (SL, SA, SAU, etc.).

❏ **Nombre de departamento/Unidad Organizativa.**

Recursos Humanos, TIC, Ingeniería, etc.

❏ **Localidad/Ciudad.**

❏ **Provincia/Región/Condado/Estado.** Conviene no reflejarlo con siglas o abreviaturas sino con el nombre completo

❏ **País. Se refleja con el código ISO de dos letras para cada país.**

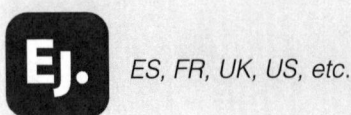

Ej. *ES, FR, UK, US, etc.*

❑ **Correo electrónico.** Dirección de contacto de la organización. Suele reflejarse la dirección de contacto del administrador de certificados o del departamento TIC.

Si la petición es satisfactoria, la autoridad de certificación generará un certificado de identidad firmado digitalmente con la clave privada de la autoridad de certificación.

5.2. Estructura

Las tres partes principales de una solicitud de certificado son:

❑ La información de solicitud de certificado. Esta parte contiene toda la información de relevancia:

♦ El número de versión.

♦ Nombre del solicitante.

♦ La clave pública (identificador del algoritmo más una cadena de bits).

Son una serie de atributos que proporcionan información adicional sobre el solicitante del certificado. Estos atributos pueden contener extensiones del certificado, una contraseña de desafío-respuesta para restringir las revocaciones, así como cualquier otra información adicional sobre el solicitante del certificado.

❑ Un identificador de algoritmo de firma

❑ Una firma digital en la información de solicitud de certificado

La primera parte contiene la información de relevancia para la generación de la solicitud de firma del certificado.

La firma del solicitante evita que cualquier entidad solicite un certificado erróneo o la clave pública de otra persona. De este modo, la clave privada es necesaria pero no es parte de la CSR.

5.3. Herramientas de solicitud de firma de certificados

La solicitud de firma de certificados puede realizarse con varias herramientas:

❑ **OpenSSL.** Puede realizarlo de forma local, sin transmitir información sensible por redes inseguras, como Internet.

❑ **Sistemas operativos de Microsoft.** Todos sus sistemas operativos, a partir de Windows XP, incorporan la herramienta certutil.exe.

❑ **Otros.** Existen muchas más opciones con software de todo tipo de fabricantes (Cisco, Juniper, Checkpoint, Citrix, etc.).

El proceso termina cuando la autoridad de certificación envía el certificado firmado al solicitante, que lo instalará con la misma herramienta con la que generó la petición CSR. Habitualmente, **el solicitante recibirá 3 archivos**:

❑ ***-key.der,** que contiene la clave privada.

❑ ***-request.dem,** que contiene la petición del certificado en formato binario.

❑ ***-request.pem,** que contiene la petición del certificado en formato ASCII.

Con el estudio de estos epígrafes hemos conseguido:

❑ *Describir los servicios y obligaciones de la autoridad de certificación, relacionándolos con la política de certificado y la declaración de prácticas de certificación.*

❑ *Identificar los atributos –obligatorios y opcionales– de los certificados digitales, describiendo el uso habitual de dichos atributos.*

6. Infraestructura de gestión de privilegios (PMI)

La Unión Internacional de Telecomunicaciones *(International Telecommunication Union, ITU)* revisó el estándar X.509 en el año 2000 y avanzó hacia la solución de los problemas relacionados con los servicios de autorización.

En dicha revisión se definió el marco de trabajo para los certificados de atributos e incluyó la especificación de los objetos de datos utilizados para representar este tipo de certificados.

Los certificados de atributos están firmados por una autoridad de atributos (AA), que es como pasa a denominarse la autoridad habilitada para realizar la asignación de privilegios y que, según la ITU, no tiene por qué ser la misma que la que emite certificados de identidad.

Además, el marco de trabajo de los certificados de atributos también define los componentes de una infraestructura de gestión de privilegios (*Privilege Management Infrastructure,* PMI), que fue el nuevo tipo de infraestructura creado para la gestión de atributos y privilegios de usuarios.

ITU

Unión Internacional de Telecomunicaciones. Es el organismo especializado de las Naciones Unidas para las tecnologías de la información y la comunicación.

Existen denominaciones paralelas en las PMIs que son herencia aportada por las PKIs. La entidad Fuente de Autoridad (en inglés *Source of Authority,* SOA) es un tipo específico de autoridad de atributos. Desempeña un papel análogo al de la autoridad de certificación raíz en las PKIs. La SOA es considerada como la última responsable en la asignación de un conjunto de privilegios.

En cuanto al concepto de revocación, se cuenta con la lista de revocación de certificados de atributos revocados (ACRL) con el mismo formato y administración que las ya comentadas CRLs.

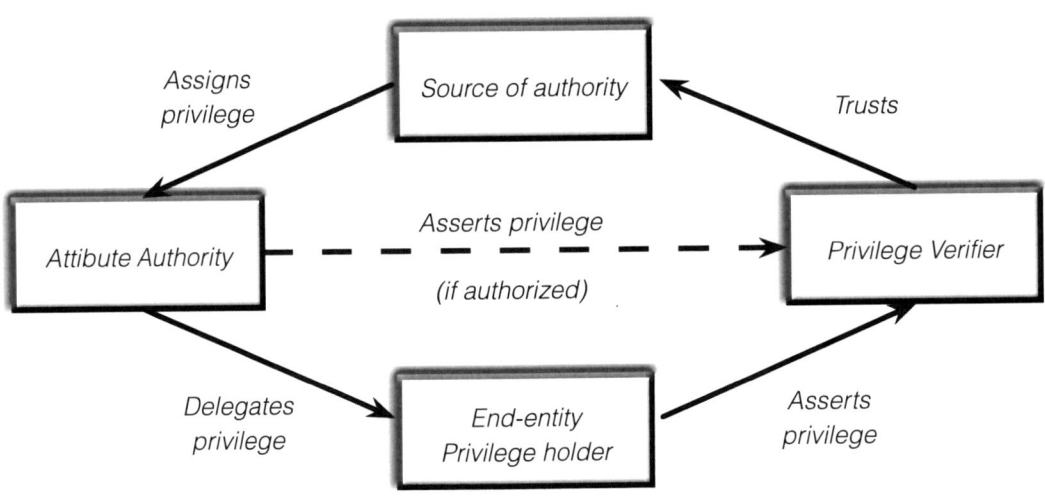

Esquema de una Infraestructura de Gestión de Privilegios (PMI).

CUADRO COMPARATIVO ENTRE LAS INFRAESTRUCTURAS DE GESTIÓN DE PRIVILEGIOS (PMI) Y LAS DE CLAVE PÚBLICA (PKI)	
INFRAESTRUCTURA DE GESTIÓN DE PRIVILEGIOS	INFRAESTRUCTURA DE CLAVE PÚBLICA
Autoridad fuente (SoA)	Autoridad de certificación raíz (vínculo de confianza)
Autoridad de atributos (AA)	Autoridad de certificación
Certificado de atributo	Certificado de calve pública
Lista de revocación de certificados de atributo	Lista de revocación de certificados
Lista de revocación de autoridad para PMI	Lista de revocación de autoridad para PKI

6.1. Modelos de PMI

Pueden utilizarse varios modelos en función de la aplicación que consideremos. Existe un **modelo general** y sobre este se definen tres **modelos específicos**: modelo de control, de roles y de delegación.

6.1.1. Modelo general

El modelo general consta de tres entidades: objeto, tenedor del privilegio y verificador del privilegio.

❑ El **objeto** es el recurso que se pretende proteger. Sobre el objeto se definen ciertos métodos que identifican las formas de uso (como ejemplos básicos, leer, escribir, ejecutar, borrar, etc.).

❑ El **tenedor del privilegio** es la entidad a la que se asigna el privilegio.

❑ El **verificador del privilegio** es la entidad que determina si los privilegios asignados al tenedor son suficientes como para realizar una determinada operación sobre el objeto.

La decisión sobre si el verificador permite o no al tenedor realizar la operación solicitada se basa en cuatro factores: privilegios del tenedor, política de privilegios, variables de entorno y sensibilidad del método del objeto.

6.1.2. Modelos específicos

A) Modelo de control

El modelo de control, o de control de accesos, se usa básicamente para esas aplicaciones y muestra cómo el verificador controla el acceso al método del objeto –por parte del tenedor– según la política establecida. El verificador de privilegios combina las distintas entradas y determina si el acceso se permite o no. Es decir, el verificador controla el acceso al método del objeto por parte del tenedor de acuerdo con la política de privilegios y las variables de entorno.

B) Modelo de roles

Se basa en el uso de roles para asignar privilegios a usuarios, pero de forma indirecta. A cada usuario se le asignan uno o varios roles y, entonces, a cada rol se le asignan una serie de privilegios.

En este modelo existen dos tipos de certificados: el certificado de asignación de rol, que enlaza al usuario con el rol, y el certificado de especificación de rol, que enlaza el rol con los privilegios específicos.

C) Modelo de delegación

Se utiliza en aquellos escenarios en que no es únicamente necesario asignar privilegios sino también proporcionar mecanismos para que las entidades puedan delegar esos privilegios que les han sido otorgados.

La SOA es la responsable de la asignación inicial de privilegios. Autorizará al tenedor a actuar como una AA. Ésta puede a su vez delegar en otra AA todos o parte de esos privilegios que posee o bien delegar directamente entidades finales. Con ello se forma una ruta de delegación que consta de una serie de certificados de atributos que están enlazados por los nombres de los emisores y los tenedores.

6.2. Ejemplo de arquitecturas PMI

❑ El **Proyecto PERMIS** *(PrivilEge and Role Management Infrastructure Standards Validation)* es un proyecto europeo que comenzó en 2001, en un contexto en el que se estaba desarrollando la infraestructura de clave pública (PKI) para la gestión de acceso. Si bien PERMIS fue innovador en su momento por enfocarse en la gestión de privilegios y la autenticación basada en atributos, muchos de los sistemas actuales han evolucionado con arquitecturas más modernas, como las soluciones basadas en Identity and Access Management (IAM) y atributos dinámicos (ej., OAuth, SAML, OpenID Connect).

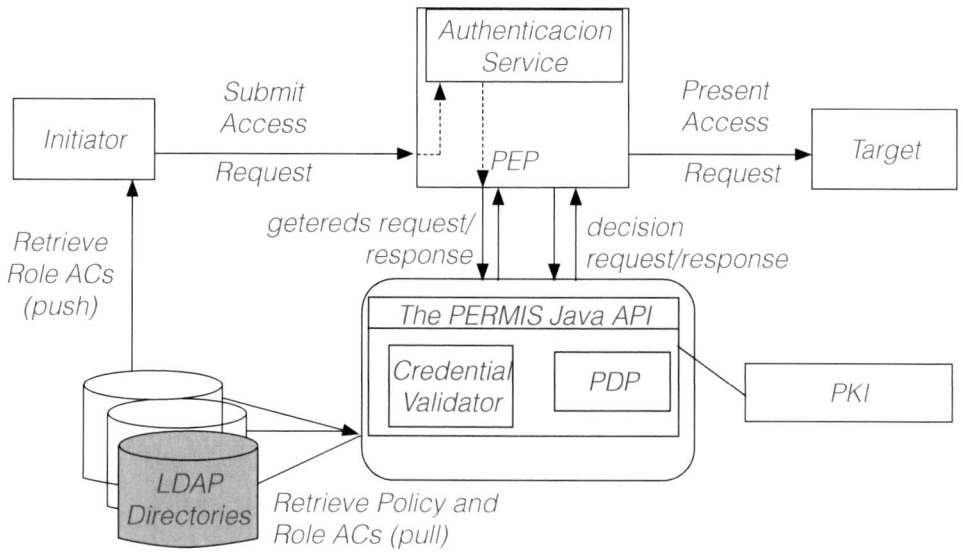

Esquema de la arquitectura PERMIS

❑ La **arquitectura AAAARCH** *(Authentication, Authorization and Accounting ARCHitecture)* fue parte de una iniciativa de investigación en la Internet Research Task Force (IRTF) para definir arquitecturas de seguridad integradas con los servicios AAA (Autenticación, Auditoría y Contabilidad). Aunque el enfoque sigue siendo relevante, la arquitectura de servicios AAA ha sido ampliamente adoptada en soluciones más modernas y está evolucionando con la integración de Zero Trust Architectures y sistemas de autenticación multifactor (MFA).

❑ El **Proyecto AKENTI** se centró en la gestión de acceso en entornos controlados por múltiples entidades y la autorización de acceso en aplicaciones distribuídas. Aunque el concepto de gestionar acceso multi-entidad sigue siendo relevante, hoy en día el control de acceso en sistemas distribuidos se maneja con arquitecturas más avanzadas y estandarizadas, como RBAC *(Role-Based Access Control)*, ABAC *(Attribute-Based Access Control)* o PBAC *(Policy-Based Access Control)*.

❑ El **proyecto PAPI** (Punto de Acceso a Proveedores de Información) fue un sistema diseñado para el control de acceso a información en Internet, en el que la autenticación local a través de organizaciones y la gestión del acceso por parte de los proveedores de información eran conceptos innovadores. Aunque sigue siendo relevante el control de acceso federado y las soluciones de acceso común, el modelo de "proveedor de información" ha cambiado significativamente en la era de cloud computing, donde los proveedores de servicios son mucho más dinámicos y descentralizados. PAPI tiene similitudes con los enfoques modernos de Sistemas de

Gestión de Identidades Federadas (como OAuth 2.0, SAML 2.0 y OpenID Connect). El concepto de un punto de acceso común ahora se refiere más a un servidor de identidad federada, que gestiona la autenticación y autorización a múltiples aplicaciones en un entorno distribuido. Se puede actualizar mencionando las tecnologías actuales de Identity Federation y SSO.

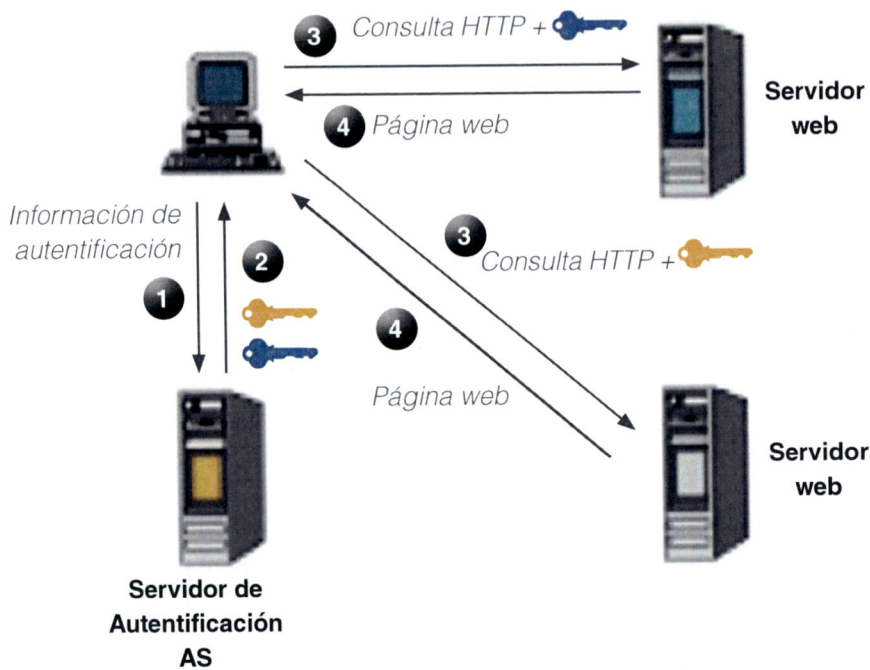

Esquema de la arquitectura PAPI

 *Con el estudio de este epígrafe hemos conseguido describir la estructura de una infraestructura de gestión de privilegios, indicando las funciones de los elementos que la integran.*

7. Campos de certificados de atributos, incluyen la descripción de sus usos habituales y la relación con los certificados digitales

7.1. Campos de certificados de atributos

La estructura de los certificados de atributos se parece a la de los certificados de identidad.

Se encuentran los campos habituales de versión, número de serie, algoritmo de firma, emisor, periodo de validez, e incluso los campos opcionales, identificador único de emisor y de extensiones.

Existen, sin embargo, otros campos nuevos, como son el **campo tenedor** y el propio **campo de atributos**, que podrá contener información respecto a la pertenencia a grupos, identificación de cargos, valores límite de transacciones, horas de realización de ciertas operaciones, límites temporales, etc.

Conviene resaltar que, a diferencia de lo que ocurre en el certificado de identidad, es posible no dejar explícita la identificación del usuario en el certificado de atributos, sino que utiliza el campo tenedor para enlazar este certificado con el correspondiente certificado de identidad del usuario, mediante la utilización en el campo tenedor del número de serie del certificado de identidad del usuario sobre el que se expresan los atributos o privilegios. De esta forma, la PKI autentica a aquellos usuarios de quien la PMI emite certificados de atributos.

No es esta la única solución. Como alternativa, el campo tenedor puede contener el valor resumen de la clave pública o bien el del certificado de identidad completo. Por supuesto, podrá contener el identificador del usuario en el caso de que no exista vínculo con una PKI cuando se dé el caso que la PMI coexista con algún otro esquema de autenticación.

7.2. Descripción de los usos habituales de los certificados de atributos y la relación con los certificados digitales

Los **certificados de atributo** son una modalidad de certificación electrónica que permite identificar a una persona física en relación con funciones o capacidades específicas, como su cargo, poder o responsabilidad dentro de una persona jurídica. Estos certificados permiten atribuir a una persona física la capacidad de actuar en nombre de una entidad o empresa, integrando información adicional sobre su relación con dicha organización.

Usos habituales de los certificados de atributo:

❑ **Certificados de apoderado o representante:** permiten identificar a una persona física como apoderado o representante de una entidad, otorgándole poderes específicos para realizar actos jurídicos en nombre de la organización. Este tipo de certificado es esencial para garantizar la autenticidad y la integridad de las acciones realizadas por la persona que actúa en representación.

❑ **Certificados de empleado:** vinculan a un empleado con su organización, incluyendo información sobre el cargo que ostenta. Este tipo de certificado es comúnmente utilizado para facilitar el acceso a sistemas internos, firmar documentos o realizar trámites electrónicos en nombre de la empresa.

❑ **Certificados para facturación electrónica y firma de código:** son utilizados para garantizar la autenticidad y validez de los documentos electrónicos en procesos de facturación y en la firma de software o código, asegurando la integridad de las transacciones y las comunicaciones realizadas.

❑ **Certificados de Sede Electrónica administrativa:** se utilizan para identificar los portales de Internet de los organismos públicos, garantizando que los usuarios puedan confiar en la autenticidad de la página y que las interacciones con la administración se realicen de forma segura.

❑ **Certificados de Sello electrónico:** utilizados en procesos automatizados para realizar firmas electrónicas sin intervención humana directa, como en la administración pública o en entornos empresariales que requieren de acciones automáticas.

Mientras que los certificados digitales garantizan la identidad de una persona física (o jurídica) y habilitan la firma electrónica, los certificados de atributo añaden un nivel adicional de detalle al vincular a una persona física con un rol o poder específico dentro de una organización. Ambos tipos de certificados están regulados por la Ley 6/2020, que establece su validez para realizar transacciones electrónicas seguras y garantizar la autenticidad de las firmas electrónicas.

Según la Ley 6/2020, los certificados electrónicos de atributo cumplen con las exigencias de firma electrónica avanzada (art. 6), permitiendo que los usuarios actúen de manera segura y legal en nombre de terceros, ya sea en el ámbito corporativo, administrativo o de gestión pública.

8. Aplicaciones que se apoyan en la existencia de una PKI

Las infraestructuras de clave pública están presentes en todos los sectores de nuestra actividad:

❑ **Servicios financieros.** Oficinas online de bancos, autenticación de pagos, control de acceso, correo electrónico seguro, notaría digital, almacenamiento seguro de documentos.

❑ **Seguros.** Firma digital, autenticación de pago, administración segura de documentos.

❑ **Administración pública.** *DNI* electrónico, declaración de impuestos, obtención de información de la administración.

❑ **Comercio electrónico.**

❑ **Infraestructura de empresas.** A través de las redes privadas virtuales, la empresa proporciona su *"extranet"*. Así, las empresas agrandan sus estructuras organizativas colaborando entre sí mediante la comunicación segura a través de Internet.

La revolución de la tecnología de información, conjuntamente con el desarrollo de las infraestructuras de comunicaciones, están cambiando significativamente las relaciones entre individuos y organizaciones, tanto en España como en todo el mundo. Estas nuevas formas de comunicación abren un gran abanico de posibilidades tanto para ciudadanos como para empresas y permiten comercializar productos y servicios de una forma ágil y económica.

En el ámbito estatal, puede que las dos infraestructuras de clave pública más relevantes sean el proyecto CERES liderado por la Fábrica Nacional de Moneda y Timbre-Real Casa de la Moneda (FNMT) y el DNI electrónico.

Sin embargo, no hay que olvidar otras iniciativas, muy novedosas pero que, sin duda, tendrán aún más relevancia que la actual en un futuro próximo. Es el caso de las votaciones electrónicas.

8.1. CERES

En España, las distintas administraciones llevan años apostando decididamente por internet como vía de comunicación, creando webs con información de interés público a disposición de la ciudadanía.

La más ambiciosa de estas iniciativas puestas en marcha por la Administración, es el denominado proyecto CERES (CERtificación ESpañola), liderado por la Fábrica Nacional de Moneda y Timbre (FNMT) y que, en líneas generales, consiste en establecer una entidad pública de certificación que permita autenticar y garantizar la confidencialidad de las comunicaciones entre ciudadanos, empresas u otras instituciones y Administraciones Públicas a través de las redes abiertas de comunicación. Las posibilidades de CERES cubren todas aquellas relaciones entre las distintas Administraciones (central, autonómica y local) y los ciudadanos que necesiten seguridad en términos de garantía de identidad, confidencialidad e integridad. Para ello, CERES utiliza técnicas y sistemas criptográficos basados en sistemas de clave pública, que cumplen dos características:

❑ **La identidad del usuario**, al igual que su capacidad de firma, **se encuentra,** en el caso de máxima seguridad, **almacenada en una tarjeta inteligente**, que no puede ser accesible salvo por su propietario cuando introduzca el número de identificación personal, similar a la clave de una tarjeta de crédito. En caso de no utilizar tarjeta, el perfil criptográfico queda almacenado en un fichero, siendo necesario también un PIN *(Personal Identification Number)* de acceso.

❑ **El sistema es completamente transparente para el usuario**, es decir, no es necesario el conocimiento de técnica criptográfica alguna para realizar o verificar un firma digital o cifrar o descifrar un mensaje.

Web del proyecto CERES (http://www.cert.fnmt.es)

8.2. DNI electrónico (DNI-e)

En España, el DNI (Documento Nacional de Identidad) es el encargado de la identificación de la personalidad jurídica de sus ciudadanos. Con los avances tecnológicos y el desarrollo de los servicios que utilizan Internet, surge la necesidad de otorgar identidad personal para uso no presencial en medios telemáticos. El nacimiento del DNIe cubre la necesidad de otorgar identidad personal para el uso en la sociedad de la información.

Los **requisitos** que debe cumplir el **DNIe** son los siguientes:

❑ Ser un documento que certifique la identidad del ciudadano, tanto en el mundo físico como en el telemático, permitiendo firmar documentos electrónicos con la misma validez que una firma manuscrita.

❑ DNIe debe poder ser expedido en un único acto administrativo.

❑ Interoperabilidad con los proyectos europeos de identificación digital.

❑ Fomento de la confianza para las transacciones electrónicas.

❑ Aceptación por parte de todas las Administraciones públicas y privadas del DNIe.

8.2.1. Contenido de DNIe

El DNI electrónico contiene la siguiente información:

❑ **Certificados X509v3 de ciudadano** (autenticación y firma) **y claves privadas asociadas**. Las claves privadas se crearán e insertarán a la hora de la expedición del documento.

❑ **Certificado de autenticación**. Se utilizará para certificar la identidad, demostrando la posesión y el acceso a la clave privada asociada al certificado y que acredita su identidad.

❑ **Certificado de firma electrónica reconocida**. Utilizado para la comprobación de la integridad de los documentos firmados.

❑ En el anverso y reverso de la tarjeta se encuentran los **datos personales** que ya contenía el antiguo DNI, añadiendo un nuevo elemento que es el número de serie del soporte físico de la tarjeta (IDESP).

8.2.2. Funciones del DNIe

❑ **Identificación:** además de identificar físicamente a la persona, posee la propiedad de la identificación en medios telemáticos a través de la firma digital (tendrá la misma validez que una firma manuscrita). La firma electrónica también garantiza que el documento así firmado no ha sufrido modificaciones posteriores.

❑ **Firma electrónica:** permite que tanto el emisor como el receptor, dentro de una comunicación digital, puedan identificarse mutuamente y rechazar terceras personas.

❑ **Certificados electrónicos**: son los documentos que han sido expedidos por aquellas instituciones u organismos de certificación que relacionan cada firma electrónica con su propietario.

8.2.3. Elementos hardware y software para el uso del DNIe

A) Elementos hardware

El DNIe requiere los siguientes requisitos físicos:

❑ **Ordenador personal** Intel Pentium III o superior.

❑ **Lector de tarjetas inteligentes** con las siguientes características:

◆ Compatible con el estándar ISO 7816 (1, 2 y 3). Son posibles varias implementaciones:

◊ Incorporados en el teclado.

◊ Externos, conectados mediante dispositivo USB o a través del uso de una tarjeta PCMCIA.

◆ Soporte para tarjetas asíncronas basadas en protocolos T=0 y T=1.

◆ Velocidad de comunicación mínima de 9.600 bps.

◆ Soporte de estándares:

◊ API PC/SC *(Application Programming Interface Personal Computer/Smart Card)*.

◊ CSP *(Cryptography Service Provider, estándar de Microsoft)*.

◊ API PKCS#11.

B) Elementos software

❑ **Sistema operativo.** Puede operar en distintos entornos:

◆ Microsoft Windows 7 y superiores.

◆ Linux.

◆ Unix.

◆ Mac OS.

❑ **Navegadores.** Es compatible con los siguientes navegadores:

- ◆ Microsoft Internet Explorer 6.0 y superiores.

- ◆ Mozilla Firefox 1.5 y superiores.

- ◆ Netscape 4.78 o superior.

- ◆ Chrome.

❑ **Controladores/módulos criptográficos:**

Para poder interaccionar adecuadamente con las tarjetas criptográficas en general y con el DNI electrónico en particular, el equipo informático ha de tener instalados unos módulos de software, denominadas módulos criptográficos.

- ◆ Para Microsoft Windows ha de tener instalado el servicio Smart Card mini-driver si el navegador es Internet Explorer o Chrome. En el caso de utilizar Mozilla Firefox el servicio será Cryptography Service Provider.

- ◆ Para Linux, Unix y Mac Os se podrá utilizar el módulo criptográfico PKCS#11.

8.2.4. Funciones de seguridad

A) Arquitectura de la PKI del DNIe

La arquitectura general, a nivel jerárquico, de la *PKI* del *DNIe* es la siguiente:

❑ Un **primer nivel** en el que se ubica la **Autoridad de Certificación (AC) raíz** que representa el punto de confianza de todo el sistema y que permitirá, tal y como recoge el art. 15 de la Ley de Firma electrónica, que todas la personas físicas o jurídicas, públicas o privadas, reconozcan la eficacia del DNIe para acreditar la identidad.

❑ Un **segundo nivel**, constituido por las **AC subordinadas de la AC raíz** que emitirán los certificados de identidad y firma del nuevo DNI.

B) Entidades y personas intervinientes

Las entidades y personas intervinientes son:

❑ **Dirección General de la Policía,** como órgano competente de la expedición y gestión del DNIe.

❑ **Autoridad de Aprobación de Políticas (AAA).** Se crea dentro de la Dirección General de la Policía como comité ejecutivo de la PKI, bajo la autoridad del Ministro del Interior. Tiene atribuida la función de elaboración y propuesta de aprobación de la Declaración de las Prácticas de Certificación (CPS), así como de sus modificaciones.

La CPS será aprobada mediante Orden Ministerial que se publicará en el Boletín Oficial del Estado.

Asimismo, la AAP es la responsable, en caso de que se tuviese que evaluar la posibilidad de que una AC externa interactúe con la PKI del DNIe, de determinar la adecuación de la CPS de dicha AC a la CPS y de regular la prestación del servicio de validación por parte de terceros.

La AAP es también la encargada de analizar los informes de las auditorías, totales o parciales, que se hagan del DNIe, así como de determinar –de ser necesario– las acciones correctoras a ejecutar.

❑ **Autoridades de Certificación.** La Dirección General de la Policía (Ministerio del Interior) actúa como Autoridad de Certificación (AC), relacionando dos pares de claves con un ciudadano concreto a través de la emisión de sendos certificados de conformidad con los términos de la CPS. Las Autoridades de Certificación que componen la PKI del DNIe son:

❑ **AC Raíz.** Autoridad de Certificación de primer nivel. Esta AC sólo emite certificados para sí misma y sus AC Subordinadas.

Únicamente estará en funcionamiento durante la realización de las operaciones para las que se establece. Sus datos más relevantes son:

NOMBRE DISTINTIVO:	**CN= AC RAIZ DNIE, OU=DNIE, O=DIRECCION GENERAL DE LA POLICIA, C=ES**
CERTIFICADO PKCS1-SHA1WithRSAEncryption	
NÚMERO DE SERIE:	00 d2 85 70 fd ae a7 d6 5f 11 84 15 c6 31 b5 cb
PERÍODO DE VALIDEZ:	Desde jueves, 16 de febrero de 2006 11:37:25 hasta viernes, 08 de febrero de 2036 23:59:59
HUELLA DIGITAL (SHA-1):	b3 8f ec ec 0b 14 8a a6 86 c3 d0 0f 01 ec c8 84 8e 80 85 eb
HUELLA DIGITAL (MD5):	15 5e f5 11 7a a2 c1 15 0e 92 7e 66 fe 3b 84 c3
CERTIFICADO PKCS1-SHA256WithRSAEncryption	
NÚMERO DE SERIE:	00 c5 26 c9 6e 10 94 ed 43 4f f7 b5 fb 67 9f 94
PERIODO DE VALIDEZ:	Desde jueves, 16 de febrero de 2006 11:37:25 hasta viernes, 08 de febrero de 2036 23:59:59
HUELLA DIGITAL (SHA-1):	22 29 f0 56 d3 4d 1c b6 3e 98 6f 26 b2 d0 8a b9 4f f0 8e 4d
HUELLA DIGITAL (MD5):	0b 7d ca a8 ba c2 29 1d cf c7 11 36 38 c7 e7 ed

❑ **AC Subordinadas:** autoridades de Certificación subordinadas de AC raíz. Su función es la emisión de certificados para los titulares de DNIe. Desde el momento de publicación de la última CPS, el dominio de certificación del DNIe consta de las siguientes AC subordinadas:

♦ **Autoridad de Certificación Subordinada 001:**

Nombre Distintivo:	**CN= AC DNIE 001, OU=DNIE, O=DIRECCION GENERAL DE LA POLICIA, C=ES**
Certificado pkcs1-sha1WithRSAEncryption	
Número de serie:	64 20 66 c9 99 7b ae e1 44 02 da 6e a4 22 d6 49
Período de validez:	Desde lunes, 27 de febrero de 2006 11:54:38 hasta viernes, 26 de febrero de 2021 23:59:59
Estado	Operativa
Huella Digital (SHA-1):	a3 4d 2c c5 32 45 80 a1 76 61 84 c7 a2 17 3f d0 f8 90 ec d0
Huella Digital (MD5):	e6 94 20 22 b2 c1 0c 58 42 9f 42 4b 29 a7 66 df
Certificado pkcs1-sha256WithRSAEncryption	
Número de serie:	4c 2e fa 0f 77 11 2c 07 44 02 da 18 af b9 fe 7e
Periodo de validez:	desde lunes, 27 de febrero de 2006 11:53:12 hasta viernes, 26 de febrero de 2021 23:59:59
Estado:	Operativa
Huella digital (SHA-1):	41 cf 9e c0 73 3d 58 e4 39 97 a6 c6 5d f7 97 c3 ee 99 40 7b
Huella digital (MD5):	7f 7b 17 27 2d e9 04 f2 8c 90 ac c5 98 af e7 0b

♦ **Autoridad de Certificación Subordinada 002:**

Nombre Distintivo:	**CN= AC DNIE 002, OU=DNIE, O=DIRECCION GENERAL DE LA POLICIA, C=ES**
Certificado pkcs1-sha1WithRSAEncryption	
Número de serie:	38 34 6a ba 65 6b 04 b9 44 05 7f 34 34 7b e9 ae
Período de validez:	Desde miércoles, 01 de marzo de 2006 12:02:12 Hasta viernes, 26 de febrero de 2021 23:59:59
Estado:	Operativa
Huella Digital (SHA-1):	38 37 90 17 0f 95 59 59 85 7b a7 06 40 f9 e0 06 8f 4b 14 08
Huella Digital (MD5):	e6 94 20 22 b2 c1 0c 58 42 9f 42 4b 29 a7 66 df

CERTIFICADO PKCS1-SHA256WITHRSAENCRYPTION	
NÚMERO DE SERIE:	4c 46 c2 56 39 14 25 25 01 dc 89 ab bc 9f dc 8f
PERIODO DE VALIDEZ:	Desde miércoles, 01 de marzo de 2006 12:01:14 Hasta viernes, 26 de febrero de 2021 23:59:59
ESTADO:	Operativa
HUELLA DIGITAL (SHA-1):	50 2b d0 07 8e 6d a2 35 c4 5f 52 1c 63 ef 54 9d f0 19 8f dd
HUELLA DIGITAL (MD5):	5b 6a a3 c5 7a 68 9a eb 7d 29 70 1e 91 9c 4f 96

♦ **Autoridad de Certificación Subordinada 003:**

NOMBRE DISTINTIVO:	**CN= AC DNIE 003, OU=DNIE, O=DIRECCION GENERAL DE LA POLICIA, C=ES**
CERTIFICADO PKCS1-SHA1WITHRSAENCRYPTION[1]	
NÚMERO DE SERIE:	7c 49 0f ed 70 d1 e2 8b 44 05 7f 6e 8d 12 48 a3
PERÍODO DE VALIDEZ:	Desde miércoles, 01 de marzo de 2006 12:03:10 Hasta viernes, 26 de febrero de 2021 23:59:59
ESTADO	Operativa
HUELLA DIGITAL (SHA-1):	bb 85 a3 25 68 cd 68 40 53 03 83 10 32 12 76 f3 db c6 cf 97
HUELLA DIGITAL (MD5):	5b514c7fe3c40758451d0ad896db74ca
CERTIFICADO PKCS1-SHA256WITHRSAENCRYPTION	
NÚMERO DE SERIE:	08 f7 7b 06 6f b6 1b cd 44 05 7f 51 2e 0a db a8
PERIODO DE VALIDEZ:	Desde miércoles, 01 de marzo de 2006 12:02:41 Hasta viernes, 26 de febrero de 2021 23:59:59
ESTADO	Operativa
HUELLA DIGITAL (SHA-1)	fb c0 71 d0 a4 81 11 bd df 77 76 d0 9e 42 bc 53 4e 24 48 70
HUELLA DIGITAL (MD5)	67 a1 0e 56 91 c8 c5 8b e5 ba 91 8c ce 90 e8 7e

El certificado con algoritmo de firma pkcs1-sha1WithRSAEncryption se publica por razones de interoperabilidad, para facilitar que aquellos sistemas y aplicaciones que no soporten pkcs1-sha256WithRSAEncryption puedan construir la cadena de confianza en los procesos de validación de certificados y firma. Estos sistemas y aplicaciones tienen un plazo máximo de dos años para realizar las adaptaciones que sean necesarias para soportar dicho algoritmo. A partir de esa fecha, la CPS se revisará para indicar de forma expresa que dicho certificado deja de tener efecto.

La incorporación de una nueva AC al dominio, o el cese de operación de la misma, serán causa de modificación de la Declaración de Prácticas del Certificado y de notificación a través de los mecanismos habilitados a tal efecto. En el caso de que hubiera que evaluar la posibilidad de que una AC externa interactúe con la *PKI* del DNIe, estableciendo relaciones de confianza, la Autoridad de Aprobación de Políticas (AAP) del DNIe es la responsable de determinar la adecuación de la Declaración de Prácticas de Certificación de la *AC* externa a la Política de Certificado afectada.

C) Actuaciones de la AC durante la emisión de los certificados

La emisión de los certificados implica la autorización definitiva de la solicitud por parte de la AC. Después de la aprobación de la solicitud se procederá a la emisión de los certificados de forma segura y se pondrán a disposición del ciudadano insertándolos en la tarjeta soporte de DNIe, como etapa final en el proceso de personalización lógica de la misma.

Los dos certificados, autenticación y firma, son emitidos por la misma AC, cuyo certificado se inserta también en la tarjeta para facilitar la construcción de la cadena de confianza en los procesos de firma.

Los procedimientos comentados también se aplicarán en caso de renovación de certificados, ya que ésta implica la emisión de nuevos certificados. En la emisión de los certificados, la AC realiza tres acciones:

❑ Utiliza un procedimiento de generación que vincula de forma segura el certificado con la información de registro, incluyendo la clave pública certificada.

❑ Protege la confidencialidad e integridad de los datos de registro.

❑ Incluye en el certificado las informaciones establecidas en la Ley.

Todos los certificados iniciarán su vigencia en el momento de su emisión, salvo que se indique en los mismos una fecha y hora posterior a su entrada en vigor, que no será posterior al día natural desde su emisión. El periodo de vigencia estará sujeto a una posible extinción anticipada, temporal o definitiva, cuando se den las causas que motiven la suspensión o revocación del certificado.

D) Procedimiento de revocación de un certificado

Las solicitudes de revocación se realizarán personalmente por el interesado ante cualquier equipo expedidor del DNIe, cualquier oficina de la Dirección General de la Policía o de los Cuerpos y Fuerzas de Seguridad, sin perjuicio de cualquier otro procedimiento que pudiera establecerse por la Dirección General de la Policía a estos efectos. Dado que el titular del documento está obligado a la custodia y conservación del mismo, en los casos que el motivo de revocación sea la pérdida de validez del soporte (por perdida, sustracción, destrucción o deterioro), el titular deberá comunicar inmediatamente tales hechos a la Dirección General de la Policía por los procedimientos y medios que al efecto habilite aquella.

La Declaración de Prácticas de Certificación no contempla procedimiento alguno para solicitar de forma telemática la revocación de los certificados, siendo necesaria en todos los casos la presencia física del titular.

La **Dirección General de la Policía**, como órgano que tiene atribuida la gestión de la PKI del DNIe, podrá solicitar **de oficio** la revocación de un certificado si tuvieran el conocimiento o sospecha del compromiso de la clave privada del suscriptor, o cualquier otro hecho que recomendará emprender dicha acción.

La PKI del DNIe **no publica listas de revocación de certificados en repositorios de acceso libre**. Las CRLs únicamente están disponibles como medio para intercambiar información de estado de los certificados con los prestadores de servicios de validación.

El DNIe publicará una nueva CRL en su repositorio en el momento en que se produzca cualquier revocación, y, en último caso, en intervalos no superiores a 24 horas (aunque no se hayan producido modificaciones en la CRL) para las generadas por ACs subordinadas y de 3 meses para las CRL generadas por la AC Raíz.

Las entidades competentes para la revocación son:

❑ **Autoridad de registro (AR).** Está constituida por todas las oficinas de expedición del DNI, y tienen por misión realizar las funciones de asistencia a la Autoridad de Certificación (AC) en los procedimiento y trámites relacionados con los ciudadanos para su identificación, registro y autenticación y de esta forma garantizar la asignación de las claves al solicitante. La situación geográfica serán las oficinas de documentación de la Dirección General de la Policía y las instalaciones habilitadas para los equipos móviles, en aquellos lugares donde no existe comisaría de Policía, así como otros lugares que a tal efecto determine el Órgano encargado de la expedición y gestión del DNIe.

❑ **Autoridad de validación (AV).** Tiene como función la comprobación del estado de los certificados emitidos por DNIe, mediante el protocolo OCSP *(Online Certificate Status Protocol)*, que determina el estado actual de un certificado electrónico a solicitud de un "tercero aceptante" sin requerir el acceso a listas de certificados revocados por éstas. Este servicio de consulta debe prestarse, tal y como establece la Ley 59/2003, de firma electrónica, en su art. 18.d), garantizando "la disponibilidad de un servicio de consulta sobre la vigencia de los certificados rápido y seguro." El escenario inicial de segmentación de Autoridades de Validación (que cumple con los objetivos de universalidad y redundancia) es el siguiente:

◆ Ministerio competente en materia de Administraciones Públicas, que prestaría los servicios de validación al conjunto de las Administraciones Públicas.

◆ Fábrica Nacional de Moneda y Timbre-Real Casa de la Moneda, que prestaría sus servicios de validación con carácter universal: ciudadanos, empresas y Administraciones Públicas.

A las entidades que presten el servicio de validación les será de aplicación lo establecido en la legislación vigente para los prestadores de servicios de certificación.

❑ A los ciudadanos, como solicitantes del DNIe.

❑ A los ciudadanos titulares del DNIe.

❑ A los terceros aceptantes de los certificados emitidos por DNIe incluyendo prestadores de servicios telemáticos basados en la utilización del DNIe.

Terceros aceptantes.

Personas o entidades diferentes del titular que deciden aceptar y confiar en un certificado emitido por DNIe.

E) Roles responsables de control y gestión de la PKI

Se distinguen los siguientes roles para la operación y gestión del sistema:

❑ **Administradores de Sistema.** Es el conjunto de usuarios autorizados a realizar ciertas tareas relacionadas con la instalación, configuración y mantenimiento de las entidades de la PKI pero con acceso limitado a la información relacionada con los parámetros de seguridad. Responsable del funcionamiento de los sistemas que componen la PKI, del hardware y del software base. La responsabilidad de este perfil incluye, entre otros, la administración del sistema de base de datos, del repositorio de información y de los sistemas operativos.

❑ **Administradores del módulo de seguridad del hardware (HSM).** Son los encargados de la definición de claves de administración del HSM, de su custodia, de su configuración y puesta en marcha.

❑ **Auditores de Sistema.** Están autorizados a consultar archivos, trazas y ficheros de registro (logs) de auditoria de las entidades de la PKI.

❑ **Coordinador de Seguridad.** Es el responsable de la definición y verificación de todos los procedimientos de seguridad tanto física como informática.

❑ **Generador de ARL** (Authority Revocation List)**.** Es el encargado de la emisión manual de las ARL con la periodicidad establecida en la DPC.

❑ **Oficiales de Registro.** Son los responsables de solicitar en nombre de las entidades finales la generación y/o revocación de los certificados. El personal contratado responsable de un puesto de expedición desempeñarán el rol de oficial de registro.

❑ **Oficiales de Seguridad.** Los usuarios pertenecientes a este grupo tienen la responsabilidad global de administrar la implementación de las políticas y prácticas de seguridad.

❑ **Operadores de Sistema.** Son los usuarios encargados de realizar tareas básicas del día a día como por ejemplo, ejecutar los procesos de backup y recuperación.

❑ **Operadores HSM.** Encargados de configurar el acceso al HSM por parte de las aplicaciones, de la inicialización del token PKCS#11, de asistir en las tareas de exportación e importación del material criptográfico, etc.

❑ **Usuarios HSM.** Serán los encargados de la explotación de los servicios criptográficos del HSM.

F) Sistema de recogida de información de auditoría

El sistema de recopilación de información de auditoría de la PKI es una **combinación de procesos automáticos y manuales ejecutados por las aplicaciones de la PKI**. Todos los registros de auditoría de las ACs, ARs, los registros del sistema operativo y los de red se almacenan en los sistemas internos de DNIe. Todos los elementos significativos existentes en DNIe se acumulan en una base de datos. Los procedimientos de control de seguridad empleados en el DNIe se basan en la tecnología de construcción empleada en la base de datos. Las características de este sistema son las siguientes:

❑ Permite verificar la integridad de la base de datos, es decir, detecta una posible manipulación fraudulenta de los datos.

❑ Asegura el no repudio por parte de los autores de las operaciones realizadas sobre los datos. Esto se consigue mediante las firmas electrónicas.

❑ Guarda un registro histórico de actualización de datos, es decir, almacena versiones sucesivas de cada registro resultante de diferentes operaciones realizadas sobre él. Esto permite guardar un registro de las operaciones realizadas y evita que se pierdan firmas electrónicas realizadas anteriormente por otros usuarios cuando se actualizan los datos.

Los posibles peligros a los que una base de datos puede estar expuesta y que pueden detectarse con las pruebas de integridad son:

❑ Inserción o alteración fraudulenta de un registro de sesión.

❑ Supresión fraudulenta de sesiones intermedias.

❑ Inserción, alteración o supresión fraudulenta de un registro histórico.

❑ Inserción, alteración o supresión fraudulenta del registro de una tabla de consultas.

G) Instalación después de un desastre

El sistema de PKI soporte del DNIe se encuentra replicado en dos centros distantes en más de 70 kilómetros y que operan en modo espejo. No obstante, el sistema de Autoridades de Certificación del DNIe puede ser reconstruido en caso de desastre (indisponibilidad continuada de ambos centros). Para llevar a cabo esta reconstrucción es necesario contar con:

❑ Un sistema con hardware, software y dispositivo hardware criptográfico de seguridad similar al existente con anterioridad al desastre.

❑ Las tarjetas de administrador y oficial de seguridad de todas las Autoridades de Certificación del DNIe.

❑ Las tarjetas de administrador y operador del HSM y backup del material criptográfico.

❑ Una copia de respaldo de los discos del sistema y de la base de datos anterior al desastre.

Con estos elementos es posible reconstruir el sistema tal y como estaba en el momento de la copia de respaldo realizada y, por lo tanto, recuperar la AC, incluidas sus claves privadas. El almacenamiento, tanto de las tarjetas de acceso de los administradores de las ACs como de las copias de los discos de sistema de cada AC, se lleva a cabo en un lugar diferente, lo suficientemente alejado y protegido como para dificultar al máximo la concurrencia de catástrofes simultáneas en los sistemas en producción y en los elementos de recuperación.

8.3. Votaciones electrónicas

Una votación realizada electrónicamente necesita garantizar una serie de condiciones formalmente análogas a las de una votación tradicional:

❑ **Democracia.** Únicamente las personas registradas en el censo pueden emitir su voto y solamente pueden hacerlo una vez.

❑ **Transparencia.** Ningún voto puede ser ni eliminado ni alterado.

❑ **Privacidad.** No se puede establecer relación alguna entre un voto y un votante.

❑ **No coercitiva.** Para evitar coacciones, el votante no puede demostrar cuál ha sido el sentido de su voto.

❑ **Verificabilidad.** Cada votante y, eventualmente, un auditor, puede comprobar que el voto ha sido correctamente contabilizado.

En una votación presencial, estas condiciones quedan garantizadas por una urna transparente, la cabina de votación y el escrutinio público. En el caso electrónico, el proceso electoral se realiza en una dimensión lógica, esto es, mediante un conjunto de programas que se ejecutan en un ordenador y, por lo tanto, no es auditable ni por observadores ni por el propio votante.

Para asegurar que los procesos electorales se llevan a cabo de forma totalmente privada y honesta, existen diversas propuestas basadas en la utilización de infraestructuras de clave pública (PKIs).

Los esquemas criptográficos propuestos combinan otros protocolos o algoritmos criptográficos más básicos: autenticación, firmas ciegas, pruebas de conocimiento nulo, reparto de secretos, etc.

Estos protocolos han de lograr **dos objetivos principales**:

❑ **Garantizar la privacidad de los votantes y la corrección de los resultados.** Han de asegurar que todos los votos que se han utilizado para obtener los resultados pertenecen a votantes válidos (que forman parte de la lista del censo, por ejemplo, y no han sido suplantados). Han de verificar que no se haya emitido más de un voto y deben constatar que un voto no pueda correlacionar en momento alguno la papeleta del voto con la identidad del votante.

❑ **Facilitar la auditoría de la elección.** Han de permitir, tanto a votantes como a observadores, la verificación de que los votos emitidos contengan la opción del voto original seleccionado por el votante y que, por tanto, el resultado refleja totalmente la intención de voto de los votantes.

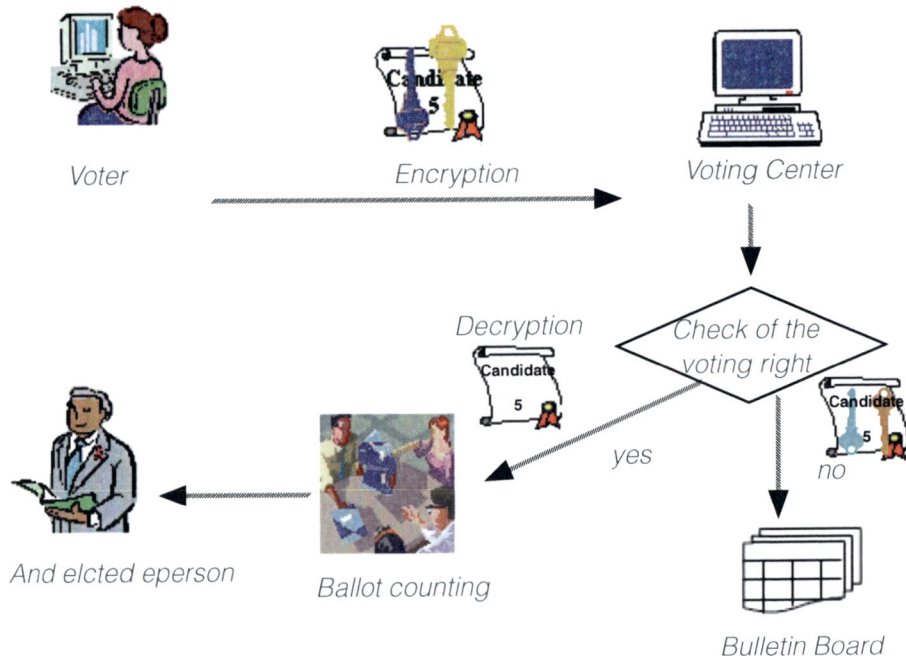

Diagrama que plantea una propuesta de sistema de voto electrónico.

8.3.1. Garantizar la privacidad y la corrección de los resultados

Desde el punto de vista de la privacidad de los votantes y la corrección de los resultados, los protocolos criptográficos parten de la base del cifrado y posterior firma digital de los votos. El cifrado se utiliza para evitar que la intención de voto sea visible para cualquier administrador o persona que disponga de privilegios sobre el sistema de voto. En este sentido, se utilizan como base algoritmos de clave pública (por ejemplo, RSA), dejando la clave privada en manos del equivalente a una mesa electoral para realizar el descifrado de los votos. Así, los votos se cifrarían con una clave pública de la mesa electoral en el mismo terminal desde el que el votante ha realizado su selección de voto. De este modo, se evita que su contenido se conozca antes de guardar el voto en la urna (que, en este caso, sería electrónica). Los votos únicamente se podrían descifrar cuando lo decidiera la mesa electoral, que es la que cuenta con el acceso a la clave privada que los descifra.

Para evitar que los votos puedan manipularse una vez emitidos, los votos cifrados se firmarían digitalmente, preferentemente con la clave de identidad del elector (por ejemplo, el DNI electrónico). De este modo, se detectaría cualquier intento de manipulación del voto, puesto que invalidaría su firma digital. La firma digital permite, además, verificar si el votante que ha emitido el voto pertenece al censo electoral. Es la forma de asegurar que los resultados se han obtenido de votos de ciudadanos que realmente podían participar.

Este mecanismo de cifrado y firma se conoce con el nombre de **"sobre doble"**. Equivale al sistema de dos sobres utilizado en el voto postal. El sobre de dentro es que protege la privacidad del voto y por lo tanto sería el que se obtiene al cifrar el voto. El sobre de fuera es el que contiene el sobre de dentro (que contiene la identidad del votante), para poder garantizar que el voto procede de un votante válido antes de incluirlo en la urna. En el caso del voto electrónico, sería la firma digital que se hace sobre el voto. Del mismo modo que, en el voto postal, el sobre extremo de los votantes válidos se separa del sobre interno antes de hacer el recuento, en el voto electrónico se podría separar la firma digital del voto cifrado antes de descifrar el voto y hacer el recuento. Aun cuando estas medidas podrían parecer suficientes para garantizar la integridad y privacidad, no se considera que lo sean en un entorno de voto electrónico. Si se hace un descifrado directo de los votos, sería fácil correlacionarlos en claro con los votantes: únicamente sería necesario verificar el orden en el que los votantes votaron y el que se obtiene al descifrar los votos. Por esta razón, los protocolos criptográficos hacen propuestas de mecanismos de descifrado de voto que rompen cualquier correlación entre los votos descifrados y el orden en que han sido emitidos. En este sentido, se pueden destacar dos familias de propuestas que implementan un proceso de descifrado que rompe esta correlación:

❑ **Protocolos de recuento homomórfico.** Se fundamentan en la obtención de resultados sin descifrar los votos individuales. Para lograr este objetivo, las operaciones de recuento se realizan directamente sobre los votos cifrados y únicamente se descifran los resultados de estas operaciones. Para operar con los votos cifrados sin necesidad de descifrarlos, utilizan, para el cifrado de los votos, algoritmos criptográficos con propiedades homomórficas (por ejemplo, el algoritmo ElGamal). Estas propiedades permiten hacer operaciones directamente con la información cifrada sin tener que descifrarla. Un ejemplo sería multiplicar dos datos cifrados para obtener el cifrado del producto de los valores de estos datos. Así, bastaría con descifrar el resultado de multiplicar los datos cifrados para obtener el producto de los valores.

También existen algoritmos criptográficos en los que el resultado de multiplicar los datos cifrados es el cifrado de la suma de los contenidos. Estos son, normalmente, los utilizados por los protocolos homomórficos, ya que los votos se representan como un vector de valores binarios con tantas posiciones como opciones de voto disponibles. Si una opción ha sido seleccionada, el valor de su posición será 1, mientras que si no lo ha sido, será 0.

Si existen cuatro opciones y la segunda y la tercera han sido seleccionadas, el voto se representaría de forma simplificada como: 0,1,1,0. Así, al multiplicar los votos cifrados, lo que estamos haciendo es sumar las veces que las opciones han sido escogidas y únicamente haría falta descifrar el resultado de multiplicar todos los votos cifrados para obtener los resultados.

Aun cuando estos protocolos son bastante eficientes, cuentan con algunas limitaciones, como el hecho de que únicamente funcionan en elecciones en las que los votos pueden representarse de forma numérica o que son poco escalables en elecciones de muchos candidatos. Dichas limitaciones no existen en los protocolos basados en la mezcla.

❏ **Potocolos de mezcla.** Utilizan el mismo concepto que las elecciones tradicionales: mezclar la urna antes de abrirla para garantizar que los votos no se encuentran en el mismo orden en el que se introdujeron (como ejemplo, se trata de evitar que el voto de encima sea el que emitió el último votante que participó). Esta mezcla sería equivalente a aplicar una permutación a los votos de la urna.

El problema está en que aplicar únicamente una permutación no garantiza que el voto no pueda ser rastreado: bastaría con buscar dónde se encontraba un voto con el mismo cifrado antes de aplicarle la permutación. Por tanto, estos protocolos, además de permutar las posiciones de los votos, también deben realizar un descifrado parcial o volver a cifrar el voto. Así, no sería posible correlacionar los votos una vez permutados y cifrados de nuevo con los votos cifrados originales, ya que serían completamente diferentes.

En el caso del descifrado parcial, el votante, además de cifrar el voto con la clave pública de la mesa electoral, también debe cifrarlo con la clave pública de la entidad que hace la mezcla. Ésta dispone de una clave privada para realizar el primer descifrado parcial del voto, una vez permutado. En algunas implementaciones existe más de una entidad realizando el proceso de mezcla y descifrado parcial, con lo que resulta que el votante debe efectuar tantos cifrados como entidades participen.

En el caso de la mezcla con un cifrado adicional, es preciso utilizar un algoritmo con propiedades homomórficas para poder utilizar la misma clave pública para volver a cifrar el voto. Así, no hará falta descifrar el voto tantas veces como ha sido cifrado adicionalmente.

Este proceso es totalmente transparente al votante, que únicamente ha de cifrar el voto una vez con la clave pública de la mesa electoral. El proceso de mezcla y cifrado adicional puede realizarse tantas veces como entidades intervengan en el proceso. En cualquier caso, la última entidad es la que termina constituyendo la mesa electoral y descifrando los votos.

8.3.2. Garantizar la auditoría de los votos

Los procesos ya comentados garantizan, principalmente, la privacidad del voto. Pero, ¿qué ocurre si la entidad que realiza el descifrado presenta un resultado que no se corresponde con la intención de voto?

Para detectar esta situación se utilizan los mecanismos de auditoría de los procesos de descifrado. Utilizan mecanismos criptográficos, como pruebas de conocimiento nulo, demostrando así que el proceso de descifrado o de cifrado adicional no ha modificado el voto cuando se llevó a cabo.

Destacan **dos tipos de pruebas de conocimiento nulo:**

❑ **De correcto descifrado.** Aquí se permite demostrar matemáticamente y de forma incontestable que el texto descifrado estaba contenido en el voto cifrado.

❑ **De correcto cifrado adicional.** En este caso, la prueba demuestra que el valor del cifrado adicional se obtuvo al volver a cifrar el texto previamente cifrado por el votante. En todo caso, no es necesario entregar la clave privada para demostrar que el valor descifrado es correcto sino una prueba matemática irrefutable sobre el contenido descifrado que puede ser validada de forma universal (esto es, por cualquier votante o auditor). Así, puede garantizarse que los resultados reflejan, de forma incontestable, los contenidos de los votos cifrados. De otro modo, podrían aislarse los votos para una auditoría posterior.

 *Con el estudio de este epígrafe hemos conseguido determinar los campos de los certificados de atributos, describiendo su uso habitual y la relación existente con los certificados digitales.*

Resumen

En este tema se ha ampliado el concepto de **certificado digital**, incluyéndolo como parte de una infraestructura mayor y más compleja que ha sido la solución para uno de los grandes problemas de los criptosistemas de clave pública: la distribución de las claves. Esta infraestructura es la PKI, la **infraestructura de clave pública**.

Se ha descrito ampliamente su estructura: conceptos como autoridad de certificación, autoridad de validación y autoridad de registro han sido explicados. Se ha explicado con un mayor grado de detalle la Autoridad de Certificación, puesto que se trata de la entidad en la que confían todos los participantes, que emite, controla y gestiona los certificados digitales.

Se ha descrito también cómo los participantes se autentican entre sí mediante el intercambio de sus propios certificados digitales, firmados por la autoridad de certificación, que ejerce, así, el papel de una especie de "notario digital".

Se ha analizado la **importancia conceptual de las listas de revocación de certificados** (CRL) y de su gestión y la dificultad que entraña tal gestión, así como los problemas que pueden aparecer si la CRL no resulta correctamente administrada.

Dentro de los **modelos de PKI**, teniendo en cuenta los posibles usos de las autoridades de certificación, se han explorado los dos modelos en uso: el modelo **central**, con una única autoridad de certificación, y el modelo **jerárquico**, con una jerarquía de autoridades, más complejo de gestionar, pero más adecuado, seguramente, para grandes organizaciones. Se han analizado los estándares de petición, gestión y formato de documentos cifrados más utilizados en la actualidad, los *Public Key Cryptography Standards* (PKCS) y utilizados ampliamente en el mundo de las PKI. Asimismo, se ha detallado el funcionamiento de los distintos protocolos de comunicación entre clientes y autoridades, para la petición y obtención de certificados digitales.

La definición de la **política de certificado** y la **declaración de prácticas de certificación** también han tenido cabida en el tema. Su importancia es máxima y ha quedado descrita.

Finalmente se han analizado algunos de los principales **problemas relacionados con las PKI** y, por último, se ha detallado el numeroso conjunto de aplicaciones de una PKI para todos los ámbitos. Cada vez más sectores y mercados se basan en una PKI para obtener métodos de autenticación seguras para todas sus transacciones.

Autoevaluación Unidad 2
Enunciados

1.

¿Qué método criptográfico se utiliza para comprobar que un certificado X.509, que identifica a una AC, es seguro y ha sido emitido realmente por tal AC?:

a) Una vez recibido el certificado, se calcula su hash, se descifra la firma digital mediante la clave pública del AC y se comparan los dos datos.

b) Una vez recibido el certificado, se calcula su hash y se compara con el hash recibido.

c) Una vez recibido el certificado, se llama al administrador de la AC, se lee la firma digital y se espera la comprobación.

d) Una vez recibido el certificado, se cifra con la clave pública de la AC y se compara con la firma digital adjunta al certificado.

2.

La firma digital permite, sin duda alguna, que se cumpla el no repudio de un mensaje enviado por el usuario A al usuario B:

a) Verdadero, pero sólo si se usa PKCS#2 y SHA-1.

b) Falso, no se puede conseguir nunca.

c) Verdadero, por eso hay seguridad legal en el comercio electrónico.

d) Falso, la firma digital puede garantizar que el menaje se ha enviado desde el ordenador del usuario A, pero no por el usuario A.

3.

¿Cuál de los siguientes métodos y algoritmos utiliza Kerberos?:

a) Utiliza una AC de modelo central y el algoritmo RSA.

b) Utiliza una KDC y el algoritmo IDEA.

c) Utiliza un servicio Kerberos, que comparte una clave secreta con cada participante y el algoritmo DES.

d) Utiliza un servicio Kerberos, que comparte una clave secreta con cada participante y el algoritmo RSA con PKCS#5.

4. ¿Se puede afirmar siempre que el valor por defecto del periodo de validez de un certificado digital, dado por el emisor AC, es un valor correcto?:

a) Falso, debe ponerse siempre un 25% aproximadamente, por cuestiones de cálculo de factorizaciones relacionado con RSA.
b) Verdadero, es un valor que no se puede negociar.
c) Verdadero, por eso son siempre seguros.
d) Falso, habitualmente es un valor demasiado grande y, en cualquier caso, dependerá de lo decidido en la política de seguridad de la organización.

5. ¿Qué contiene una CRL asociada con una autoridad de certificación?:

a) La lista, identificada por su número de serie, de los certificados digitales que han caducado.
b) La lista, identificada por su número de serie, de los certificados digitales que la AC ha detectado que han sido manipulados ilícitamente.
c) La lista, identificada por su número de serie, de los certificados digitales que han sido puestos en cuestión por cada uno de sus propietarios por problemas de seguridad.
d) La lista de los certificados digitales que revocan la autoridad de cada certificado digital de la AC.

6. ¿Qué diferencia hay entre identificación y autenticación?:

a) Ninguna, son sinónimos.
b) Identificación es decir quién es uno y autenticación es que sus datos sean privados.
c) Identificación es decir quién es uno y autenticación es demostrar que uno es quien dice ser.
d) Autenticación es decir quién es uno e identificación es demostrar que uno es quien dice ser.

7. En el modelo de Kerberos, ¿qué información contiene un autenticador?

a) El nombre del cliente, la información temporal del momento de creación y la dirección IP del cliente.
b) La dirección IP del cliente, el número de port del servidor y la clave de cifrado.
c) La clave de cifrado Kerberos, el ticket Kerberos y un certificado digital.
d) La dirección IP del cliente, el nombre del cliente y su certificado digital en formato X.509.

8. ¿Cuál es el campo de un certificado digital que implementa la autenticación del emisor del certificado?:

a) El campo de "Nombre del emisor" del certificado.
b) La firma digital de la autoridad de certificación del emisor del certificado.
c) La clave pública del emisor del certificado.
d) El identificador del algoritmo de cifrado.

9. A la hora de crear una firma digital de un documento, ¿con qué clave se cifra el hash del documento?:

a) Con la clave pública del emisor del documento.
b) Con la clave privada del receptor del documento.
c) Con la clave privada del emisor del documento.
d) Con una clave AES especializada en firma digital.

10. ¿Cuál de los siguientes es un problema típico asociado con las PKI?:

a) La poca formación de los usuarios de las mismas.
b) La debilidad del protocolo RSA.
c) La debilidad del protocolo AES.
d) La no existencia de un estándar de certificado digital.

11. Una política de certificado es un documento de texto al que se le asigna _____ de manera que cualquiera pueda referirse a él para referenciarlo:

a) Un único número.
b) Un único identificador de objeto (OID).
c) Una única clave.
d) Un único certificado.

12. ¿Cuáles son los protocolos estándar utilizados para asegurar el intercambio de información en una infraestructura de PKI?:

a) Los estándares X.509.
b) Los estándares de cifrado de clave pública (PKCS).
c) Los estándares de cifrado de clave privada.
d) Los estándares OSI.

13. ¿Qué grupo, que también desarrolló el protocolo de cifrado RSA, desarrolló los estándares PKCS?:

a) Skipjack.
b) PKCS Laboratories.
c) RSA Laboratories.
d) PKI Laboratories.

14. En una operación de firma con un algoritmo asimétrico:

a) Necesitamos la clave pública y privada del receptor del mensaje.
b) Necesitamos la clave pública y privada del emisor del mensaje.
c) Necesitamos la clave pública del emisor y la clave privada del receptor del mensaje.
d) Todas son correctas.

15. La tarjeta electrónica del DNIe:

a) Se puede grabar en casa como un USB.
b) Solo puede emitirla la Dirección General de Policía, que hace de autoridad de certificación dentro de un esquema PKI.
c) Podemos pedirla en cualquier banco, porque tienen experiencia en tarjetas con chip electrónico.
d) Ninguna es correcta.

16. Las tarjetas inteligentes:

a) Contienen la clave simétrica del dueño de la tarjeta, como si fuera un pendrive USB.
b) Contienen la clave pública del dueño de la tarjeta, porque la privada siempre está en su ordenador.
c) Contienen la clave privada del dueño de la tarjeta, porque la pública puede estar en cualquier otra parte.
d) Son correctas a) y b).

17. ¿Cómo se obtienen las claves del DNI electrónico?:

a) Se envían por correo postal unos 15 días después de solicitarlas.
b) Personándose en la Fábrica Nacional de Moneda y Timbre, con el DNI.
c) Hay que esperar el aviso de renovación del DNI, cuando este caduca, que hace la Comisaría de Policía.
d) La generación de claves se realiza en presencia del titular tras la habilitación de una clave personal (PIN) que se entrega en forma de sobre ciego. El PIN constituye una clave confidencial, personal e intransferible que protegerá y activará las claves privadas cuando se requieran.

18. En las Infraestructuras de Gestión de Privilegios (PMIs), ¿quiénes son las responsables últimas de la asignación de un conjunto de privilegios?:

a) La autoridad de validación.
b) La autoridad de autenticación.
c) La autoridad competente.
d) La *source of authority* (SOA).

19. La estructura de los certificados de atributos:

a) Se parece a la de los certificados de identidad.
b) Es completamente diferente a la de los certificados de servidor.
c) Es idéntica a la de los certificados de empresa pública.
d) Es absolutamente diferente a la de los certificados de identidad.

20. El estándar X.509 v3 fue definido por:

a) La Asociación de Internautas.
b) La *Internet Engineering Task Force* (IETF).
c) La *International Standard Organization* (ISO).
d) El trabajo conjunto de las tres organizaciones anteriores.

Autoevaluación Unidad 2
Soluciones

----

1. *a)* *Una vez recibido el certificado, se calcula su hash, se descifra la firma digital mediante la clave pública del AC y se comparan los dos datos.*

2. *d)* *Falso, la firma digital puede garantizar que el menaje se ha enviado desde el ordenador del usuario A, pero no por el usuario A.*

3. *c)* *Utiliza un servicio Kerberos, que comparte una clave secreta con cada participante y el algoritmo DES.*

4. *d)* *Falso, habitualmente es un valor demasiado grande y, en cualquier caso, dependerá de lo decidido en la política de seguridad de la organización.*

5. *c)* *La lista, identificada por su número de serie, de los certificados digitales que han sido puestos en cuestión por cada uno de sus propietarios por problemas de seguridad.*

6. *c)* *Identificación es decir quién es uno y autenticación es demostrar que uno es quien dice ser.*

7. *a)* *El nombre del cliente, la información temporal del momento de creación y la dirección IP del cliente.*

8. *b)* *La firma digital de la autoridad de certificación del emisor del certificado.*

9. *c)* *Con la clave privada del emisor del documento.*

10. *a)* *La poca formación de los usuarios de las mismas.*

11. *b)* *Un único identificador de objeto (OID).*

12. *b)* *Los estándares de cifrado de clave pública (PKCS).*

13. *c)* *RSA Laboratories.*

14. *b)* *Necesitamos la clave pública y privada del emisor del mensaje.*

15. *b)* *Solo puede emitirla la Dirección General de Policía, que hace de autoridad de certificación dentro de un esquema PKI.*

16. *c)* *Contienen la clave privada del dueño de la tarjeta, porque la pública puede estar en cualquier otra parte.*

17. *d)* *La generación de claves se realiza en presencia del titular tras la habilitación de una clave personal (PIN) que se entrega en forma de sobre ciego. El PIN constituye una clave confidencial, personal e intransferible que protegerá y activará las claves privadas cuando se requieran.*

18. *d)* *La source of authority (SOA).*

19. *a)* *Se parece a la de los certificados de identidad.*

20. *b)* *La Internet Engineering Task Force (IETF).*

Comunicaciones seguras

Objetivos

- ⊡ Justificar la necesidad de utilizar técnicas criptográficas en las comunicaciones entre sistemas informáticos en función de los canales utilizados.

- ⊡ Definir las técnicas de cifrado para conectar de forma segura dos redes, describiendo las funcionalidades y los requisitos necesarios.

- ⊡ Definir las técnicas empleadas para conectar de forma segura dos equipos, describiendo las funcionalidades y requisitos necesarios.

- ⊡ Identificar los protocolos existentes para conseguir el establecimiento de conexiones seguras.

- ⊡ Identificar las ventajas e inconvenientes de las distintas alternativas para el establecimiento de conexiones seguras.

Contenido

Mapa Conceptual

Introducción

1. Definición, finalidad y funcionalidad de redes privadas virtuales

2. Protocolo IPSec

3. Protocolos SSL y SSH

4. Sistemas SSL VPN

5. Túneles cifrados

6. Ventajas e inconvenientes de las distintas alternativas para la implantación de la tecnología de VPN

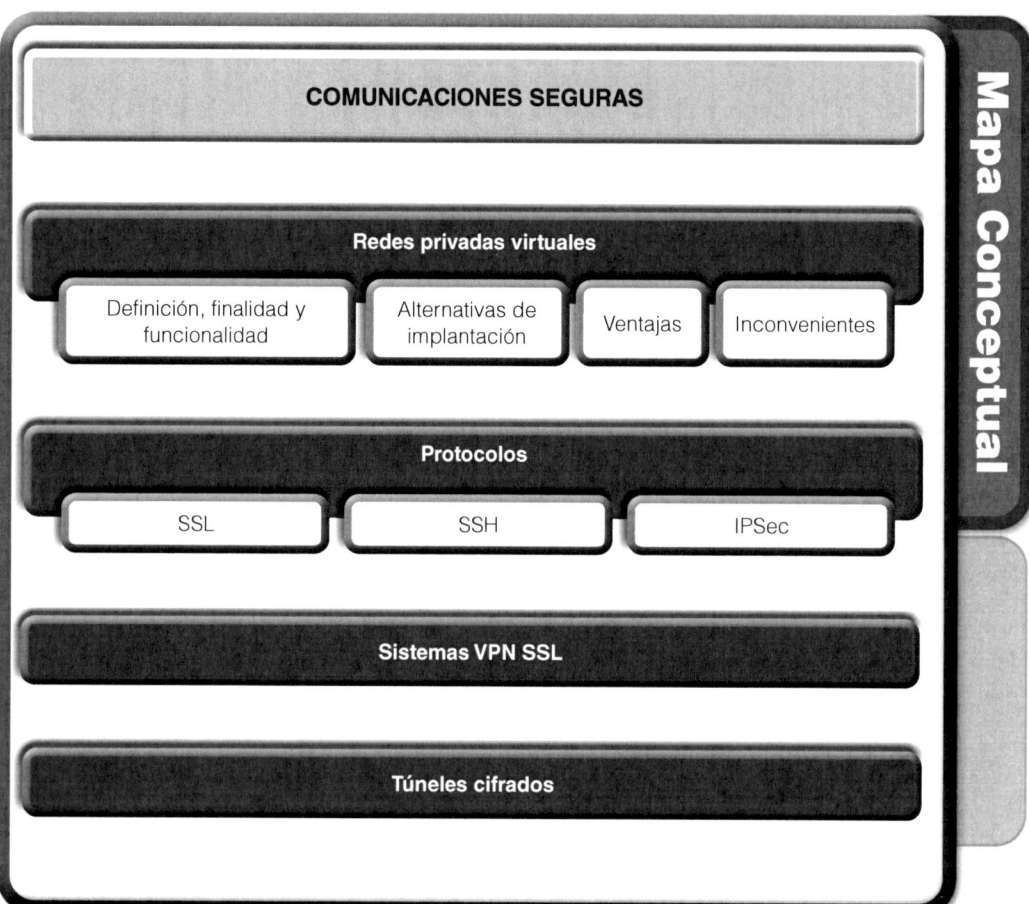

Mapa Conceptual

COMUNICACIONES SEGURAS

Redes privadas virtuales

| Definición, finalidad y funcionalidad | Alternativas de implantación | Ventajas | Inconvenientes |

Protocolos

| SSL | SSH | IPSec |

Sistemas VPN SSL

Túneles cifrados

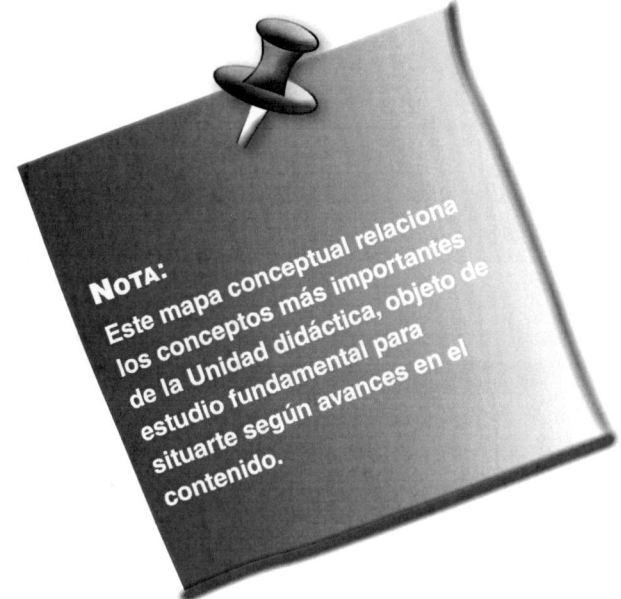

NOTA:
Este mapa conceptual relaciona los conceptos más importantes de la Unidad didáctica, objeto de estudio fundamental para situarte según avances en el contenido.

Introducción

En esta Unidad se va a hacer una exposición de cuáles son las características y funcionalidades más relevantes de cualquier red privada virtual (VPN).

Atendiendo a una serie de criterios básicos, se analizarán las principales ventajas que se obtienen al introducir las VPN en cualquier configuración de redes de organizaciones, así como los inconvenientes habituales de la implementación. Posteriormente se hará una detallada exposición de los componentes básicos de cualquier arquitectura VPN, poniendo énfasis en cuáles de estos componentes realizan las funciones que las caracterizan. Se expondrán también algunos de los criterios que hay que tener en cuenta a la hora de planificar y diseñar una VPN para obtener mejor rendimiento y seguridad. A continuación se presentarán las implementaciones posibles de una VPN. Primero se verá, con algo más de profundidad, la implementación más extendida hoy en día, que se consigue por medio del uso del protocolo IPSec. A continuación, se presentarán las implementaciones correspondientes a VPNs mediante el protocolo SSL.

Finalmente, se detallarán métodos de acceso remoto seguro a equipos mediante la utilización del protocolo SSH.

1. Definición, finalidad y funcionalidad de redes privadas virtuales

Al igual que internet, la red empresarial utiliza el protocolo TCP/IP como método de conexión. Puesto que al menos dispondremos de una dirección IP válida, habrá que **considerar nuestra red como parte de internet**.

Desde un punto de vista de la seguridad, nuestra red es vista como aquel lugar donde comenzamos a reforzar las reglas sobre cómo la utilizaremos. Fuera de estos límites, es «terreno de nadie».

Al igual que los países, podríamos únicamente disponer de fronteras abiertas y reforzar la seguridad en cada ciudad. Análogamente, esto sería como disponer de servidores y clientes colocados directamente en internet y dejarles la responsabilidad de manejar su propia seguridad. Así es el modo en que, originalmente, funcionaba Internet. Antes de 1990, había tan pocos ataques (el CERT –*Computer Emergency Response Team*– únicamente reportó 6 en 1988) que los debates sobre la seguridad solo proporcionaban distracción.

Hoy en día, reforzar la seguridad de cada máquina en una red conllevaría tal tarea para los usuarios y el personal técnico que, incluso, podría originar perder el control sobre el uso del ancho de banda en la red interna y provocar denegaciones de servicio. Esta situación ya se dio en los primeros años de la década de los 90 del siglo XX en las universidades. A cada estudiante se le permitía la configuración de su propio servidor web, lo que, rápidamente, se popularizó y el consumo de ancho de banda creció exponencialmente.

La **seguridad perimetral**, en aquellos tiempos, requería de otras medidas:

- ❑   Control del flujo de datos entre nuestra red e Internet.

- ❑   Aplicar la misma política de seguridad de forma universal para el control del tráfico.

- ❑   Denegar por defecto.

- ❑   Esconder tanta información como sea posible.

Después de implementar una serie de políticas de seguridad apropiadas, una empresa debe considerar, metódicamente, la seguridad como una parte habitual de las operaciones de red.

Este esfuerzo puede ser tan simple como configurar los encaminadores (routers) de modo que no acepten direcciones o servicios no autorizados o tan complejo como instalar cortafuegos, sistemas de detección de intrusos (*Intrusion Detection Systems*, IDS), sistemas de prevención de intrusiones (*Intrusion Prevention Systems*, IPS), servidores de autenticación centralizada (por ejemplo servidores AAA –*Authentication, Authorization and Accounting*–) y redes privadas virtuales (*Virtual Private Networks*, VPNs).

1.1. Definición

Una red privada virtual (VPN) establece una conexión segura entre dos redes privadas sobre un medio público, no seguro, como internet.

Así se permite que redes físicamente separadas puedan utilizar Internet, en lugar de estar obligadas a contratar redes de pago para lograr una conexión directa.

Las VPNs son de vital importancia para la seguridad de las comunicaciones basadas en el protocolo TCP/IP.

VPN

Virtual Private Network, tecnología que proporciona un mecanismo de comunicación segura de datos para la información transmitida entre dos extremos.

1.2. Finalidad

Las redes privadas virtuales proporcionan acceso remoto seguro a usuarios y a infraestructuras ubicadas fuera de nuestra red.

Representan un método efectivo para extender geográficamente la red interna utilizando internet permitiendo, de este modo, el acceso a redes remotas y a equipos de cliente también remotos.

Utilizan internet para encaminar el tráfico de la red interna, desde una red privada hasta otra, encapsulando y cifrando el tráfico dentro una comunicación TCP/IP estándar.

Los paquetes son ilegibles para los equipos que se encuentran en internet, puesto que están cifrados.

Otra gran ventaja de las VPN es la **versatilidad del tipo de información de la red interna que pueden encapsular y transportar**: desde archivos, acceso a impresoras, correo interno, acceso a bases de datos cliente/servidor, etc.

Los sistemas puros de VPN no protegen la red, únicamente transportan datos. La seguridad se logra con servicios y dispositivos de seguridad como cortafuegos, IDS, IPS, etc. Sin embargo, en la actualidad, encontramos sistemas basados en VPNs que se combinan con la mayoría de los dispositivos anteriormente citados, sobre todo con los cortafuegos.

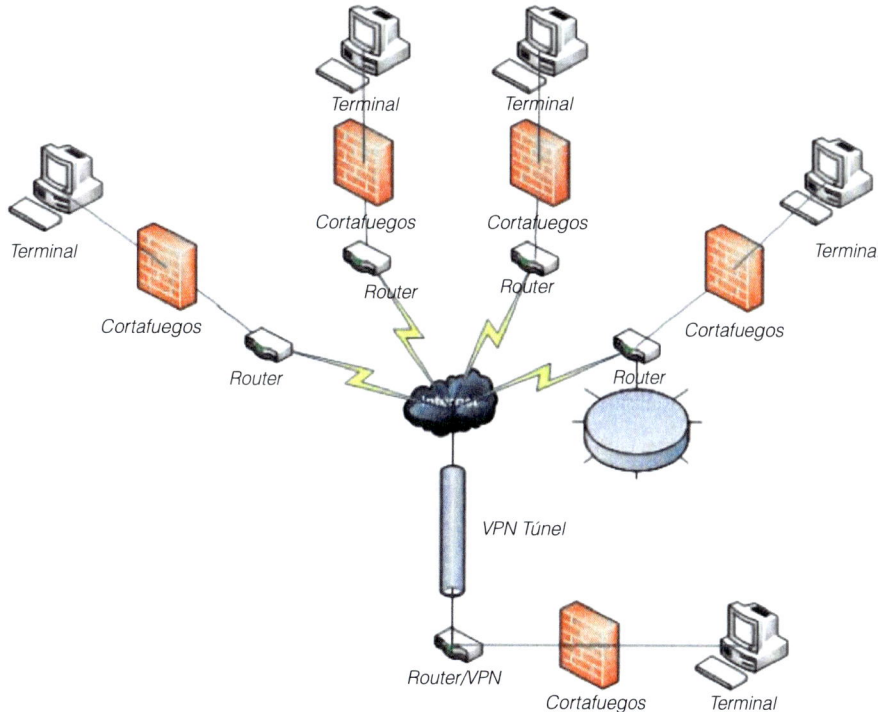

Diagrama ilustrativo de una VPN.

1.3. Funcionalidad

Las redes privadas virtuales solucionan el problema del acceso directo a servidores a través de Internet utilizando una combinación de los siguientes componentes:

❑ Encapsulado IP.

❑ Autenticación criptográfica.

❑ Cifrado de la carga de los datos.

Estos tres componentes deben existir para crear una VPN. A pesar de que la autenticación criptográfica y el cifrado de la carga útil de los datos *(Payload)* pueden parecer ser una misma cosa, de hecho son funcionalidades absolutamente diferentes y pueden existir de forma independiente.

El protocolo SSL (Secure Socket Layer) lleva a cabo el cifrado de la carga útil de los datos sin autenticación criptográfica del usuario remoto. Otro ejemplo es el inicio de sesión estándar de Windows, que lo realiza con autenticación criptográfica pero sin cifrar la carga útil de los datos.

1.3.1. Encapsulado IP

Un paquete IP puede contener cualquier tipo de información: archivos de programas, datos de hojas de cálculo, música o, incluso, otros paquetes IP. Cuando se da esta última situación, se denomina encapsulado IP (también es conocido como IP sobre IP, IP/IP). El encapsulado es el proceso de embeber paquetes en otros paquetes en la misma capa de red con el propósito de transportarlos entre las redes en las que serán utilizados.

Puedes querer conectar a través de Internet dos redes Novell Netware y que, por tanto, utilizan el protocolo IPX para comunicarse ellas. En este caso necesitaríamos encapsular los paquetes IPX en los paquetes IP para transportarlos. El último encaminador (router) eliminaría los paquetes IP e insertaría los paquetes IPX en la red remota.

El encapsulado IP puede hacer que aparezcan como cercanos en la red privada aquellos equipos que, en realidad, se encuentran distantes. Pero, de hecho, están separados por diversos encaminadores y puertas de enlace que, incluso, tendrán direccionamientos de IP completamente diferentes porque, muy probablemente, las redes internas estarán utilizando traducción de direccionamiento.

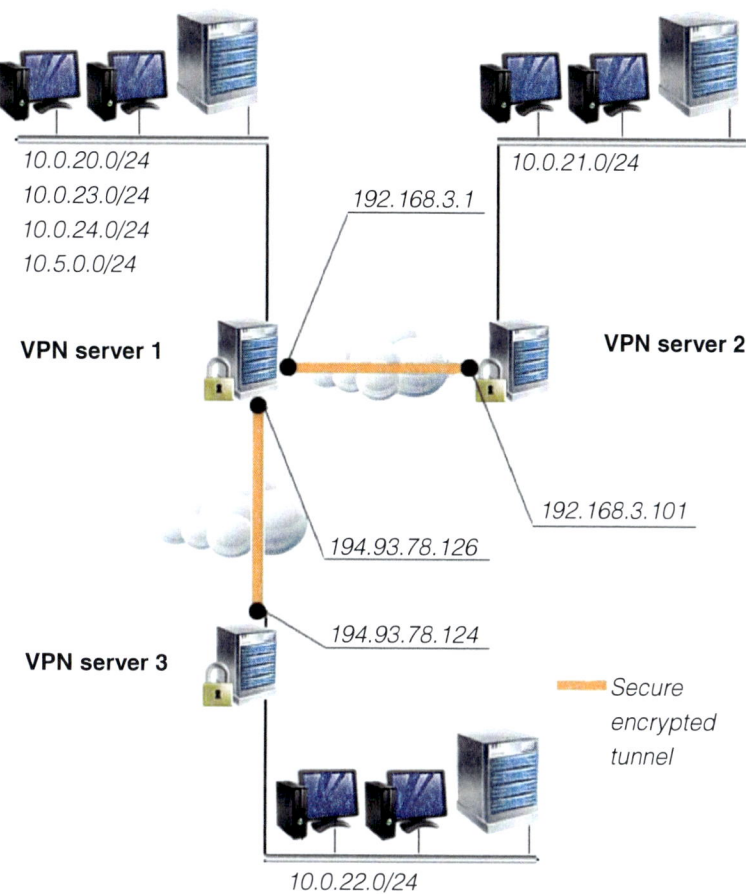

10.0.20.0/24
10.0.23.0/24
10.0.24.0/24
10.5.0.0/24

192.168.3.1

10.0.21.0/24

VPN server 1

VPN server 2

192.168.3.101

194.93.78.126

194.93.78.124

VPN server 3

Secure
encrypted
tunnel

10.0.22.0/24

Esquema de una VPN que cuenta con diferentes direccionamientos.

1.3.2. Autenticación criptográfica

Se utiliza para validar, de una forma segura, la identidad del usuario remoto de modo que el sistema pueda determinar qué nivel de seguridad es el apropiado para ese usuario.

Las *VPNs* utilizan autenticación criptográfica para determinar si el usuario puede participar o no en la comunicación y puede también utilizar la autenticación para intercambiar el secreto o la clave pública utilizada para el cifrado de carga útil de los datos.

Existen diferentes formas de autenticación criptográfica y los tipos utilizados por las *VPNs* varían según los fabricantes. Para que dos dispositivos de fabricantes diferentes sean compatibles deben soportar el mismo cifrado y los mismos algoritmos de cifrado de la carga útil de datos y, además, implementarlos del mismo modo.

La mejor manera de determinar la compatibilidad es comprobar la información facilitada por todos los fabricantes de los dispositivos utilizados, a través de sus hojas de producto.

1.3.3. Cifrado de la carga de los datos

Se utiliza para "confundir" los contenidos de los datos encapsulados sin la necesidad de encapsular un paquete completo dentro de otro paquete. De este modo, el cifrado de la cargo de los datos es exactamente como una red IP estándar excepto que, en este caso, los datos han sido cifrados. El cifrado de carga confunde los datos pero no mantiene privada la información de las cabeceras, de modo que los detalles de la red interna pueden ser conocidos analizando dicha información.

Implementaciones más comunes de *VPNs*

Aunque, teóricamente y desde un punto de vista criptográfico, puede utilizarse cualquier algoritmo de cifrado fuerte con alguna forma de encapsulado para crear VPNs, los fabricantes líderes en el mercado han implementado distintas soluciones de VPNs apoyándose en los siguientes protocolos:

❏   IPSec, *Internet Protocol Security.*

❏   SSL, *Secure Socket Layer.*

❏   SSH, *Secure Shell.*

❏   PPTP, *Point-to-Point Transfer Protocol.*

❏   L2TP, *Layer 2 Tunneling Protocol.*

❏   SSTP, *Secure Socket Tunneling Protocol.*

Algunos fabricantes ofrecen soluciones híbridas como VPN sobre SSL, PPP/SSL *(Point-to-Point Protocol over SSL)* o PPP/SSH *(Point-to-Point Protocol over SSH).*

Las VPNs pueden ser implementadas por hardware o software pero, con independencia del método elegido, lo más importante es el protocolo que se tiene en cuenta para su implementación.

 *Con el estudio de este epígrafe hemos conseguido justificar la necesidad de utilizar técnicas ariptográficas en las comunicaciones entre sistemas informáticos en función de los cavales utilizados.*

2. Protocolo IPSec

El protocolo IPSec actúa en la capa de red para proteger y autenticar paquetes IP entre dispositivos IPSec participantes (conocidos como Pares, *Peers*), como, encaminadores, concentradores, clientes VPN y cualquier otro tipo de dispositivos compatibles con IPSec.

El uso de IPSec no está ceñido a un tipo específico de cifrado o de algoritmo de autenticación. Es un marco de estándares abiertos. Al no ceñirse a algoritmos específicos, IPSec permite la implementación de los nuevos y mejorados algoritmos, evitando así la necesidad de actualizar mediante parches los actuales estándares de IPSec.

IPSec proporciona confidencialidad de los datos, integridad y autenticación en el origen entre los pares participantes en la capa IP. **Soporta dos modos de cifrado:**

❑ **Transporte**. Cifra solo la carga de datos útil del paquete (conocido como *Payload*), dejando sin cifrar la cabecera IP.

❑ **Túnel**. Cifra tanto la parte de datos como la cabecera IP. Es, por tanto, un modo más seguro de cifrado.

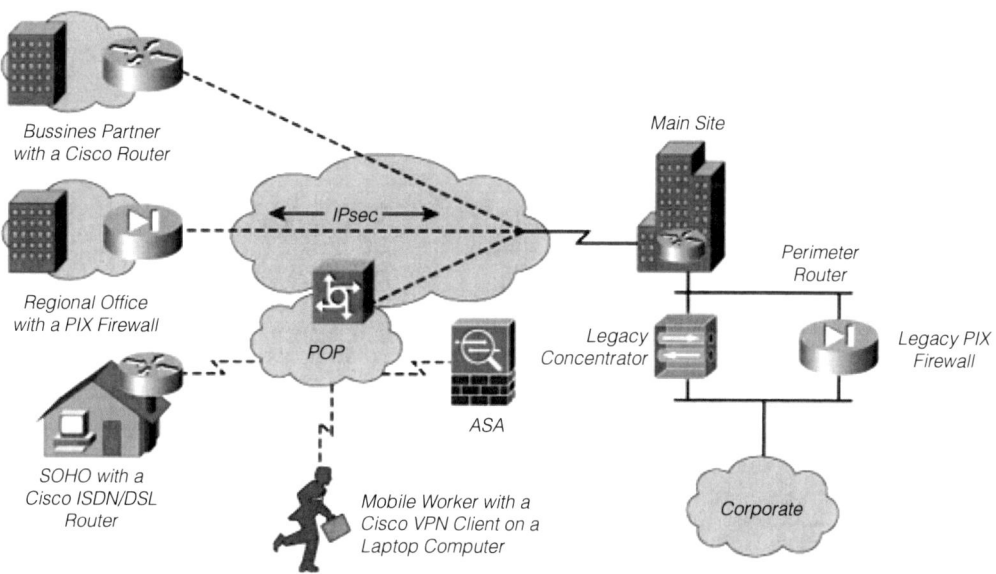

Diagrama de utilización de IPSec para realizar una variedad de conexiones.

2.1.   Bloques de formación de IPSec

IPSec consiste en los siguientes componentes:

❏ **Encabezado de autenticación** (en inglés *Authentication Header*, AH). Es un enca-bezado IP añadido a un paquete IP que proporciona un "checksum" criptográfico del paquete IP completo. Se usa para conseguir autenticación de datos e integri-dad, asegurando así que el paquete fue enviado por la fuente correcta y que no ha sido modificado en su camino. Este encabezado está separado del encabezado ESP que se describe a continuación.

❏ **Datos de seguridad encapsulados** (en inglés *Encapsulating Security Payload*, ESP). Es un encabezado que se aplica a un paquete IP después de que este hay sido cifrado. Proporciona confidencialidad de los datos de modo que el paquete original no puede ser leído en su camino. Este encabezado puede, también, proporcionar autenticación para los datos así como un chequeo de su integridad, haciendo que el encabezado de autenticación sea menos necesario en ciertas circunstancias.

❏ **Asociación de seguridad** (en inglés *Security Association*, SA). Estos son los blo-ques que se construyen en las comunicaciones IPSec. Antes de que dos dispositi-vos puedan comunicarse vía IPSec, deben primero establecer una serie de asocia-ciones de seguridad. Éstas especifican los importantes parámetros criptográficos que deben acordarse hasta que los datos puedan ser transferidos de forma segura.

2.2.   Marco de implementación de IPSec

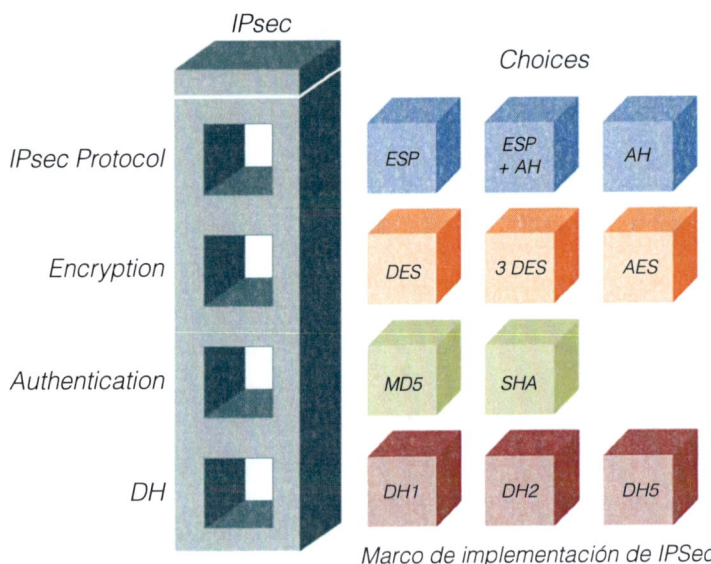

Marco de implementación de IPSec

La figura muestra cuatro casillas del marco de IPSec que pueden rellenarse. IPSec proporciona el marco y el administrador elige los algoritmos que se usarán para implementar los servicios de seguridad dentro del marco. Las **cuatro secciones** del marco de IPSec son las siguientes:

❑ **Protocolos IPSec.** En el momento de configurar los servicios de seguridad que son proporcionados por una puerta de enlace IPSec, se debe en primer lugar elegir un protocolo IPSec. Las posibilidades son:

♦ Datos de seguridad encapsulados **(ESP).**

♦ **ESP con AH.** Aunque AH es un componente importante del protocolo IPSec, pocos despliegues de IPSec tienen activada este componente. En general, muchas de las funcionalidades de AH se encuentran embebidas en ESP.

♦ Encabezado de autenticación **(AH).**

❑ **Algoritmo de cifrado.** La elección de uno u otro se realizará en función del nivel de seguridad deseado:

♦ **DES** *(Data Encryption Standard).* Algoritmo utilizado para cifrar y para descifrar paquetes de datos.

♦ **3DES** *(o Triple DES).* Algoritmo que realiza 3 iteraciones sobre la clave de cifrado. Si ésta fuese de 56 bits, el algoritmo 3DES la convierte en otra de 168 bits (56 x 3 = 168).

♦ **AES** *(Advanced Encryption Standard).* El algoritmo sustituto de DES. Cuenta con una clave variable que puede elegirse a voluntad.

❑ **Autenticación.** Es preciso elegir uno de los siguientes algoritmos de autenticación para proporcionar integridad de los datos:

♦ **MD5** *(Message Digest 5).* Algoritmo utilizado para autenticar paquetes de datos.

♦ **SHA-1** *(Secure Hash Algorithm 1).* Como el anterior, autentica paquetes de datos.

❑ **Algoritmos Diffie-Hellman (DH)**. Es un protocolo criptográfico de clave pública que permite a dos partes establecer una clave secreta compartida, que es utilizada para cifrado y algoritmos hash (por ejemplo DES y MD5) sobre un canal de comunicaciones inseguro. Las posibilidades de elección son: DH1, DH2 o DH5.

IPSec dispone las reglas para comunicaciones seguras basándose en algoritmos existentes para implementar el cifrado, la autenticación y el intercambio de claves.

2.3. Funciones de seguridad IPSec

Los servicios de IPSec proporcionan cuatro funciones críticas. En general, la política de seguridad local dicta el uso de uno o más de estos servicios:

❑ **Confidencialidad con cifrado.** El emisor puede cifrar los paquetes antes de trans- mitirlos sobre una red. Haciendo esto, nadie puede "fisgar" en la comunicación. Si se intercepta, las comunicaciones no podrán leerse.

❑ **Integridad de los datos.** El receptor puede verificar que los datos fueron transmiti- dos a través de Internet sin sufrir cambios o alteraciones de ninguna manera.

❑ **Autenticación en el origen.** El receptor puede autenticar la fuente del paquete, garantizando y certificando la fuente de la información.

❑ **Protección anti-repetición** (anti-replay)**.** Esta protección verifica que cada paquete sea único, no duplicado. Los paquetes IPSec se protegen comparando el número de secuencia de los paquetes recibidos con los del equipo de destino. Aquellos paquetes cuyo número de secuencia es anterior al existente en el equipo destino, se considera tardío o duplicado. En estos casos, los paquetes son desechados.

2.3.1. Funciones de seguridad. Confidencialidad

IPSec proporciona confidencialidad de dos formas:

❑ **Con cifrado.** Los datos en claro que se transportan sobre una red pública (por ejemplo, Internet) pueden interceptarse y ser leídos. Para mantener estos datos como privados, deben ser cifrados. De este modo, pese a una intercepción, perma- necerían ilegibles.

❑ **Intercambio de claves.** Para que IPSec funcione, los dispositivos emisores y re- ceptores deben compartir una clave pública. La compartición se realiza a través de un protocolo conocido como ISAKMP/Oakley *(Internet Security Association and Key Management Protocol/Oakley)*. Permite al receptor obtener una clave pública y autenticar al emisor utilizando certificados digitales.

A) Confidencialidad con cifrado

Para que funcione el cifrado, tanto el emisor como el receptor necesitan conocer las re- glas utilizadas para transformar el mensaje original en su forma codificada. Las reglas se ba- san en un algoritmo y un clave. El algoritmo es la función matemática que combina el mensaje, el texto o los números con una cadena de dígitos llamada la clave. El resultado es una cadena cifrada ilegible. El descifrado el extremadamente difícil o imposible sin la clave correcta.

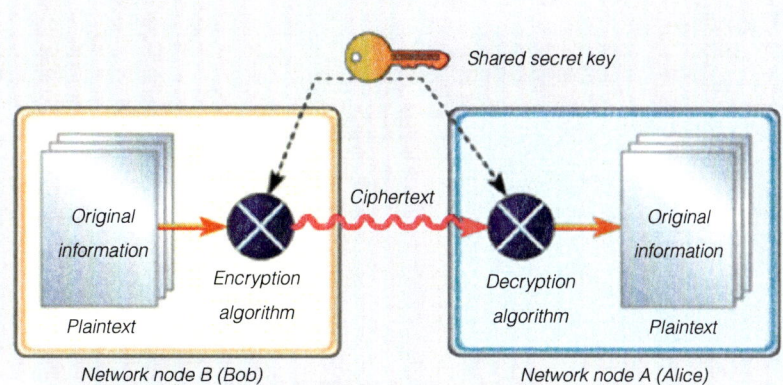

Ejemplo de comunicación cifrada

Alguien quiere enviar un documento a través de Internet. En el extremo local, el documento es combinado con una clave y se le pasa un algoritmo de cifrado. El resultado es un texto indescifrable que viaja a través de Internet. En el extremo remoto, el mensaje es recombinado con una clave y se le procesa con el algoritmo de descifrado. El resultado es el documento original.

Existen **dos tipos de claves de cifrado**:

❏ **Simétricas**. Con el cifrado de clave simétrica, cada *par* utiliza la misma clave para cifrar y para descifrar los datos.

❏ **Asimétricas**. Con el cifrado de clave asimétrica, el extremo local utiliza una clave para cifrar y el extremo remoto utiliza otra clave para descifrar el tráfico.

El grado de seguridad depende de la longitud de la clave. Si alguien intenta obtener dicha clave mediante un ataque de fuerza bruta, tratando de averiguar cada posible combinación, el número de posibilidades está en función de la longitud de la clave. El tiempo para procesar todas las posibilidades está en función de la potencia de cómputo del procesador del equipo informático. Por tanto, cuanto más corta sea la clave más fácil de averiguar será.

TABLA CON LOS DISTINTOS ALGORITMOS DE CIFRADO	
ALGORITMO	**DESCRIPCIÓN Y UTILIZACIÓN**
DES	• *Desarrollado por IBM. Utiliza una clave de 56 bits.* • *DES es un algoritmo de clave simétrica*
3DES	• *Algoritmo de clave simétrica, variante del DES.* • *Procesa cada bloque 3 veces.*

TABLA CON LOS DISTINTOS ALGORITMOS DE CIFRADO	
ALGORITMO	**DESCRIPCIÓN Y UTILIZACIÓN**
AES	• *Adoptado para reemplazar el cifrado DES en los dispositivos criptográficos.* • *Más fuerte que DES y más eficiente que 3DES.*
RSA	• *Utiliza claves simétricas para cifrado y descifrado.* • *Cada extremo genera una clave privada y una clave pública.* • *El extremo remoto cifra mensajes con su propia clave privada.* • *El mensaje es descifrado con la clave pública del emisor.* • *Utilizado para firma digital.*

B) Confidencialidad con intercambio de clave

Los algoritmos DES, 3DES, AES, así como los dos algoritmos de autenticación –MD5 y SHA-1–, todos ellos requieren un clave simétrica de secreto compartido para llevar a cabo las operaciones de cifrado y descifrado.

Las claves pueden ser enviadas por **correo electrónico, mensajeros o intercambio de clave pública**. El método más sencillo es el intercambio de clave pública de Diffie-Hellman (DH). El acuerdo de clave DH es un método de intercambio de clave pública que proporciona un camino para que dos pares establezcan una clave de secreto compartido que únicamente ellos conocen, aunque la comunicación se esté realizando sobre un canal inseguro.

Los **criptosistemas de clave pública** se basan en un **sistema de dos claves**: la **pública**, que se intercambia entre usuarios finales y la privada, que se mantiene en secreto por sus poseedores. El algoritmo de clave pública DH establece que, si dos usuarios intercambian claves públicas y se realiza un cálculo sobre su clave privada y en la clave pública del otro, el resultado final será una clave compartida idéntica. La clave compartida se utiliza tanto para cifrado como para clave de autenticación.

Existen variantes del algoritmo de intercambio de clave pública DH, que van desde el grupo 1 al grupo 7. Los grupos 1,2 y 5 soportan la potenciación sobre un módulo primario con una clave de tamaño 768, 1024 y 1546 respectivamente.

El cifrado DES y 3DES soporta grupo DH1 y DH2. El cifrado AES soporta grupos DH2 y DH5. El cliente inalámbrico de VPN de la empresa Certicom soporta el grupo DH7.

El grupo 7 soporta criptografía de curva elíptica, lo que reduce el tiempo necesario para crear las claves. Los pares en las VPNs negocian con el grupo DH para utilizarlo durante la configuración del túnel.

 *La seguridad no es un problema con el intercambio de claves DH. Aunque alguien pueda conocer la clave pública de un usuario, el secreto compartido no puede ser generado puesto que la clave privada nunca es pública.*

DH se utiliza en negociaciones IKE *(Internet Key Exchange)* para permitir a los pares el acordar un secreto compartido que se utiliza para generar aspectos de la clave para uso posterior. Con DH, cada par genera un par de claves pública y privada. La clave pública se calcula desde la clave privada por cada par y es intercambiada sobre el canal inseguro. Cada par combina la otra clave pública con su propia clave privada y calcula el mismo número del secreto compartido. Este número es, entonces, convertido a una clave de secreto compartido. La clave de secreto compartido no es intercambiada nunca sobre un canal inseguro.

RSA es una técnica de cifrado que se utiliza para firma digital. El cifrado RSA utiliza claves asimétricas para cifrado y descifrado. Cada extremo, el local y el remoto, genera dos claves de cifrado, una privada y otra pública. Mantienen su clave privada e intercambian la pública con aquéllos que desean comunicarse.

Para enviar y cifrar un mensaje al extremo remoto, el local cifra el mensaje utilizando la clave pública del remoto y el algoritmo de cifrado RSA. El resultado es un texto ilegible que se envía a través de Internet. El extremo remoto utiliza su clave privada y el algoritmo RSA para descifrar el mensaje recibido. Lógicamente, el resultado es el mensaje original. El único que puede descifrar el mensaje es el destinatario que posee la clave privada.

Con el cifrado RSA, el proceso contrario también es válido. El extremo remoto puede cifrar un mensaje utilizando su propia clave privada. El receptor puede descifrar el mensaje utilizando la clave pública del emisor.

2.3.2. Funciones de seguridad. Integridad de los datos

Los datos son transportados sobre una red pública. Potencialmente, estos datos podrían ser interceptados y modificados. El protocolo IPSec debe proporcionar alguna forma de chequear la integridad de la información transmitida a través de Internet.

Los mecanismos que proporcionan esa integridad utilizan una clave de secreto habitualmente denominada *Message Authentication Code,* MAC.

Típicamente, dos partes utilizan unos códigos de autenticación de mensajes que comparten una clave secreta para validar la información transmitida entre ellas.

Los códigos de autenticación de mensaje basados en hash (*Hash-based Message Authentication Code,* HMAC), añaden un hash a cada mensaje para prevenirlos de la pérdida de integridad. Si el hash transmitido se corresponde con el recibido, el mensaje no fue manipulado. Sin embargo, el no existe correspondencia, el mensaje fue alterado.

La integridad de los datos es un sinónimo de la autenticación. Los paquetes son autenticados utilizando el hash añadido a cada paquete. Dos algoritmos principales facilitan la integridad de los datos en el marco de IPSec: MD5 y SHA-1.

HMAC

En el extremo local, el mensaje y una clave de secreto compartida se envían a través de un algoritmo hash, que genera un valor de hash. El mensaje y el hash se envían a través de la red. En el extremo remoto, se produce un proceso de dos pasos:

❑   El mensaje recibido y la clave de secreto compartida se envían a través del algoritmo hash, lo que ocasiona un nuevo cálculo en el valor del hash.

❑   El receptor compara el hash recalculado con el hash que fue añadido al mensaje. Si el hash original y el recalculado se corresponden, la integridad de los datos está garantizada. Si cualquier aspecto del mensaje original fue modificado durante la transmisión, los valores del hash serán diferentes.

Básicamente, un algoritmo de hash es una fórmula utilizada para convertir un mensaje de longitud variable en una cadena única de dígitos de una longitud fija. El hash es un algoritmo de una sola vía. Un mensaje puede producir un hash, pero un hash no puede producir el mensaje original. Si recordamos el ejemplo del plato (visto con anteriorioridad en la Unidad Didáctica 2), un plato podría producir una multitud de piezas al romperse pero las piezas, aunque se logre unirlas, no podrían recuperar el plato en su forma original.

Existen **dos algoritmos HMAC**:

❑   **HMAC-MD5.** Utiliza una clave secreta compartida de 128 bits. El mensaje de longitud variable y la clave de 128 bits se combinan y se ejecutan con el algoritmo de hash HMAC-MD5. El resultado es un hash de 128 bits que es añadido al mensaje original y enviado al extremo remoto.

❑   **HMAC-SHA-1.** Utiliza una clave secreta de 160 bits. El mensaje de longitud variable y la clave de 160 bits se combinan y se ejecutan con el algoritmo de hash HMAC-SHA-1. El resultado es un hash de 160 bits que es añadido al mensaje origina y enviado al extremo remoto.

HMAC-SHA-1 se considera criptográficamente más fuerte que HMAC-MD5. Se recomienda su uso cuando la seguridad es un aspecto importante a la hora de decidir.

2.3.3. Funciones de seguridad. Autenticación del origen

En la Edad Media, un sello garantizaba la autenticidad de un edicto. Actualmente, un documento firmado se dota de validez mediante un sello y una firma. En la era electrónica, un documento se firma utilizando la clave cifrada privada del emisor. Una firma es autenticada descifrando la firma con la clave pública del emisor.

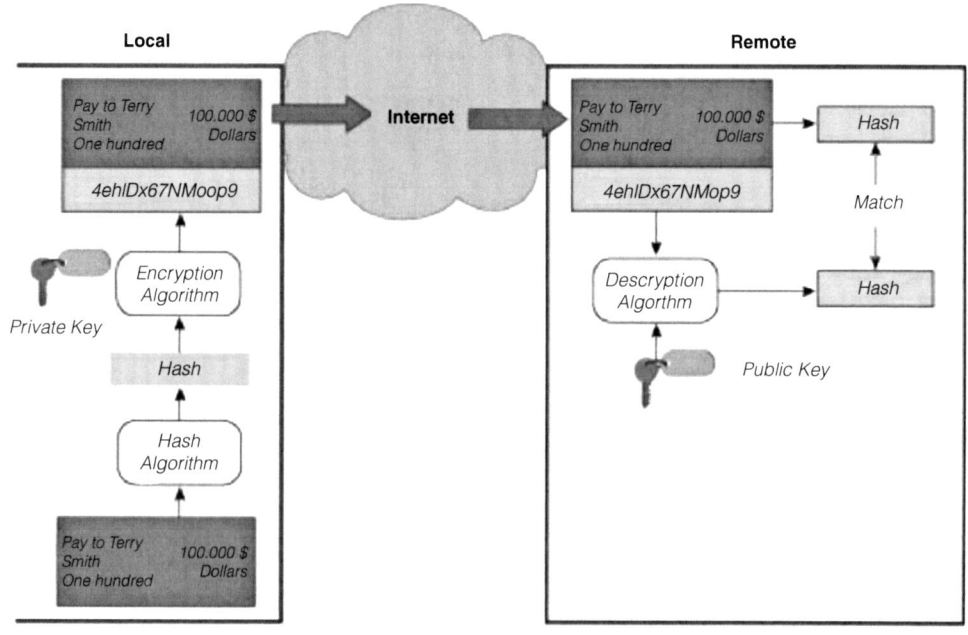

Comunicación cifrada con aplicación de hash.

Como se aprecia en el gráfico, el dispositivo local obtiene un hash y lo cifra con su clave privada. El hash cifrado (la firma digital) se añade al mensaje y lo envía al extremo remoto. En éste, el hash es descifrado utilizando la clave pública del extremo local. Si el hash descifrado se corresponde con el hash nuevamente calculado, la firma es genuina. Una firma digital une el mensaje con su emisor siendo, éste, autenticado.

La firma es utilizada durante la fase inicial de establecimiento en un túnel VPN para autenticar los dos lados.

Los dos **algoritmos de firma digital más comunes** son: RSA y DSA. El primero se utiliza, sobre todo, de forma comercial y es el más común. DSA se utiliza mucho por las agencias del gobierno estadounidense, siendo menos común.

Autenticación de los pares

Cuando se realizan operaciones comerciales a larga distancia, es necesario conocer quién están al otro lado (del teléfono, del fax, del correo electrónico, etc.). Esta premisa también es cierta en el caso de las redes que utilizan IPSec para conectar VPNs. El dispositivo al otro lado del túnel VPN debe ser autenticado antes de que el camino de la comunicación sea considerado como seguro. Existen **tres métodos de autenticación de pares:**

❑ **Claves compartidas de antemano** *(Pre-shared keys)*. Una clave secreta se introduce manualmente en cada par y lo autentica.

La misma clave, compartida de antemano, se configura en cada par IPSec. En cada extremo, la clave compartida se combina con otra información (por ejemplo, la clave secreta DH) para formar la clave de autenticación. Comenzando en el extremo local, la clave de autenticación y la información de identidad se envían aplicándoles un algoritmo de hash. El par local proporciona autenticación de un sola vía enviando el hash resultante al par remoto. Si el par remoto es capaz de crear, de forma independiente, el mismo hash, el par local es autenticado.

El proceso de autenticación continúa en la dirección opuesta. El par remoto combina su información de identidad con la clave de autenticación compartida de antemano, aplicándolas el hash y enviándolas. El hash se envía al par local. Si éste es capaz, de forma independiente, de crear el mismo hash a partir de la información almacenada y de la clave de autenticación compartida de antemano, entonces el par remoto es autenticado. Cada par debe autenticar a su opuesto antes de que el túnel sea considerado seguro. Las claves compartidas de antemano son fácilmente configurables de forma manual pero no cuentan con mucha escalabilidad. Cada par IPSec debe ser configurado con la clave compartida de antemano del otro par con el que se comunica.

❑ **Firmas RSA.** El intercambio de los certificados digitales autentica los pares.

Con las firmas RSA los hashes generados son autenticados y firmados digitalmente. Comenzando por el extremo local, la clave de autenticación y la información de identidad son enviadas aplicándoles el hash. En este momento se cifra el hash utilizando la clave privada de cifrado del par local. El resultado es una firma digital. Ésta y el certificado digital son enviados al par remoto. Para el descifrado, la clave pública de cifrado es incluida en el certificado digital intercambiado entre los pares.

En el par remoto, la **autenticación del par local** es un proceso de dos pasos:

◆ El par remoto verifica la firma digital descifrándola. Para ello utiliza la clave pública de cifrado insertada en el certificado digital.

El par remoto crea, independientemente, el hash a partir de la información guardada. Si el hash calculado es igual al hash descifrado, el par local es autenticado.

♦ Una vez que el par remoto ha autenticado al par local, el proceso de autenticación comienza en la dirección opuesta. El par remoto combina su información de identidad con la clave de autenticación y aplica un hash a esta esta información. El hash se cifra utilizando la clave privada de cifrado del par remoto (la firma digital). Ésta firma junto con el certificado se envían al par local. Éste lleva a cabo dos tareas:

◊ Crea el hash a partir de la información almacenada.

◊ Descifra la firma digital.

Si el hash calculado y el hash descifrado se corresponden, el par remoto es autenticado. Cada par debe autenticar a su opuesto antes de que el túnel sea considerado seguro.

❏ **Términos acuñados con cifrado RSA** *(RSA Encrypted Nonces)*. Los términos acuñados son números aleatorios generados por cada par. Los dos términos se utilizan durante el proceso de autenticación de los pares.

Es preciso que cada parte genere un término acuñado para que, posteriormente, sean cifrados e intercambiados. Se cifran gracias al iniciador utilizando la clave pública del receptor. Las claves públicas necesitan intercambiarse entre los pares antes de que comience la negociación. Cuando se recibe el término acuñado, cada extremo formula una clave de autenticación formada por el iniciador y el contestador del término acuñado, la clave DH y las cookies del iniciador y contestador. La clave de autenticación basada en términos acuñados se combina con información específica del dispositivo y se le aplica un algoritmo de hash. El par local proporciona autenticación de una sola vía enviando el hash resultante al par remoto. Si éste es capaz, de forma independiente, de crear el mismo hash a partir de la información almacenada y de su clave de autenticación basada en el término acuñado, el par local es autenticado.

Después de que el extremo remoto autentique al par local, el proceso de autenticación comienza en la dirección opuesta. El par remoto combina su información de identidad con la clave de autenticación basada en término acuñado, se le aplica un algoritmo de hash y se envía al par local. Si éste es capaz, independientemente, de crear el mismo hash a partir de la información que tiene guardada y de la clave basada en término acuñado, el par remoto es autenticado. Cada par debe autenticar a su opuesto antes de que el túnel sea considerado seguro.

RSA Encrypted Nonces

Gráfico que muestra los términos acuñados cifrados (Nonces).

2.3.4. Funciones de seguridad. Anti-repetición (anti-replay)

IPSec usa mecanismos de *anti-replay* para asegurar que los paquetes IP no puedan ser interceptados por una tercera parte (o *man-in-the-middle*), lo que podría suponer que fueran cambiados y reinsertados en el flujo de datos. Estos mecanismos se implementan gracias a los protocolos:

❑ **Protocolo AH.** Implementa *anti-replay* por defecto.

❑ **Protocolo ESP.** Lo implementa cuando la autenticación de datos está activada.

El mecanismo de *anti-replay* trabaja conservando el número de secuencia asignado a cada paquete cuando llega a un punto final de la VPN. Cuando una asociación de seguridad (SA) se establece en dos puntos, el número de secuencia se pone a 0. Los paquetes que se cifran y transmiten sobre la VPN empiezan con el 1. Cada vez que se envía un paquete, el receptor del mismo verifica que el número de secuencia no es el mismo que el del paquete anteriormente enviado. Si el receptor recibe un paquete con un número de secuencia duplicado, el paquete se descarta y se envía un mensaje de error al punto de transmisión de la VPN, que queda registrado.

2.4. Arquitectura del protocolo IPSec

IPSec es un marco de estándares abiertos. Trabaja el mensaje con todo lujo de detalles para asegurar las comunicaciones y se basa en algoritmos existentes (DES, 3DES y AES) para implementar el cifrado y la autenticación. Los **dos principales protocolos** de la arquitectura IPSec son:

• Encabezado de autenticación (AH)

Es el protocolo apropiado para utilizar cuando la confidencialidad no es ni requerida ni permitida. AH proporciona autenticación de los datos y la integridad de los paquetes IP que se transmiten entre dos sistemas. AH proporciona una forma de verificar que cualquier mensaje transmitido entre dos encaminadores no ha sido modificado durante su camino. AH verifica que el origen de los datos fue alguno de los dos encaminadores. No proporciona confidencialidad de los datos (cifrado) de los paquetes. Todo el texto se transporta en claro.

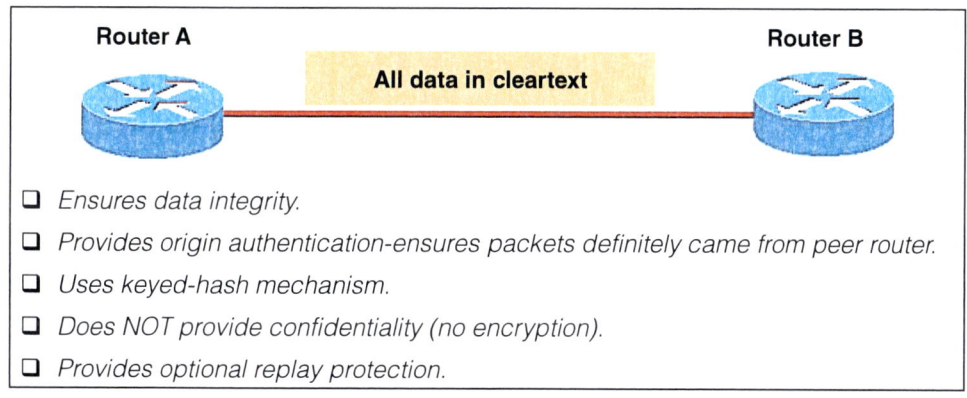

Router A

All data in cleartext

Router B

❑ *Ensures data integrity.*
❑ *Provides origin authentication-ensures packets definitely came from peer router.*
❑ *Uses keyed-hash mechanism.*
❑ *Does NOT provide confidentiality (no encryption).*
❑ *Provides optional replay protection.*

Encabezado de autenticación.

La autenticación se logra al aplicar una función hash de una sola vía al paquete, creando un *hash* o *message digest*. El hash se combina con el texto y se transmite. Los cambios en cualquier parte del paquete durante la comunicación se detectan por el receptor cuando lleva a cabo la misma función hash sobre el paquete recibido. La autenticación está garantizada porque el hash conlleva el uso de una clave simétrica entre los dos sistemas.

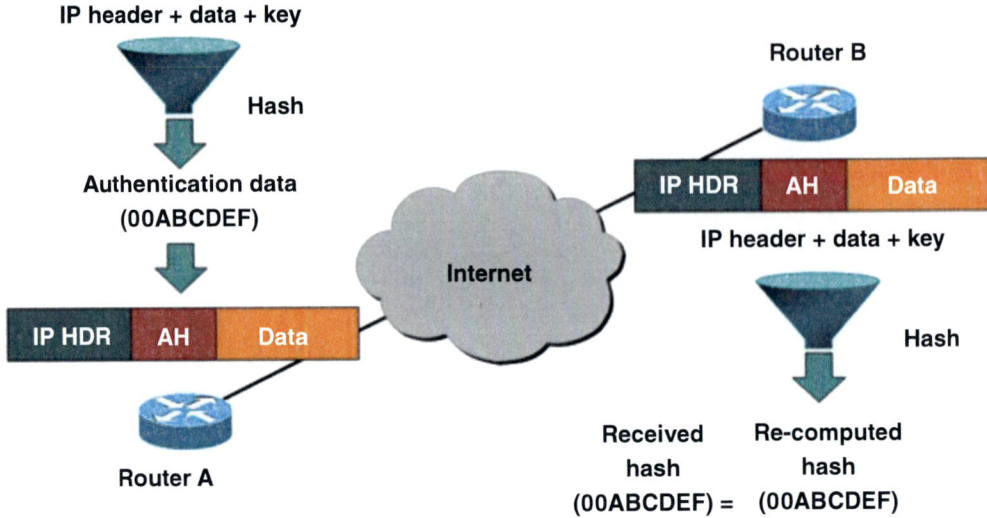

Autenticación e integridad en el encabezado de autenticación.

AH soporta dos algoritmos:

❏   HMAC-MD5

❏   HMAC-SHA-1

¿Cómo funciona AH?

❏   Se aplica el hash al encabezado IP y a la carga útil de los datos.

❏   El hash se utiliza para construir el encabezado AH, que es añadido al paquete original.

❏   El nuevo paquete se transmite hacia el par IPSec.

❏   El par aplica el hash al encabezado IP y a la carga útil de los datos.

❏   El par extrae el hash transmitido del encabezado IP.

❏   El par compara los dos hashes, que deben ser exactamente iguales. Si un bit se ha cambiado durante la comunicación, el resultado del hash en el paquete recibido cambia y el encabezado AH no se corresponde.

Carga útil de seguridad encapsulada (*Encapsulating Security Payload*, ESP)

Un protocolo de seguridad puede utilizarse para proporcionar confidencialidad (cifrado) y autenticación. ESP proporciona confidencialidad realizando un cifrado en la capa IP del paquete. El cifrado oculta la carga útil de los datos y las identidades de la última fuente y destino. ESP proporciona autenticación para el paquete IP interno y para el encabezado ESP. La autenticación proporciona autenticación del origen de los datos e integridad de los mismos. Aunque tanto cifrado como autenticación son opcionales en ESP, al menos uno de ellos ha de ser seleccionado.

ESP soporta una variedad de algoritmos de cifrado simétrico. El algoritmo por defecto para IPSec es el algoritmo DES de 56 bits.

ESP puede utilizarse solo o en combinación con AH. En esta última modalidad, proporcionaría integridad y autenticación de los datos. En primer lugar, la carga útil de los datos se cifra. Posteriormente, a la carga se le aplica alguno de los algoritmos ya comentados: HMAC-MD5 o HMAC-SHA-1. El hash proporciona autenticación en el origen e integridad de los datos para la carga útil.

Alternativamente, ESP puede reforzar la protección *anti-replay*. Esto requiere que el equipo receptor establezca el bit de *replay* en el encabezado para indicar que el paquete ha sido visto.

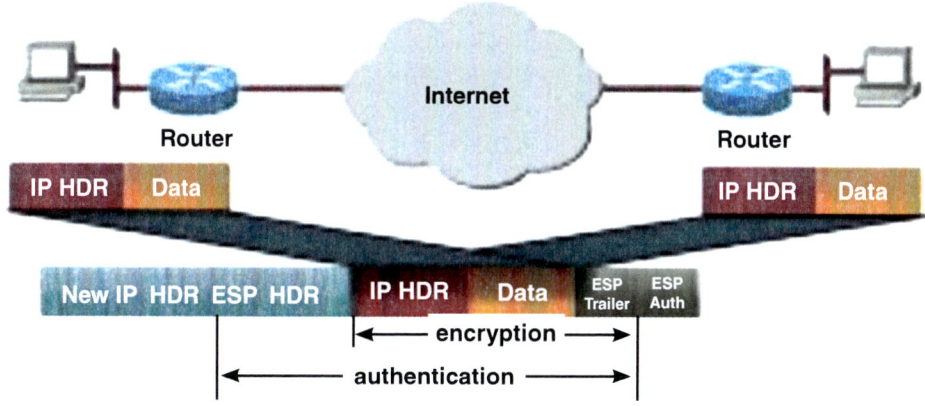

Protocolo ESP.

La carga útil de los datos está bien protegida entre dos puertas de enlaces porque el paquete IP original está cifrado. Con la autenticación ESP, el paquete IP y el encabezado ESP se incluyen en el proceso de aplicación del hash. Finalmente, un nuevo encabezado IP es añadido en la parte delantera de la carga útil de los datos (cuando se utiliza el modo túnel). La nueva dirección IP se utilizará para encaminar el paquete a través de Internet.

Cuando, tanto la autenticación ESP como el cifrado son seleccionados, éste último se realiza antes de la primera. Una razón para este orden de proceso es que facilita una rápida detección de paquetes mal formados, permitiendo desecharlos en el nodo receptor. Antes de descifrar el paquete, el receptor puede autenticar los paquetes entrantes. Así, pueden detectarse problemas potenciales y se reduce el impacto de posibles ataques de denegación de servicio *(Denial of Service,* DoS*)*.

Denial of Service

Tipo de ataque que consiste en conseguir que una máquina, sistema o servicio de red quede fuera de servicio para sus potenciales usuarios.

Aplicación de ESP y AH paquetes IP

ESP y AH pueden aplicarse a los paquetes IP de dos formas diferentes:

❑   **Modo de transporte.** Protege la carga útil del paquete y los protocolos de las capas más altas pero deja la dirección IP original en claro. Esta IP se utiliza para encaminar el paquete a través de Internet. El modo de transporte ESP se utiliza entre dos equipos cuando el destinatario final es el propio equipo. El modo de transporte proporciona seguridad únicamente a los protocolos de las capas más altas.

❑   **Modo túnel.** Se utiliza cuando en el extremo destino del túnel no hay un equipo tradicional sino que hay una puerta de enlace de seguridad, un concentrador, un encaminador con propiedades de VPN o un dispositivo de seguridad tipo PIX. Una puerta de enlace de seguridad cifra y autentica el paquete IP original. Posteriormente, un nuevo encabezado IP se añade en la parte delantera del paquete cifrado. La nueva IP, externa, se utiliza para encaminar el paquete a través de Internet y llevarlo al extremo remoto (la puerta de enlace de seguridad). El modo túnel proporciona seguridad para todo el paquete IP original.

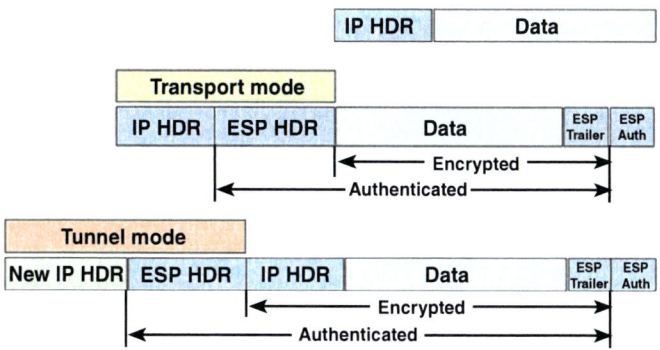

Modos de utilización: transporte y túnel

2.5. Operaciones con IPSec

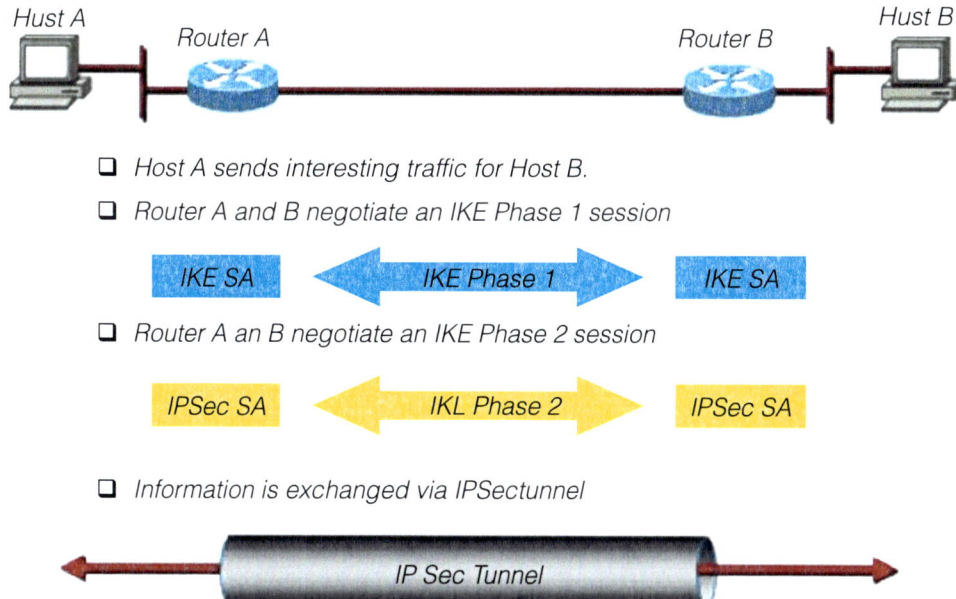

- ❏ *Host A sends interesting traffic for Host B.*
- ❏ *Router A and B negotiate an IKE Phase 1 session*
- ❏ *Router A an B negotiate an IKE Phase 2 session*
- ❏ *Information is exchanged via IPSectunnel*
- ❏ *IPSec tunnel is terminated*

Los cinco pasos fundamentales en las operaciones con IPSec.

El objetivo de IPSec es la protección de los datos con una serie de servicios de seguridad. **Las operaciones de IPSec pueden detallarse en los siguientes pasos:**

❑ **Tráfico de interés.** Se considera tráfico de interés cuando el dispositivo VPN reconoce que ese tráfico que se desea enviar necesita ser protegido.

Parte de la política de seguridad para el uso de una VPN consiste en determinar qué tráfico necesita ser protegido y qué tráfico puede enviarse en claro. Para cada paquete de entrada y de salida, existen las siguientes opciones:

♦ Aplicar IPSec.

♦ Saltarse IPSec.

♦ Descartar el paquete.

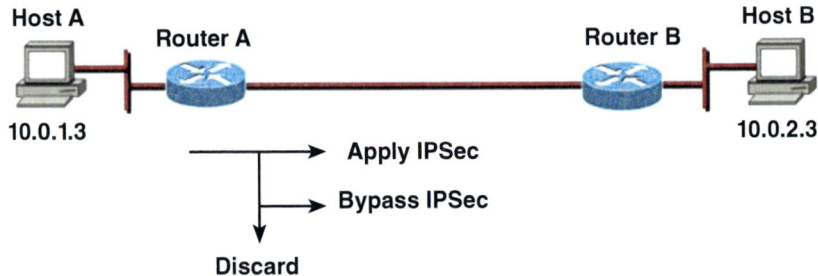

Gráfico que muestra el tráfico de interés.

Para cada paquete protegido por IPSec, el administrador del sistema debe especificar los servicios de seguridad que se aplicarán a cada paquete. La base de datos de política de seguridad especifica los protocolos IPSec, los modos y los algoritmos que se aplican al tráfico. Los servicios se aplican al tráfico destinado a cada par IPSec. Con el cliente VPN, puede utilizarse un menú de ventanas para seleccionar conexiones que se desean asegurar por IPSec. Cuando el tráfico de interés transita por el cliente IPSec, éste inicia la siguiente fase: negociar el intercambio IKE *(Internet Key Exchange)*.

❑ **Fase 1 de IKE. Se negocia un conjunto básico de servicios de seguridad y es acordado entre pares.** Este conjunto básico protege las comunicaciones posteriores entre pares.

El propósito fundamente de IKE en esta fase es la negociación del conjunto de políticas IKE, autenticar los pares y establecer un canal seguro entre pares. La fase 1 puede darse en dos modalidades:

♦ **Modo principal.** Cuenta con tres intercambios de doble vía entre el iniciador y el receptor:

◊ **Primer intercambio.** Los algoritmos y los hashes utilizados para asegurar las comunicaciones IKE son negociadas.

◊ **Segundo intercambio.** Un intercambio DH genera las claves de secreto compartido.

◊ **Tercer intercambio.** Verifica la identidad de la otra parte para asegurar que se están comunicando con los dispositivos con los que ellos creen que se están comunicando.

♦ **Modo agresivo.** Se realizan menos intercambios y con un número más reducido de paquetes. En el primer intercambio se concentra casi todo: el conjunto de las políticas IKE, la generación de la clave pública DH, un término acuñado que la otra parte firma y un paquete de identidad que puede utilizarse para verificar su identidad a través de una tercera parte. El receptor envía todo lo necesario para realizar el intercambio. Únicamente queda que el iniciador confirme el intercambio.

Mientras que el modo agresivo es más rápido, no proporciona protección de la identidad y, por tanto, su uso no está recomendado.

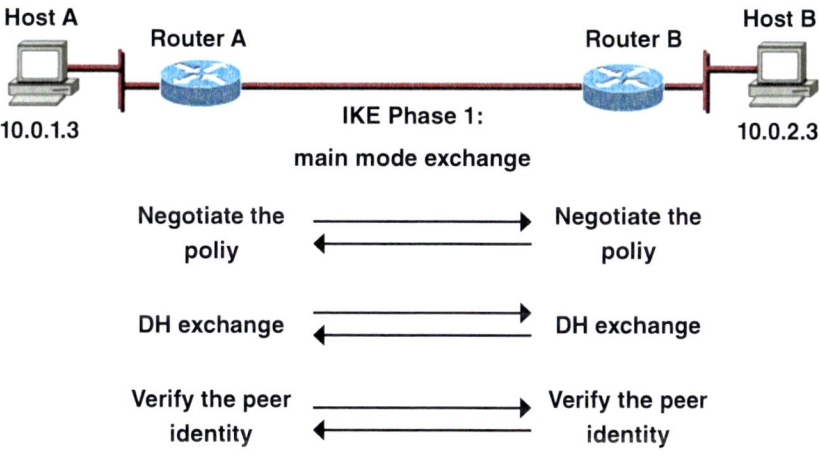

Gráfico que muestra la fase I de IKE.

❏ **Fase 2 de IKE. IKE negocia parámetros de IPSec con la asociación de seguridad (SA) y establece que exista igualdad en los dos pares.** Estos parámetros de seguridad se utilizan para proteger datos y los mensajes intercambiados entre los extremos. El resultado final de las fases 1 y 2 de IKE es un canal de comunicación seguro entre los pares.

Una vez que la fase 1 IKE se estableció, las sesiones de las SAs se negocian para asegurar un tráfico tradicional de VPN. El propósito de la fase 2 de IKE es negociar los parámetros de seguridad de IPSec que se utilizarán para asegurar el túnel IPSec. La fase 2 de IKE lleva a cabo las siguientes funciones:

♦ Negociación de los parámetros de seguridad de IPSec y de los conjuntos de transformación *(transform sets)*.

♦ Establecimiento de las asociaciones de seguridad de IPSec (IPSec SAs).

♦ Renegociación periódica de las asociaciones de seguridad de IPSec para reforzar la seguridad.

❑ **Realizar un intercambio DH adicional.** Esta fase cuenta con modo, denominado el modo rápido. Sucede después de que IKE haya establecido un túnel seguro en la fase 1. Negocia un cambio compartido de IPSec, obtiene el material de clave secreta compartida utilizada para los algoritmos de seguridad de IPSec y establece las asociaciones de seguridad de IPSec. El modo rápido intercambia los términos acuñados que se utilizan para generar nuevo material de claves secretas compartidas y evita ataques de repetición que podrían originar asociaciones de seguridad erróneas.

Transform set

Combinación de protocolos y algoritmos que representan una política de seguridad para el tráfico.

El modo rápido se utiliza también para renegociar una nueva asociación de seguridad cuando expira su tiempo de vida. Refrescaría el material utilizado para crear la clave secreta compartida basada en el material procedente el intercambio DH realizado en la fase 1.

Cuando los servicios de seguridad se acuerdan entre los pares, cada dispositivo VPN introduce información en una base de datos de política de seguridad *(Security Policy Database,* SPD*)*. Esta información incluye los algoritmos de cifrado y autenticación, la IP de destino, el modo de transporte, el tiempo de vida de la clave, etc. A esta información se la conoce como asociación de seguridad (SA). Es una conexión lógica de una sola vía que proporciona seguridad a todo el tráfico que atraviesa la conexión.

Puesto que la mayoría del tráfico es bidireccional, **se requieren dos SAS** una para el tráfico entrante y otra para el saliente. El dispositivo de VPN indexa la SA con un número denominado Índice de Parámetro de Seguridad *(Security Parameter Index,* SPI*)*. Más que enviar los parámetros individuales de la SA a través del túnel, el equipo origen (o la puerta de enlace) inserta el SPI en el encabezado ESP. Cuando el par IPSec recibe el paquete, busca la dirección IP de destino, el protocolo IPSec y el SPI en la base de datos de la SA (denominada SAD). En ese momento procesa el paquete de acuerdo con los algoritmos existentes en la SPD.

La asociación de seguridad de IPSec es una mezcla de la SAD y de la SPD. La primera se utiliza para identificar la dirección IP de destino de la asociación de seguridad, el protocolo IPSec y el número SPI. La SPD define los servicios de seguridad aplicados a la SA, los algoritmos de cifrado y autenticación, así como los modos y el tiempo de vida.

Al igual que la política de contraseñas de cualquier empresa para los PCs, cuanto más tiempo se mantengan, más riesgo existe. Este mismo principio hay que aplicarlo a las asociaciones de seguridad. Es necesario cambiar las claves periódicamente.

Existen dos parámetros:

♦ **Tipo de tiempo de vida.** Hay que decidir si se mide en el número de bytes transmitidos o en el tiempo transcurrido.

♦ **Duración.** La unidad de medida es el kilobyte de datos o segundos de tiempo.

Un ejemplo es un tiempo de vida basado en 10.000 KB de datos transmitidos o en 28.800 segundos transcurridos. Las claves y las asociaciones de seguridad permanecen activas hasta que expire su tiempo de vida o hasta que un evento interno –como por ejemplo un cliente rechazado del túnel–, cause que sean borrados.

❑ **Transferencia de datos.** Los datos son transferidos entre los pares IPSec. Se basa en los parámetros de IPSec y en las claves almacenadas en la base de datos de SA.

Una vez completada la fase 2 de IKE y que el modo rápido ha establecido las asociaciones de seguridad IPSec, el tráfico es intercambiado entre los equipos origen y destino utilizando un túnel seguro. El tráfico de interés es cifrado y descifrado de acuerdo a los servicios de seguridad especificados en las asociaciones de seguridad.

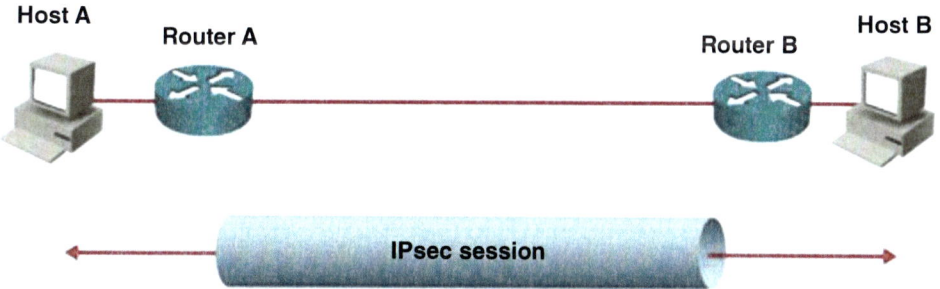

❑ **Los SAS se intercambian entre pares.**
❑ **El servicio de seguridad se aplica al tráfico de información.**

Gráfico que muestra la fase se sesión de IPSec.

❑ **Finalización del túnel IPSec.** El proceso de IPSec con SA finaliza mediante la eliminación o por expiración.

Las asociaciones de seguridad IPSec pueden expirar cuando han transcurrido un determinado número de segundos o cuando un determinado conjunto de bytes ha pasado a través del túnel. Cuando la asociación de seguridad finaliza, las claves son descartadas. En el caso de necesitar otras asociaciones de seguridad para garantizar el flujo de datos, IKE realiza una nueva fase 2 y, si es preciso, una nueva fase 1 de negociación. Una negociación con éxito originará una nueva asociación de seguridad y nuevas claves. Las nuevas asociaciones de seguridad son habitualmente establecidas antes de que expiren las antiguas, de modo que el flujo de datos pueda continuar ininterrumpidamente.

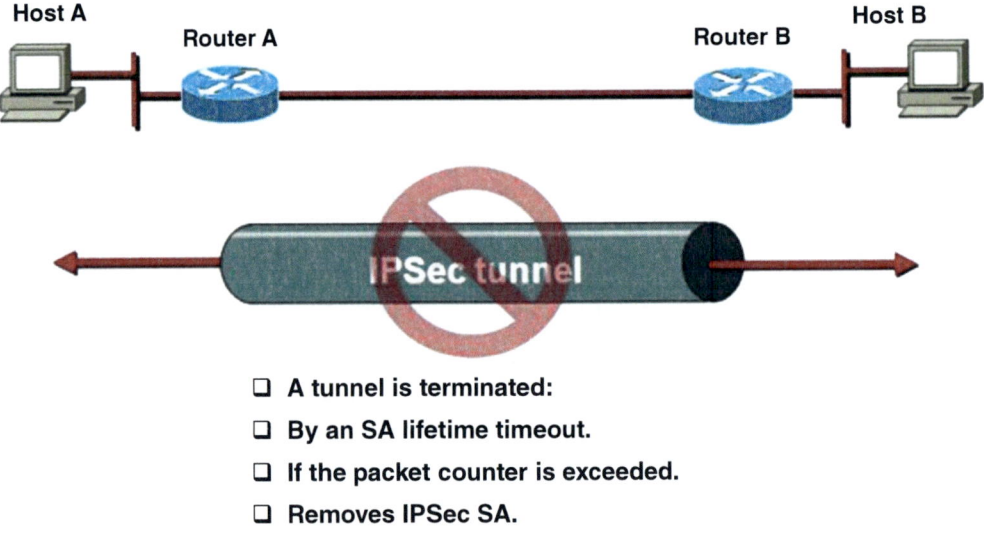

❑ **A tunnel is terminated:**
❑ **By an SA lifetime timeout.**
❑ **If the packet counter is exceeded.**
❑ **Removes IPSec SA.**

Gráfico que muestra la fase de finalización de la comunicación IPSec.

IPSec se integra tanto en la versión más extendida del protocolo IP (IPv4) como en IPv6. De este modo, todos los equipos de comunicaciones y las versiones de todos los sistemas operativos podrán incluirlo en sus implementaciones más modernas.

3. Protocolos SSL y SSH

Actualmente, gracias a redes como Internet y a todo tipo de dispositivos móviles, cada vez se realizan más transacciones comerciales, han aumentado los servicios electrónicos ofrecidos por las administraciones públicas, además, desde cualquier lugar y en cualquier momento.

A todo lo que rodea esta nueva forma de hacer negocios se le conoce con el nombre de comercio electrónico. Hay muchas modalidades distintas de comercio electrónico y no existe una especie de normalización de tipos pero, sin embargo, la imagen de alguien comprando desde su ordenador personal, gestionando aspectos financieros, montando una tienda por Internet para ofrecer sus productos o sus servicios es cada vez más habitual. Igualmente, es cada vez más normal que operaciones como obtener una cita para el centro de salud, pedir datos de la vida laboral o hacer la declaración de impuestos, se realicen de manera segura y fiable por Internet.

Una buena parte de este fenómeno de realizar transacciones seguras por la red es muy parecida a la de la vida real:

❏ En la vida real, el cliente entra en la tienda. A través de la red se carga en el navegador la página web de la tienda.

❏ En la vida real, el cliente echa un vistazo a los productos o va directamente al sitio donde sabe que está lo que busca y, al final, los va almacenando en un carrito. En la red se navega por la página, se revisan los productos o servicios y se colocan en un carrito virtual (que es, simplemente, un fichero de usuario).

❏ En la vida real, se va a la caja, se especifica un sistema de pago y se facturan los productos al cliente. En la tienda virtual, se conduce al cliente a la página de toma de datos y se presenta el método de pago, que suele ser una tarjeta de crédito.

Hasta aquí llegan los parecidos. En la transacción a través de Internet los productos llegarán a casa en unas semanas o en unos días, dependiendo del tipo de producto y del método seleccionado.

Este tipo de compra-venta electrónica se plantea para la generación de beneficios económicos, casi todos debidos a la gestión tan diferente del tiempo que se puede hacer de esta nueva manera. No obstante, al realizar una operación comercial por una red como Internet se presentan **nuevos problemas**:

❏ La tienda virtual a la que el cliente se ha conectado, ¿existe realmente? ¿Es de confianza?

❏ Una vez enviada la información de la tarjeta de crédito, ¿hay una seguridad total de que no se cambia la información del pedido realizado?

❏ ¿Se tratará, realmente, la información de la tarjeta de crédito de manera privada?

❏ De cara al vendedor, ¿tiene la seguridad de que el cliente le ha facilitado datos correctos y no información falsa?

Hoy en día, la solución a estos problemas se consigue gracias al uso de protocolos criptográficos. Por otro lado, más del 90% de los sitios de comercio electrónico son sitios web, por lo que no debe resultar extraño que los protocolos que se van a analizar estén estrechamente ligados con el World Wide Web (www).

3.1. Protocolo SSL

La empresa que desarrolló SSL *(Secure Sockets Layer)* fue Netscape Communications. Su objetivo de diseño era proporcionar seguridad a nivel de transporte de la suite IP. Su diseño fue ligeramente posterior a la primera versión de un navegador de web llamado Mosaic, desarrollado por la NCSA *(Nacional Center for Supercomputing Applications)* en 1993.

El diseño de SSL se completó a mitad de 1994 y los productos se empezaron a vender a finales de ese mismo año. En aquellas mismas fechas, Netscape presentó su famoso navegador: el conocidísimo Netscape Navigator.

A mediados de 1995, Microsoft dio a conocer su propio navegador, el Internet Explorer, con su propio elemento de seguridad, el PCT *(Private Communications Technology)*. El producto de Microsoft resultó ser un poderoso competidor pero SSL estaba ya muy inmerso en el mercado de los servidores y PCT no sobrevivió.

Netscape fue la empresa responsable del desarrollo de las tres primeras versiones de SSL pero, a finales de 1996, SSL fue a parar al IETF *(Internet Engineering Task Force)*, de forma que el protocolo se convirtió en uno de los estándares absolutos, al ser aceptado por la industria de forma total.

 *En la actualidad, los navegadores más habituales (Microsoft Edge, Mozilla Firefox, Google Chrome, Safari) y sus correspondientes productos en la parte de servidor, utilizan SSL como protocolo de seguridad.*

Un dato importante del uso de SSL es su **transparencia desde el punto de vista de un usuario que navega por Internet**. Si la página se identifica como https (o sea http seguro), entonces el navegador utiliza automáticamente SSL para lograr una comunicación confidencial entre el navegador que usa el usuario y el servidor que contiene la página.

Las **capacidades de seguridad** que proporciona el protocolo SSL son:

❑ **Autenticación**, para identificar los participantes y sus mensajes, dentro de un grupo de participantes seleccionado.

❑ **Privacidad**, para poder cifrar y descifrar solo los mensajes dentro del mismo grupo.

❑ **Intercambio de claves**, para poder intercambiar entre los participantes el material necesario para asegurar la autenticación y la privacidad de sus mensajes.

Tales capacidades se consiguen al implementar el protocolo vía la interacción de los dos únicos componentes necesarios:

❑ **El cliente SSL**, que suele ser un navegador web o un proceso que solicita un servicio. Es el iniciador de la comunicación segura. Tiene, además, la obligación de hacer una propuesta de algoritmos de seguridad para abrir la negociación del protocolo.

❑ **El servidor SSL**, normalmente un servidor web o bien un proceso que proporciona un servicio requerido por sus clientes. Está obligado a elegir entre las propuestas de seguridad del cliente. Decide también qué versión de protocolo se va a utilizar durante la conversación. Hay que remarcar que, aunque el servidor tiene la decisión final de las negociaciones de seguridad, ha de ceñirse a las opciones propuestas y no puede tomar la iniciativa.

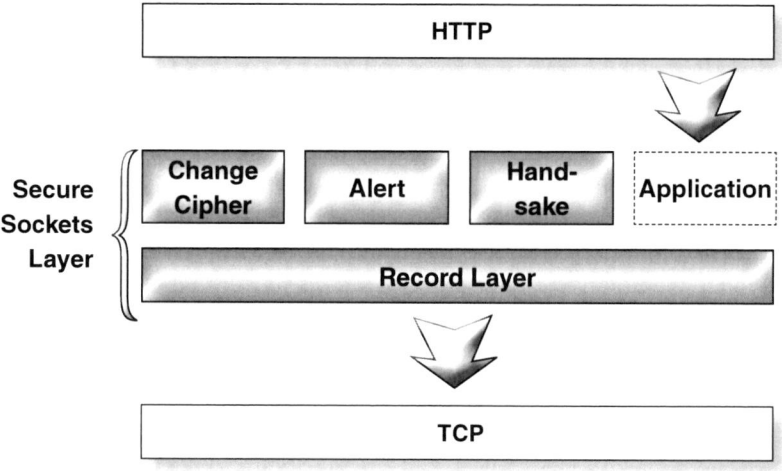

Esquema clásico de comunicación aplicando el protocolo SSL

En el esquema se puede ver la ubicación, en la suite IP, de los **cuatro componentes principales del protocolo SSL**:

❑ **Nivel de registro**, un nivel que recibe los datos –en forma de bloques no vacíos– del nivel superior y los encapsula.

Este nivel recibe datos del nivel superior y lo fragmenta en bloques de texto sin cifrar. El resto de procesado del nivel consiste en cifrado o compresión, aunque normalmente está soportado únicamente el cifrado.

Todos los fragmentos del mensaje van cifrados y los MAC *(Message Authentication Code)* se definen dependiendo de la cifra especificada para la conexión. El conjunto de datos de una cifra viene dado por:

♦ **Tipo de cifra**, que puede ser de tipo bloque o de tipo flujo.

♦ **Estado de exportación**, que puede ser verdadero o falso.

◆ **Algoritmo de cifra**, que puede ser ninguno, RSA, Diffie-Hellman, 3DES, IDEA, AES, DSA y otros.

◆ **Algoritmo de MAC**, que puede ser ninguno, MD5 o SHA.

❏ **Handshake** (acuerdo, apretón de manos). Es el proceso que determina los parámetros criptográficos que se van a utilizar dentro de la sesión y si se usa o no compresión. Opera sobre el nivel de registro.

Una vez se ha completado el handshake (se han acabado las negociaciones de seguridad), el cliente y el servidor ya tienen el material necesario para autenticar y proteger los mensajes entre ambos.

El proceso de cifrado y autenticación transforma los bloques del mensaje en texto cifrado SSL. Además, el nivel de registro incluye, en cada transmisión, un número de secuencia para identificar con facilidad cualquier mensaje perdido, modificado o adicional.

Hay **trece mensajes** definidos en la especificación del protocolo SSL. Tales mensajes tienen lugar en distintos momentos de la sesión o como métodos de reinicio de una sesión pasada y están relacionados con alguno de los cuatro componentes principales del protocolo.

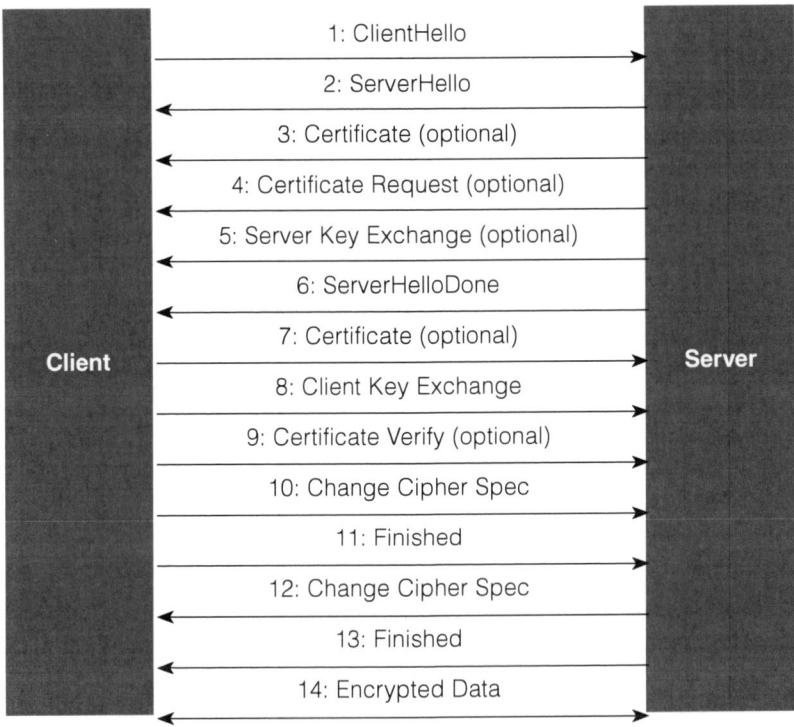

Esquema de la parte de la comunicación con handshake

El proceso handshake sirve para proponer y aceptar (finalmente, negociar) los parámetros necesarios para que el nivel de registro procese los fragmentos de mensajes de una sesión SSL. Es la operación fundamental para decidir cómo será la sesión SSL.

Al iniciarse una sesión SSL el cliente y el servidor se ponen de acuerdo en:

♦ La versión del protocolo.

♦ Los algoritmos de cifrado.

♦ Si debe haber autenticación o no (de manera opcional).

♦ La cifra de clave pública, para generar claves secretas compartidas.

En el esquema anterior se ha supuesto que los parámetros de seguridad únicamente están pidiendo privacidad. Si el proceso incluyera también autenticación, se reemplazaría el mensaje ServerKeyExchange por un mensaje Certificate y entre los mensajes 4 y 5 y entre los 5 y 6 aparecerían dos mensajes CertificateRequest y CertificateVerify.

Es importante señalar que t**odos los mensajes del protocolo SSL comparten una estructura común**, definida en el proceso de encapsulación del nivel de registro. En esta estructura, un campo del mensaje identifica el grupo de mensajes y un campo de tipo especifica el mensaje individual. Tal estructura común consiste en:

♦ **Campo de protocolo.** Cuenta con la longitud de 1 byte y define el protocolo de nivel superior contenido en este mensaje SSL, que puede ser 20 para Change-CipherSpec , 21 para el protocolo de alerta, 22 para el protocolo de handshake y 23 para el caso en que lo que va en el mensaje son datos de una aplicación.

♦ **Campo de versión.** Presenta una longitud de 2 bytes y define la versión del mensaje SSL.

♦ **Campo de longitud.** También de una longitud de 2 bytes define la longitud del mensaje de nivel superior en formato de número binario de 16 bits.

♦ **Campo de tipo de mensaje.** Cuenta con una longitud variable y contiene el mensaje del protocolo definido en el campo de protocolo.

♦ **Campo de MAC.** Realiza, de forma opcional, la verificación de la integridad del mensaje. Normalmente se usa MD5.

❑ **Alerta**. Es un cierto tipo de contenido, soportado por el nivel de registro, que se encarga de adecuar la severidad y la descripción de una alerta.

❑ **Cambio cifra**. Es el proceso responsable de iniciar las negociaciones de los parámetros de seguridad.

El problema mayor de SSL es el de la autenticación opcional y su control. Si no hay autenticación parece claro, como ya se ha indicado anteriormente, que algunos de los problemas citados siguen existiendo pero incluso con autenticación algunos otros siguen sin resolverse y todo este tipo de indefiniciones pueden dar lugar a otras.

Como ejemplos de las citadas situaciones peligrosas, podemos señalar las siguientes:

❑ *Alguien crea una tienda en Internet para vender un producto, que tiene un precio más barato que otras alternativas. Su servidor utiliza SSL con muy buenas condiciones de seguridad pero, al no ser obligatoria la autenticación, no la utiliza. Ante tal oferta, muy probablemente habrá compradores que faciliten su número de tarjeta de crédito sin solicitar referencias. Al poco tiempo, el servidor desaparece de Internet y su creador, evidentemente, también. Muy probablemente, los productos comprados ya no existan y no se puede reclamar a nadie. Adicionalmente, el timador podría utilizar todos los datos recopilados para cualquier otro tipo de operaciones fraudulentas.*

❑ *Otra típica situación es la del uso fraudulento de una tarjeta correcta, sea por robo o por uso de una persona no autorizada. El vendedor –cuando se realiza la transacción–, únicamente puede conocer si la tarjeta es o no válida.*

❑ *Otro de los problemas clásicos está en tienda en Internet que cuentan con muchos compradores que confían en ella, por su seriedad. En la tienda existen servidores que usan SSL. Como la tienda utiliza un fichero con los datos de sus clientes (nombre, dirección, teléfono y número de tarjeta de crédito), a cada cliente se le solicita únicamente los primeros dígitos de su tarjeta de crédito, para evitar que el número sea transmitido varias veces por Internet.*

❑ *Habitualmente, la seguridad en el cortafuegos utilizado no es tan buena como en los servidores SSL y puede darse un agujero de seguridad, que permitirá a un atacante penetrar y llegar al fichero de la base de datos de clientes de la tienda. En pocos días, circulará por Internet un fichero con miles de números de tarjeta de crédito de compradores. El problema clave es que, en el diseño de SSL, el vendedor debe conocer el número de tarjeta de crédito del cliente, para poder cobrar el importe de la factura.*

Como ya se ha comentado, el SSL pasó al IETF en 1996. Esto provocó, por parte del IETF, el inicio del desarrollo de un protocolo de seguridad llamado TLS *(Transport Layer Security)* cuya primera especificación llegó en 1999.

El protocolo SSL sirvió de base para desarrollar el protocolo TLS, actualmente en su versión 1.2 (o también conocido como SSL 3.3) y recogido en la norma RFC 5246. Conceptualmente, SSL y TLS son parecidos, lógicamente para respetar la compatibilidad. Únicamente, TLS mejora a SSL en algunos aspectos como puede ser la corrección de vulnerabilidad de SSL, protección frente a nuevos ataques, proporcionar nuevos algoritmos criptográficos, evitar que se pueda forzar a utilizar versiones del protocolo más vulnerables, etc.

Independientemente de la versión del protocolo, para poder establecer una comunicación con requisitos de integridad, confidencialidad y autenticidad, es necesario acordar previamente unos parámetros de seguridad que permitirán establecer a continuación una comunicación segura. Estas fases son realizadas mediante el conocido como *SSL/TLS Handshake Protocol*. No obstante, no debe olvidarse también de otro protocolo importante como es el *SSL/TLS Record Protocol* que especifica la forma de encapsular los datos transmitidos y recibidos, incluso los de negociación.

Toda comunicación SSL o TLS consta de dos fases:

❑ **Fase de saludo.** Se corresponde con los sistemas criptográficos de clave asimétrica en la que se negocia entre las partes el algoritmo que se utilizará en la comunicación. También se produce el intercambio de claves públicas, autenticándose cada una de las partes mediante certificados digitales que cumplen el estándar X.509. Los dos interlocutores eligen una clave de sesión.

❑ **Fase de comunicación.** Se corresponde con los sistemas de criptografía de clave simétrica, en la que se produce el cifrado del tráfico basado en cifrado simétrico a partir de la clave de sesión y se van generando nuevas claves de forma dinámica.

TCP

Transmission Control Protocol, protocolo fundamental de Internet, se usa para crear conexiones entre dispositivos o programas y enviar flujos de datos.

3.2. SSH

SSH *(Secure Shell)* es un programa utilizado para garantizar las comunicaciones entre dos entidades. Utiliza una arquitecta de cliente/servidor, en la que los clientes (que están disponibles en todas las versiones de Windows, diversas distribuciones de Unix y Linux, así como en los sistemas operativos Macintosh) se conectan los servidores SSH, que también pueden ser Windows Server, Linux o Unix o bien dispositivos de red, tales como los enrutadores, cortafuegos, etc.

En su forma más sencilla, SSH se utiliza para ejecutar comandos remotamente de forma segura en otro sistema distinto al emisor. Fue la herramienta que sustituyó a Telnet, reconocida como insegura, así como a toda la familia R de Berkeley *(Remote Shell –rsh–, Remote Login –rlogin–* y *Remote Copy –rcp–).*

A pesar de su nombre, no es, en absoluto, una Shell (como, por ejemplo, BASH, KORN y C) puesto que no facilita funciones de Shell sino que proporciona cifrado entre las entidades.

La primera versión (SSH1) tenía numerosas limitaciones operativas así como problemas de seguridad asociados con la criptografía, lo que obligó al desarrollo de SSH versión 2 (SSH2). Las **ventajas del uso de SSH2** sobre SSH1 son:

❑   Significantes ventajas con la velocidad y la seguridad.

❑   Mayor flexibilidad con el uso del protocolo SFTP *(Secure FTP).*

❑   Interoperabilidad con algoritmos de clave pública como Diffie-Hellman.

❑   Nueva arquitectura, que requiere menos uso de código.

La **flexibilidad de SSH** proporciona una gran ventaja de uso sobre otras soluciones, tanto enfocadas a la seguridad (IPSec) como no enfocadas (FTP). SSH puede utilizarse por varios usuarios con el único requisito de que exista un proceso (conocido como "demonio") o servicio ejecutándose en el equipo que actúa como servidor, puesto que la mayor parte de la configuración se definirá en el lado del cliente.

Una **lista de los posibles usos de SSH** sería:

❑   **Seguridad.** La implantación de SSH en un entorno, tanto de confianza como inseguro, protegerá contra muchas de las problemáticas de seguridad del protocolo IPv4. Éste sufre de todo tipo de ataques que se aprovechan de sus deficiencias en el pobre ISN *(Initial Sequence Number)* de sus cabeceras TCP, lo que origina secuestros de sesión *(Session Hijacking).* También son conocidos los problemas originados por los paquetes no autenticados de resolución de direcciones (*Address Resolution Packets*, ARP), que pueden provocar el problema de envenenamiento ARP *(ARP Poisoning o ARP Pollution).* El uso de SSH puede proteger de los siguientes ataques:

♦   **IP Spoofing.** Un dispositivo remoto puede cambiar su dirección IP y pretender pasar por otro, habitualmente uno considerado como de confianza.

♦   **Modificación de datos.** Un dato se pasa entre redes corporativas e Internet y un intermediario puede modificarlo mientras se encuentra en ese tránsito.

- ◆ **Secuestro de sesión.** Pueden predecirse los valores del ISN en las cabeceras TCP, obteniendo el control de sesiones Telnet o RSH.

- ◆ **Datos en claro.** Sucede cuando datos críticos o sensibles, como nombres de usuario, contraseñas o comandos, son interceptados.

❑ **Ejecución remota de comandos.** SSH ofrece la ejecución de comandos en una entidad remota, como puede ser un sistema operativo o un dispositivo de red.

❑ **Transferencia remota de archivos.** SSH ofrece la posibilidad de obtener y enviar archivos desde y a una entidad remota. Es posible utilizar tanto SCP *(Secure Copy)* como SFTP.

❑ **Accesos remotos a redes.** Lo consigue creando algo similar a las técnicas implementadas en las VPNs. SSH no solo proporciona funcionalidades típicas de entornos de VPN sino que también proporciona servicios que los usuarios de VPN requieren: correo electrónico, transferencia de archivos y servicios de Intranet con direccionamiento de puertos.

Además, una implementación con SSH para lograr estas funcionalidades, es más económica que con una solución de VPN.

❑ **Administración segura.**

❑ **Gestión cifrada.**

❑ **Gestión cifrada a través de interfaz gráfica.**

❑ **Ahorro de costes.**

❑ **Eliminación de redes separadas con distintos anchos de banda.** Se añade simplicidad a la administración.

❑ **Servicios de proxy.** La implementación de SSH como servicio de proxy proporciona ciertos beneficios, como un acceso más seguro y fácil a dispositivos, sistemas remotos y aplicaciones. Los proxies SSH pueden trabajar con servicios de proxy tradicionales, como SOCKS, para garantizar la seguridad de la aplicación de principio a fin. Un servidor SOCKS puede configurarse en un entorno de tráfico de túnel vía SSH. Esta posibilidad permite una aplicación cliente pueda acceder sobre un canal seguro a aplicaciones remotas como SQL, Oracle, FTP, http y MySQL.

Del mismo modo que puede usarse el protocolo SSL para tráfico cifrado, es posible la utilización de proxies SSH para conectar tráfico de web en entornos hostiles, por ejemplo Internet o redes inalámbricas. Los proxies SSH pueden usarse para conectar servidores web remotos que están funcionando en redes internas, utilizando túneles http sobre SSH. Esta función añade seguridad de aplicación y de web cuando los sistemas internos son accedidos desde sistemas remotos.

Proxy

Servidor que actúa como intermediario para peticiones que le llegan desde un cliente y busca recursos en otros servidores.

3.2.1. Arquitectura cliente/servidor de SSH

SSH utiliza una arquitectura de cliente/servidor para su implementación. Un servidor SSH puede desplegarse y permitir a varios clientes conectarse a él. Esta arquitectura no es muy diferente a cualquier otra de esa tipología, donde en la parte de servidor está ejecutándose un proceso o un demonio que, habitualmente, escucha en el puerto 22. SSH no proporciona la capacidad de que pueda escuchar en otro puerto. Además, debe tratarse de una conexión TCP. SSH cuenta con un fichero de configuración donde se establecen diversas posibilidades:

❏ Tipo de autenticación, por ejemplo, clave pública o contraseña.

❏ Opciones de puerto.

❏ Directorios.

El cliente SSH necesita conocer la dirección IP del servidor SSH (o su nombre de host) y el puerto en el que está escuchando. Únicamente necesitará autenticarse en el servidor con los requisitos predefinidos y obtener acceso a la sesión, sea SSH o la funcionalidad incorporada SFTP.

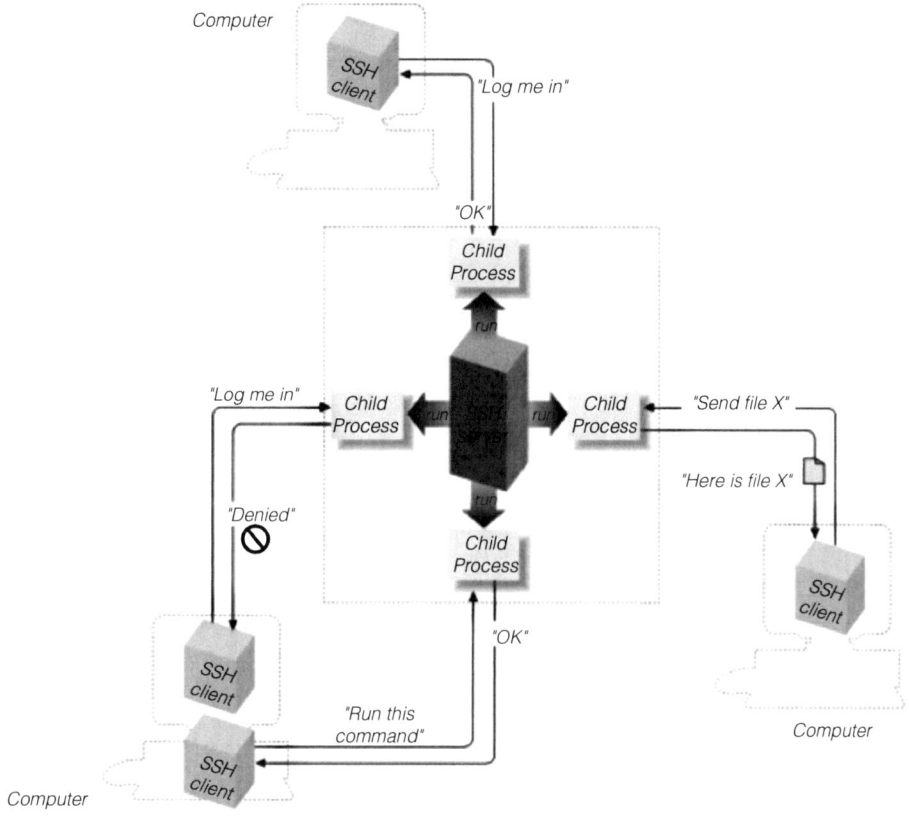

Comunicación entre clientes SSH y servidores SSH

El proceso es el siguiente:

❑ El cliente SSH proporciona autenticación al servidor SSH. En la conexión inicial el cliente recibe una clave de host en el servidor. Por tanto, en las comunicaciones posteriores, el cliente conocerá que se está conectando al mismo servidor. Esto hace menos énfasis en la dirección IP del servidor SSH, que podría ser fácilmente suplantado, y más énfasis en la clave de host del servidor, que no puede suplantarse tan fácilmente.

❑ El servidor SSH determina si el cliente está autorizado a conectarse al servidor SSH verificando el nombre de usuario y contraseña o la clave pública que el cliente presentó para su autenticación. El proceso es completamente cifrado.

❑ Si el servidor SSH autentica al cliente y éste es autorizado, la sesión SSH comienza entre ambas entidades. Toda la comunicación está cifrada.

La arquitectura cliente/servidor proporciona a los clientes la capacidad de contar con una única fuente para la autenticación y/o la autorización. Esta fuente permite el acceso únicamente al servicio SSH, mientras que el acceso a otros servicios (correo, intranets, extranets, foros, chats, etc.) necesita una autenticación adicional. Además, con el uso de los proxies SSH, una única fuente de autenticación proporcionaría acceso a las aplicaciones sin necesidad de utilizar más nombres de usuario y contraseñas.

3.2.2. Arquitectura del cifrado de SSH

Uno de los principales beneficios de SSH es que proporciona un protocolo complemente cifrado para la transferencia de información.

La arquitectura de implementación de SSH es tan flexible como el propio protocolo. SSH es compatible con la mayor parte de algoritmos de cifrado, como, por ejemplo, 3DES, Blowfish, Twofish, AES y Arcfour).

Adicionalmente, SSH ofrece los algoritmos de hash *Message Authentication Code* (MAC). Dos de los que están soportados son MD5 y SHA1. Los algoritmos de hash MAC se utilizan para garantizar la integridad de los datos. A los datos transferidos de una entidad a otra se los aplica este hash con una firma digital única, diferenciándolos de otros datos. La firma digital, generada con MD5 o con SHA-1, no cambia bajo ninguna circunstancia de una entidad a la siguiente. Esto garantiza que la entidad receptora de los datos los obtuvo sin modificación alguna, manipulación o intervención de entidades no autorizadas (situación también conocida como abuso).

3.2.3. Tipos de clientes y servidores SSH

❑ **Servidores SSH:**

◆ OpenSSH. Es una versión libre la suite del protocolo SSH. Está disponible tanto para entonos Windows como Unix, Linux, Mac OS.

◆ SSH2. Es una versión comercial de SSH. Se necesita licencia para uso comercial pero es libre para uso no comercial. En su versión comercial existen versiones para entornos Windows y Unix.

❑ **Clientes SSH:**

◆ OpenSSH.

◆ PuTTY.

◆ Secure-CRT.

♦ Filezilla.

♦ WinSCP.

♦ Cygwin.

Telnet

Protocolo de red y programa con el mismo nombre, usado para controlar una maquina remota, generalmente, utilizando el puerto TCP 23.

4. Sistemas SSL VPN

Aunque la implementación más común de una red privada virtual es por medio del uso del conjunto de protocolos IPSec para garantizar la seguridad de las comunicaciones, existe un uso muy extendido del protocolo SSL para garantizar la integridad y privacidad del tráfico de las VPN.

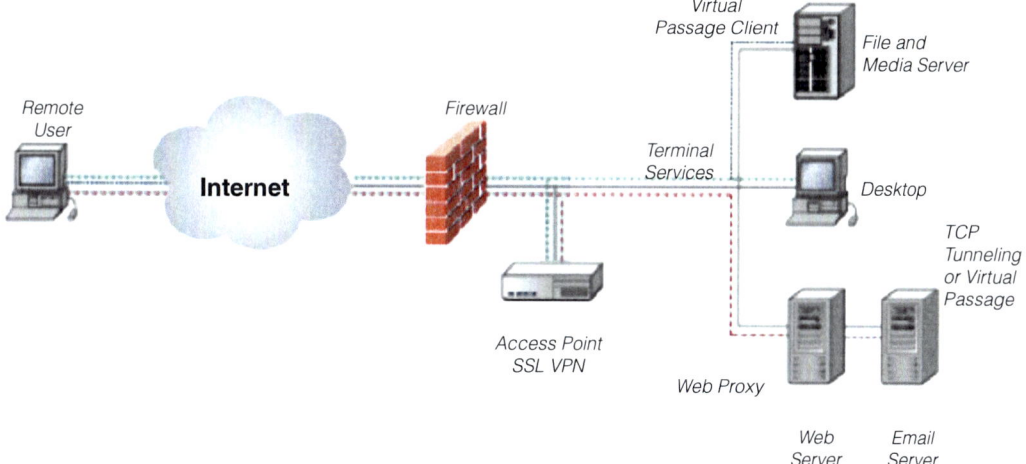

Esquema clásico de comunicación utilizando VPN SSL

Como se ha visto anteriormente, SSL *(Secure Socket Layer)* es un protocolo originalmente desarrollado para asegurar y cifrar las comunicaciones web de las aplicaciones de comercio electrónico. SSL es un estándar de Internet y se puede utilizar con los navegadores web más habituales. SSL es capaz de proporcionar autenticación, integridad y confidencialidad cliente/ servidor por medio de certificados digitales. Aunque, como se ha indicado, SSL se creó inicialmente para asegurar el tráfico web, cada vez se está utilizando más y más para asegurar otro tipo de tráfico como puede ser SMTP, IMAP, Telnet, etc. Al igual que se puede usar SSL para asegurar estos tipos de tráfico, también es posible utilizarlo para construir redes privadas virtuales (VPN) a través de Internet. En este caso lo que se hace es utilizar SSL en vez de IPSec para cifrar las comunicaciones que, sobre dicho túnel, mantiene un usuario remoto con la red de la organización.

Al usar SSL como protocolo de seguridad, el acceso del usuario es a través de un proxy o pasarela de aplicación, por lo que el cliente no se conectará directamente a la red de la organización sino que lo hará a través de dicha pasarela.

 *El uso de SSL hace que la conexión tenga lugar en la capa de aplicación y no en la capa de red como sucedía con IPSec, lo que va a permitir al administrador controlar no solo la dirección IP interna sobre la que se produce la conexión sino también la mismísima aplicación accedida.*

El uso de VPNs por medio de SSL presenta una serie de **ventajas** sobre las VPNs que utilizan IPSec, que merece la pena conocer:

❑ **No es necesario usar clientes VPN.** Normalmente, cuando se usa IPSec –en el caso de conexiones origen-intermedio, en las que un usuario remoto o móvil trata de acceder a la red de la organización a través de su conexión a Internet–, el usuario necesitará tener instalado en su equipo algún tipo de software cliente que le permita conectar y crear un túnel seguro con la red de su organización. Este software tiene que ser instalado y configurado en todas y cada una de las máquinas clientes a las que se quiera dar acceso remoto por este medio. El coste de despliegue de los clientes, añadido a la complejidad de mantenimiento de los mismos hace de las soluciones VPN a través de SSL una opción realmente atractiva, ya que en estos casos no es necesario instalar ningún tipo software cliente.

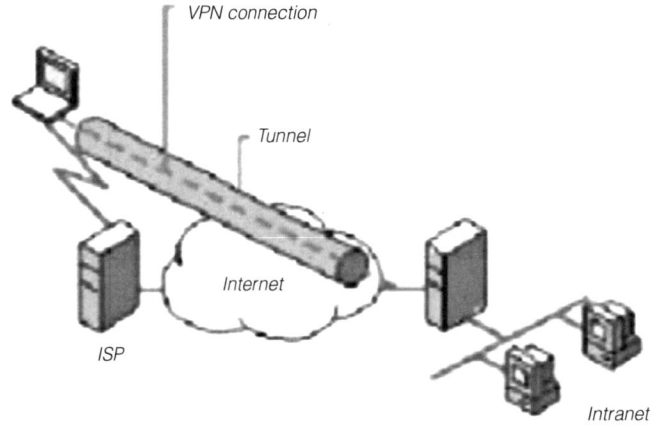

Esquema que muestra una conexión origen-intermedio

En el caso de VPNs sobre SSL el usuario remoto solo necesitará tener instalado en su terminal un navegador web para poder acceder a la VPN de la organización. Todo el proceso de cifrado y descifrado SSL en el lado del cliente será realizado por el módulo SSL del navegador web, lo cual no requerirá de ningún tipo de configuración por parte de los administradores de la organización.

❑ **Reducción de problemas de interoperabilidad.** Es poco común que se produzcan problemas de interoperabilidad entre el cliente y el servidor *SSL*. En el caso de *IPSec*, aun siendo una serie de estándares de Internet, sigue habiendo problemas de interoperabilidad de sistemas.

❑ **Desaparición de problemas relacionados con cortafuegos.** Uno de los grandes problemas para los clientes VPN con IPSec se produce cuando el tráfico generado debe atravesar algún tipo de cortafuegos. Este tipo de tráfico suele tener problemas cuando deben atravesar dispositivos NAT y además la gran mayoría de cortafuegos incorporan reglas que bloquean el tráfico IPSec.

Al usar SSL, todos estos problemas desaparecen. El tráfico SSL no tiene ningún tipo de dificultades para atravesar dispositivos NAT (Network Address Translation) y, dado que SSL es un protocolo altamente extendido y útil en Internet, los cortafuegos normalmente dejan pasar este tipo de tráfico sin ningún tipo de problemas.

NAT

Mecanismo utilizado por los encaminadores para intercambiar paquetes entre redes que utilizan direccionamiento incompatible. Consiste en traducir las direcciones para hacerlas compatibles.

❑ **Control de acceso más granular.** Como ya se ha comentado, el tráfico SSL se corresponde con tráfico del nivel de aplicación, lo que va a permitir asegurar que los usuarios remotos solo tengan acceso a aquellas aplicaciones específicas para sus necesidades, algo que es realmente difícil de conseguir cuando se utiliza IPSec.

4.1. Funcionamiento de una red privada virtual por medio de SSL

Los sistemas VPN SSL simplifican enormemente el uso de la solución por parte de los clientes dado que los pasos que éstos deben realizar para acceder a los recursos de la organización no requieren ningún tipo de conocimiento técnico. En el siguiente esquema muestra la arquitectura estándar en este tipo de soluciones, así como los pasos del proceso de conexión desde el punto de vista del usuario.

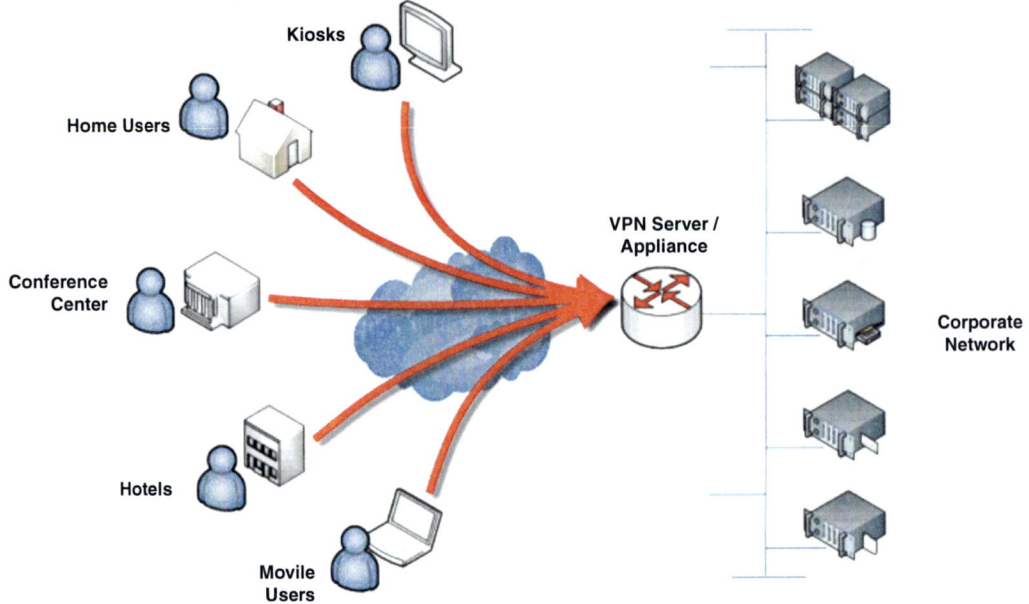

Arquitectura estándar de una solución VNP SSL

El **proceso de conexión,** desde el punto de vista del usuario, consta de **cinco fases:**

❑ **Fase 1.** El usuario conecta por medio de su navegador web con el sitio web de la VPN SSL (un servidor, un *appliance* o, incluso, el propio cortafuegos) por medio de una conexión https. Para ello solo deberá indicar la dirección del sitio web. En ese punto, el portal de acceso pedirá al usuario que introduzca sus credenciales de autenticación (sean estas una combinación de usuario y contraseña, certificados, etc.).

❑ **Fases 2 y 3.** La pasarela VPN remite las credenciales de autenticación del usuario al servidor de autenticación, el cual le responderá autorizando o denegando el acceso. La mayoría de las soluciones VPN SSL disponibles son capaces de soportar distintos métodos de autenticación, lo que hace sencillo integrar dichas soluciones con los servidores de autenticación de la organización (normalmente un controlador de directorio activo o un directorio LDAP).

❑ **Fase 4.** Una vez que el usuario ha sido autenticado, la pasarela de la VPN le mostrará la lista de aplicaciones a las que el usuario puede acceder con su cuenta, ya que cada usuario podrá tener acceso a aplicaciones distintas. Otra posibilidad en este punto es que, una vez que el usuario se ha autenticado directamente, se abra la aplicación a la que tenga acceso sin darle ningún tipo de opción.

Puede observarse que la gestión del acceso a los recursos en el caso de redes privadas virtuales por SSL se produce a nivel de aplicación: el usuario tendrá acceso a un determinado número de aplicaciones, mientras que en las implementaciones VPN con IPSec el acceso es a un segmento de red concreto.

❑ **Fase 5.** Una vez que se ha seleccionado la aplicación, comienza la comunicación cliente/servidor que será encapsulada dentro del túnel SSL. Esta comunicación siempre pasará a través de la pasarela o proxy, lo que implica que el cliente estará conectado con dicha pasarela y ésta redirigirá las peticiones del cliente a los servidores de aplicación.

Dependiendo de la naturaleza de la aplicación, la comunicación se establecerá en uno de los tres modos posibles:

❑ **Pasarela invertida** *(Reverse Proxy).* Cuando la aplicación accedida por el usuario sea algún tipo de aplicación web, el cliente enviará a la pasarela la petición http, la cual será retransmitida (una vez descifrada por la pasarela) al servidor de aplicaciones web correspondiente. La respuesta de este último la recibirá la pasarela de aplicación, la cual la cifrará y la enviará por el túnel SSL al cliente.

❑ **Redirección de puertos.** Cuando el cliente accede a aplicaciones que no son aplicaciones web, éste no puede utilizar el navegador web, ya que en este caso el tráfico generado no será tráfico web estándar. Cuando el usuario seleccione una aplicación de este tipo automáticamente se descargará un applet que permitirá capturar el tráfico generado por el cliente y reenviarlo por la pasarela SSL. Si, por ejemplo, el cliente ha seleccionado el uso de Telnet a través de la VPN-SSL, el applet descargado capturará el tráfico dirigido al puerto 23 y lo redirigirá al túnel SSL. Cuando el tráfico llegue a la pasarela de aplicación, ésta desencapsulará el tráfico original y lo remitirá al servidor de destino.

❑ **Encapsulación de nivel 3.** En este modo de funcionamiento, el usuario obtiene acceso completo al nivel 3 (nivel de red) de la red de destino, igual que sucedía en el caso de VPNs por medio de IPSec. Cuando el usuario selecciona esta opción se instalará automáticamente en el equipo del cliente un adaptador de red virtual. Este adaptador tendrá una dirección IP de la red de destino y permitirá acceso completo a la misma. La ventaja en este caso está en que el usuario no necesita tener preinstalado el adaptador de la VPN, ya que éste se instalará automáticamente cuando sea necesario. El problema asociado es que esto solo será posible si el usuario tiene permisos de administrador sobre la máquina desde la que está tratando de acceder a la VPN.

4.2. Tipos principales de redes VPN SSL

Existen dos grandes tipos:

❑ **Portal VPN SSL.** Este tipo permite una conexión a un portal web mediante SSL para que el usuario remoto pueda acceder, de forma segura, al resto de servicios internos de la organización sin necesidad de crear nuevos túneles. Este tipo es conocido como portal debido a que el acceso seguro se realizará mediante aplicaciones web. El usuario puede acceder remotamente utilizando un navegador. Una vez autenticado, se muestra una página web que ofrece los distintos servicios a los que puede acceder el usuario. Este tipo de tecnología es muy útil para aquellas intranets de empresas donde sus empleados se conectan desde puntos de acceso púbicos o desde equipos no administrados por la organización.

❑ **Túnel VPN SSL.** Este tipo permite a un usuario utilizar su navegador web para acceder de forma segura a una red de servicios internos que no están basados en tecnologías web necesariamente, mediante el uso de un túnel cifrado con SSL. El túnel VPN SSL requiere que el navegador web sea compatible con Java, Javascript o controles ActiveX. Mediante el uso de éstos se proveerá de un canal genérico capaz de transportar datos de manera segura. El usuario podrá acceder a servicios de red que no dependan de un sitio web. Un ejemplo sería poder compartir una carpeta en su sistema operativo con la red interna. Algo que no sería posible mediante el uso de un portal VPN SSL.

Como se ha visto, este tipo de VPNs son muy adecuadas para permitir el acceso de usuarios remotos a la red de la organización, ya que basta con que éstos cuenten con un navegador web instalado y sus credenciales de acceso.

Pero esta misma simplicidad tiene también sus **riesgos de seguridad**, los que podemos agrupar en tres grandes grupos:

❑ **Integridad de los dispositivos remotos.** Los equipos usados para acceder de forma remota a la VPN no serán controlados por los administradores de la organización, ya que no necesitan ningún tipo de instalación o configuración por su parte. Aunque esto simplifica el despliegue de la VPN, es, a su vez, un riesgo, ya que esos terminales podrían no estar protegidos contra virus, troyanos, gusanos y otros tipos de código malicioso, lo cual puede suponer un grave riesgo para la red a la que se conecte de forma remota.

❑ **Historial del navegador del equipo remoto.** El navegador del equipo remoto que acceda a la VPN-SSL guardará en su historial de navegación la actividad que haya realizado. Si la conexión se hizo desde un equipo público al que puede tener acceso más personas, dicha información (historial de URLs, cookies, applets, etc.) puede ser muy valiosa para un atacante con acceso a dicha máquina. Por esta razón muchas de las pasarelas VPN-SSL incluyen funcionalidades que les permiten borrar la mayor parte de esta información una vez que el usuario termina la sesión remota.

❑ **Acceso al portal.** Para acceder a este tipo de VPNs solo es necesario conocer la URL de la pasarela de aplicación. Al no necesitar tener instalado ningún tipo de software adicional, estos portales de aplicación son susceptibles a ataques de contraseñas mediante técnicas de fuerza bruta. Este riesgo, no obstante, se puede mitigar mediante el uso de métodos de autenticación más fuertes, como puede ser el uso de combinaciones de contraseña y certificados.

Hay que resaltar que, si bien las soluciones VPN SSL pueden simplificar enormemente el despliegue para clientes remotos, su utilización no puede reemplazar el uso de IPSec en muchos casos. En ese sentido hay que tener en cuenta las siguientes consideraciones:

❑ Las soluciones VPN SSL únicamente son válidas para el caso de usuarios remotos, es decir para conexiones tipo origen-intermedio. Para conexiones intermedio-intermedio, (como la mostrada en la figura 3.24) será necesario utilizar soluciones VPN sobre IPSec.

❑ Aunque es posible proporcionar acceso de nivel 3 (nivel de red) con este tipo de soluciones, este tipo de acceso no es simple pues, como ya se ha comentado, el usuario remoto deberá disponer de privilegios de administrador sobre el terminal remoto para instalar el adaptador de red virtual necesario.

❑ Las soluciones VPN SSL son caras comparadas con el coste de las VPN sobre IPSec.

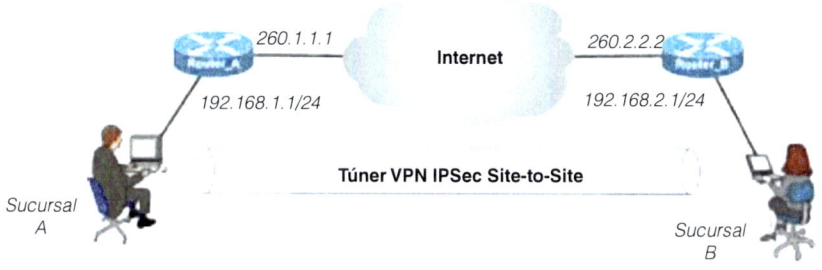

Conexión intermedio-intermedio.

Por tanto, será necesario estudiar cada caso concreto para determinar qué tipo de VPN se adapta mejor a las necesidades de cada caso.

Aunque no se va a analizar ninguna solución concreta de este tipo de VPN, hay que decir que hay gran cantidad de soluciones de este tipo, la mayoría de las cuales se comercializan en forma de aplicaciones *(appliances)*, como puede ser la serie de aplicaciones de Dell que incorporan la solución *Dell SonicWall Secure Remote Access,* o la serie de aplicaciones ASA 5500 de Cisco Systems. Estas aplicaciones son equipos que proporcionan gran cantidad de funciones, siendo, normalmente, la principal la de encaminamiento pero proporcionando también funciones adicionales como la de cortafuegos o, en este caso, la de pasarelas de seguridad SSL.

5. Túneles cifrados

Cuando se planifica conectar las redes de área local (LANs) utilizando Internet, es necesario encontrar un método para proteger el tráfico de datos que viaja entre ellas. Idealmente, los equipos informáticos de cada LAN no deberían ni darse cuenta de la existencia de este proceso que los comunica con equipos de otra LAN. Los equipos externos a la comunicación establecida no deberían poder "fisgar" el tráfico en el intercambio de datos entre las LANs ni insertar sus propios datos en el flujo de la comunicación.

Podría decirse que lo que se necesita es un túnel privado y protegido a través de la red pública, casi siempre Internet.

¿Cuál es el objetivo de encapsular IP dentro de IP? Esta operación permite referirse a un equipo ubicado en otra red cuando la ruta no existe.

No se pueden encaminar datos a un equipo que forma parte de una red con direccionamiento 10.1.0.0 porque el troncal de Internet está configurado para rechazar paquetes de ese rango.

Así, conectar una oficina ubicada en Madrid que contase con el direccionamiento de LAN 10.1.0.0 con una oficina ubicada en Sevilla con un direccionamiento de LAN 10.2.0.0 no podría realizarse a través de Internet. Por tanto, se pueden encapsular un intercambio de datos entre dos redes conectando los encaminadores (que cuentan con una dirección IP pública válida) y configurar el encaminador destino para que eliminase el tráfico encapsulado y lo remitiera al interior de la red. Esto es lo que se denomina un túnel de canal limpio.

Troncal de Internet (backbone)

Conexiones principales de Internet. Están compuestas por los encaminadores que conducen el tráfico de red por toda la red Internet. Los encaminadores no aceptan algunas direcciones de red, conocidas como direcciones privadas.

Los túneles permiten la encapsulación de un paquete de un tipo de protocolo dentro del datagrama a un protocolo diferente. Por ejemplo, una VPN puede utilizar el protocolo PPTP para encapsular paquetes IP a través de una red pública, como Internet. También sería posible configurar una solución de VPN basada en el protocolo de túnel de capa dos (L2TP) o el protocolo de túnel de sockets seguros (SSTP).

Los **protocolos PPTP, L2TP y SSTP** dependen, en gran medida, de las características especificadas originalmente para el protocolo punto a punto (PPP). PPP se diseñó para enviar datos a través de conexiones punto a punto de acceso telefónico o conexiones dedicadas. Para IP, PPP encapsula los paquetes IP dentro de tramas PPP y luego transmite los paquetes PPP encapsulados a través de un vínculo punto a punto. PPP se definió originalmente como el protocolo que debía usarse entre un cliente de acceso telefónico y un servidor de acceso a la red.

PPTP permite que el tráfico multiprotocolo se cifre y se encapsule en un encabezado IP para que, de este modo, se envíe a través de una red IP o una red IP pública, como Internet. PPTP puede utilizarse para el acceso remoto y las conexiones VPN entre sitios. Cuando se usa Internet como la red pública de una VPN, el servidor PPTP es un servidor VPN habilitado para PPTP con una interfaz en Internet y una segunda interfaz en la Intranet.

L2TP permite cifrar el tráfico multiprotocolo y enviarlo a través de cualquier medio compatible con la entrega de datagramas punto a punto, como IP o como el Modo de Transferencia Asíncrono (*Asyncronous Transfer Mode*, ATM). L2TP es una combinación de PPTP y L2F (reenvío de nivel 2, *Layer 2 Forwarding*), una tecnología desarrollada por Cisco Systems. L2TP presenta las mejores características de PPTP y L2F.

A diferencia de PPTP, la implementación de Microsoft de L2TP no usa MPPE *(Microsoft Point-to-Point Encryption)* para cifrar los datagramas PPP. L2TP se basa en IPsec en modo de transporte para los servicios de cifrado. La combinación de L2TP e IPsec se denomina L2TP/IPsec. L2TP se instala con el protocolo TCP/IP.

ATM

Tecnología de telecomunicación desarrollada para satisfacer la gran demanda de capacidad de transmisión para servicios y aplicaciones.

El **protocolo de túnel de sockets seguros (SSTP)** es un nuevo protocolo de túnel que usa el protocolo HTTPS a través del puerto TCP 443 para hacer pasar el tráfico a través de cortafuegos y proxies web que podrían bloquear el tráfico PPTP y L2TP/IPSec. SSTP proporciona un mecanismo para encapsular el tráfico PPP a través de un canal SSL (capa de sockets seguros) del protocolo HTTPS.

El uso de PPP permite la compatibilidad con métodos de autenticación seguros, como EAP-TLS *(Extensible Authetication Protocol-Transport LayerSecurity)*. SSL proporciona seguridad de nivel de transporte con negociación de claves mejorada, cifrado y comprobación de integridad.

Cuando un cliente trata de establecer una conexión VPN basada en SSTP, lo primero que hace SSTP es establecer un nivel HTTPS bidireccional con el servidor SSTP. A través de este nivel HTTPS, los paquetes del protocolo se transmiten como la carga de datos.

EAP

Es un marco de protocolos en el ámbito de la autenticación, sobre todo en el campo de las redes inalámbricas. El marco suele ser adoptado por otros protocolos para su implementación. Por ejemplo, los protocolos WPA y WPA2 adoptaron 5 tipos de EAP para incluirlos en sus mecanismos de autenticación.

5.1.　Encapsulación

PPTP encapsula las tramas PPP en datagramas IP para su transmisión a través de la red. PPTP usa una conexión TCP para la administración del túnel y una versión modificada de GRE (encapsulación de enrutamiento genérico) para encapsular las tramas PPP de los datos enviados a través del túnel. Las cargas de las tramas PPP encapsuladas pueden cifrarse, comprimirse o ambas cosas. A continuación se muestra la estructura de un paquete PPTP que contiene un datagrama IP.

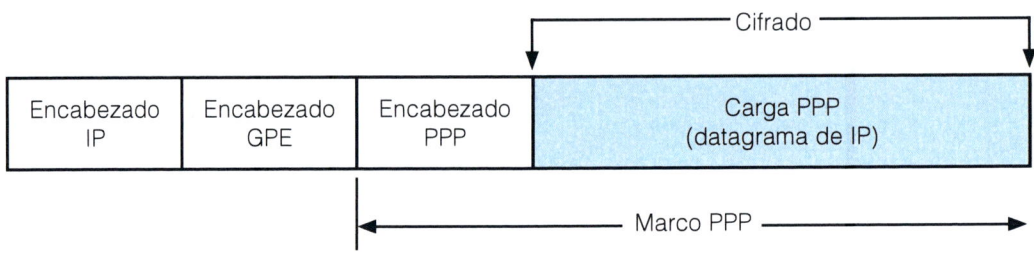

Estructura de un paquete PPTP que contiene un datagrama IP

La encapsulación de los paquetes L2TP/IPsec consta de dos niveles:

❑　**Primer nivel. Encapsulación L2TP:**

Una trama PPP (un datagrama IP) se encapsula con un encabezado L2TP y un encabezado UDP.

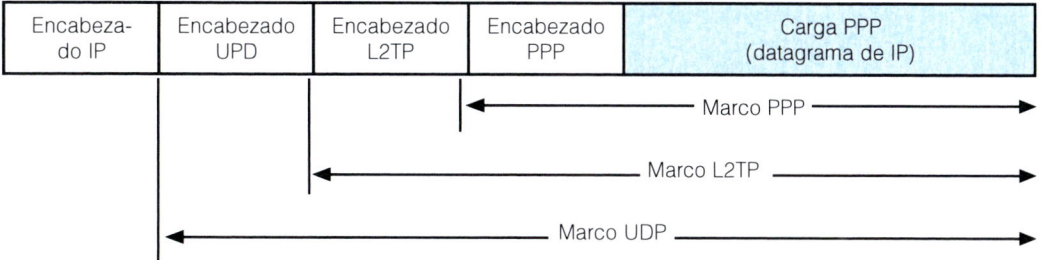

Estructura de un paquete L2TP que contiene un datagrama IP.

❑ **Segundo nivel. Encapsulación IPsec:**

El mensaje L2TP se encapsula con un encabezado y un finalizador ESP (carga de seguridad encapsuladora) IPsec, un finalizador de autenticación IPsec que proporciona integridad y autenticación de mensaje y un encabezado IP final. En el encabezado IP se encuentran las direcciones IP de origen y destino que corresponden al cliente y al servidor VPN.

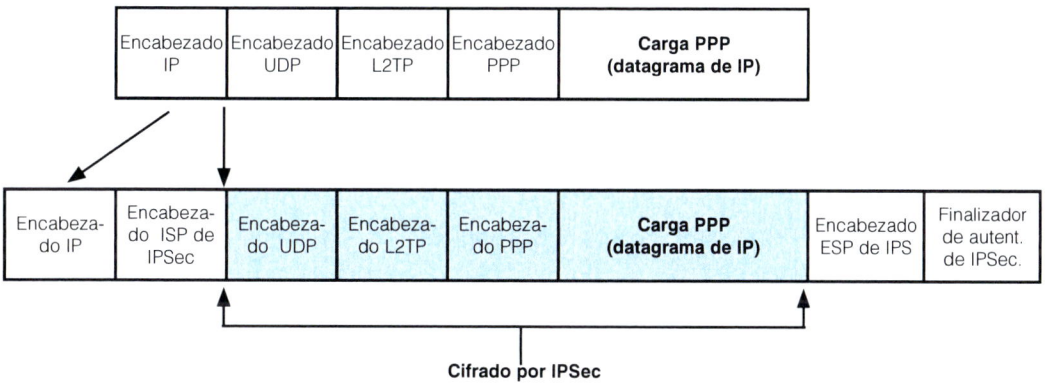

Estructura de tráfico L2TP con ESP IPSec

SSTP encapsula las tramas PPP en datagramas IP para su transmisión a través de la red. SSTP usa una conexión TCP (a través del puerto 443) para la administración del túnel, así como tramas de datos PPP.

5.2. Cifrado

5.2.1. PPTP

La trama PPP se cifra con MPPE mediante el uso de claves de cifrado generadas a partir del proceso de autenticación MS-CHAP v2 *(Microsoft Challenge Handshake Authentication*

Protocol) o EAP-TLS. Los clientes de la red privada virtual deben usar el protocolo de autenticación MS-CHAP v2 o EAP-TLS para poder cifrar las cargas de las tramas PPP. PPTP aprovecha el cifrado PPP subyacente y encapsula una trama PPP previamente cifrada.

Gracias al cifrado, las conexiones VPN basadas en PPTP proporcionan confidencialidad de datos (los paquetes capturados no pueden interpretarse sin la clave de cifrado). Sin embargo, las conexiones VPN basadas en PPTP no ofrecen integridad de datos (pruebas de que los datos no se modificaron durante su tránsito) ni autenticación del origen de datos (pruebas de que los datos fueron enviados por el usuario autorizado).

MS-CHAP
Versión de Microsoft del protocolo de negociación de claves.

PPTP no requiere el uso de una infraestructura de clave pública (PKI).

5.2.2. L2TP

El mensaje L2TP se cifra con DES (estándar de cifrado de datos) o 3DES (Triple DES) mediante el uso de las claves de cifrado generadas en el proceso de negociación de IKE (intercambio de claves por red). L2TP admite certificados de usuario o una clave previamente compartida como método de autenticación para IPsec.

Al contrario que PPTP, **L2TP sí requiere el uso de una infraestructura de clave pública (PKI)**. La autenticación de certificados de equipo, que es el método de autenticación recomendado, requiere una PKI para emitir certificados de equipo al servidor VPN y a todos los equipos cliente VPN. Gracias a IPsec, las conexiones VPN basadas en L2TP/IPsec proporcionan confidencialidad, integridad y autenticación de datos.

5.2.3. SSTP

El mensaje SSTP se cifra con el canal SSL del protocolo HTTPS. Gracias a SSL, las conexiones VPN basadas en SSTP proporcionan confidencialidad, integridad y autenticación de datos.

Los tres tipos de túneles transportan las tramas PPP sobre la pila de protocolos de red. Por lo tanto, las características comunes de PPP, como los esquemas de autenticación, la negociación de los protocolos de Internet versión 4 (IPv4) y versión 6 (IPv6), y la protección de acceso a redes (*Network Access Protection,* NAP), no sufren variaciones en los tres tipos de túneles.

Decidir qué método de túnel cifrado se construirán entre diferentes redes dista mucho de ser una tarea trivial: elegir entre la enorme variedad de protocolos, paquetes y configuraciones disponibles puede llegar a ser muy complejo.

Existen diversos tipos de túneles cifrados, en función de la metodología que utilicen. Una regla habitual es la que dicta que, siempre que sea posible, el túnel debería asegurar ambos extremos de la comunicación. De esta forma, únicamente el cliente y el servidor serán capaces de descifrar y acceder al tráfico que viaja por el túnel. Así, aunque existan dispositivos como cortafuegos, encaminadores u otros servidores, exclusivamente los extremos participarán en el túnel definido. Los túneles de extremos *(end-to-end tunnels)* ejecutan las siguientes tareas:

❑ Crean un camino válido desde el cliente al servidor.

❑ Autentican y cifran, de forma independiente, sobre este camino creado.

❑ Envían servicios sobre este enlace.

Con el estudio de estos epígrafes hemos conseguido:

❑ *Definir las técnicas de cifrado para conectar de forma segura dos redes, describiendo las funcionalidades y los requisitos necesarios.*

❑ *Definir las técnicas empleadas para conectar de forma segura dos equipos, describiendo las funcionalidades y requisitos necesarios.*

❑ *Identificar los protocolos existentes para conseguir el establecimiento de conexiones seguras.*

6. Ventajas e inconvenientes de las distintas alternativas para la implantación de la tecnología de VPN

Cuando se considera la creación de una VPN en una empresa, es preciso entender las ventajas y las desventajas de las VPNs en comparación con las redes de área local tradicionales y las redes de área amplia (*Wide área Networks*, WANs):

6.1. Ventajas

❑ **Las VPNs son más baratas que las WANs.** Una única línea dedicada y alquilada entre dos grandes ciudades cuesta varios miles de euros al mes, dependiendo del ancho de banda necesario y del tipo de circuito que deban recorrer los datos. Una conexión dedicada desde una empresa a un proveedor de servicios de Internet (*Internet Service Provider,* ISP) es realizado utilizando un alquiler de

este tipo pero el recorrido que tendrán que efectuarlos datos es mucho más corto. Con una VPN, únicamente se precisa una línea alquilada al ISP que, además, puede ser utilizada tanto para tráfico de VPN como para tráfico de Internet. Los ISPs pueden seleccionarse por proximidad a las instalaciones de la empresa, pudiendo, así, reducir el coste de la operación.

WANs

Redes que abarcan grandes distancias utilizando tanto enlaces de telefonía digital como líneas alquiladas, Frame Relay, satélites u otras tecnologías de acceso alternativas para enlazar redes de área local.

❑ **Las VPNs son más fáciles de implementar.** Típicamente, una implementación de una WAN puede llevar unos dos meses, si se utilizan líneas dedicadas alquiladas o *Frame Relay*. Además, se precisa mucha coordinación con las compañías de comunicaciones involucradas, que suelen aumentar la probabilidad de conflictos, interoperabilidad, etc. En contraste, puede establecerse una VPN siempre que exista una conexión a Internet, sobre todo tipo de circuitos y utilizando la tecnología más conveniente a las necesidades de la empresa, tanto en prestaciones como en precio.

Líneas dedicadas de alquiler

Líneas que utilizan enlaces de telefonía digital que son alquiladas a una compañía de telefonía para transmitir voz o datos en formato digital.

Frame Relay

Técnica de comunicación que consiste en la retransmisión de tramas para redes de circuito virtual. Es una forma de transmisión de datos, que usa una modalidad simplificada de conmutación de paquetes, y que es óptima para la transmisión de grandes cantidades de datos.

6.2. Desventajas

❑ **Las VPNs son más lentas que las LANs.** No puede conseguirse el mismo rendimiento fuera de la VPN que el que se obtiene en la red interna. Una transferencia típica de datos en una LAN está entre los 100 Mbps y los 1000 Mbps. Sin embargo, Internet limita las VPNs al más lento de los enlaces que conectan el equipo fuente y el equipo destino. El caso de las WANs es similar; si se enlazan dos LANs de forma directa utilizando una línea dedicada alquilada en la modalidad T1, siempre existirá un límite de 1,5 Mbps en el ancho de banda. Más aún, una congestión en Internet entre los dos puntos de la VPN podría afectar negativamente al rendimiento de las propias LANs. La mejor forma de gestionar estos problemas suele ser la contratación del mismo ISP para nuestros sistemas, sea nacional o internacional. De este modo, todos nuestros datos viajarán sobre su red privada, evitando así los, cada vez más, congestionados puntos de acceso de red de intercambio comercial en Internet.

❏ **Las VPNs son menos fiables que las WANs.** El tráfico de Internet puede sufrir sobrecargas que afectarán al ancho de banda disponible para los usuarios de una VPN. No es descartable tampoco un corte ni hay que dejar de lado la actividad de los hackers y de las infecciones provocadas por todo tipo de malware. Este último lleva provocando desde hace tiempo un aumento del consumo de ancho de banda, dejando menos disponible para el tráfico regular. El grado de susceptibilidad de una VPN dependerá, en gran medida, del número de ISPs existentes entre los sistemas de una empresa.

❏ **Las VPNs son menos seguras que las redes LAN o WAN aisladas.** Antes de que un hacker pueda atacar una red, debe existir un camino para que el hacker pueda llegar a ella. Las VPNs requieren conexiones a Internet mientras que no es el caso de las WANs. En todo caso, la mayoría de las redes están conectadas a Internet. Una VPN es ligeramente más vulnerable a una intrusión que una LAN o una WAN porque el puerto de servicio del protocolo de la VPN es un vector más de ataque para el hacker.

Con el estudio de este epígrafe hemos conseguido identificar las ventajas e inconvenientes de las distintas alternativas para el establecimiento de conexiones seguras.

Resumen

En este tema se han tratado de mostrar las posibilidades existentes en el ámbito criptográfico para implantar sus técnicas en las comunicaciones entre sistemas informáticos en función de los canales utilizados.

Se ha definido las redes privadas virtuales y se han analizado las principales características que son deseables para cualquiera de ellas: integridad, autenticación, privacidad, control de acceso, calidad de servicio, etc. Es conveniente recordar que, casi todas ellas, se implementan poniendo en marcha sistemas que usan protocolos criptográficos que, a su vez, utilizan algoritmos criptográficos.

Se han analizado distintos criterios que permiten decidir qué tráfico hay que cifrar y de qué manera, a través de la red privada virtual. Igualmente, se han analizado los tipos de red privada virtual en cuanto a dónde se realiza el cifrado, asociando cada tipo con el uso más habitual que se hace de cada VPN correspondiente.

Se han expuesto las ventajas que puede obtener una organización al implementar una VPN, entre las que conviene volver a destacar la flexibilidad y escalabilidad de la solución y, sobre todo, la rebaja de costes y la mayor seguridad que se puede obtener con su implantación y correcta configuración. Entre los inconvenientes, también analizados, es destacable el hecho de la perdida de la calidad de los servicios, aspecto que debe sufrir un cambio a mejor en breve, por la importancia económica y de rentabilidad social que tienen ya las VPN para empresas como las que se dedican a proveer de acceso a Internet a todo tipo de organizaciones.

A continuación se han definido los protocolos criptográficos más utilizados para la configuración y utilización de comunicaciones seguras. El protocolo IPSec ha sido ampliamente explicado en el tema. También lo han sido SSH, como protocolo que permite el acceso seguro a otros equipos informáticos y a dispositivos de red y también se ha descrito ampliamente el protocolo SSL, de grandísima relevancia en el auge del comercio electrónico vía web.

Se han expuesto algunos de los principales problemas de implementación de una VPN, relacionados con el rendimiento, la seguridad y, en general, el mantenimiento. No puede olvidarse que una VPN no deja de ser una red y no deja de tener los problemas típicos de cualquier red.

También han tenido su espacio las distintas implementaciones que puede adoptar la tecnología VPN: los sistemas VPN SSL y los túneles cifrados.

Finalmente, se han analizado los aspectos a favor y en contra de las distintas alternativas para poder decidir si se implanta y cómo, una infraestructura de comunicación segura basada en tecnología de VPN.

Autoevaluación Unidad 3
Enunciados

----

1. ¿Cuáles son las tres características de seguridad que ofrece el protocolo SSL?:

a) Autenticación, intercambio seguro de claves y privacidad.
b) Autenticación, integridad y, opcionalmente, privacidad.
c) Privacidad, intercambio seguro de claves y, opcionalmente, autenticación.
d) Privacidad, integridad y, opcionalmente, intercambio seguro de claves.

2. ¿Cuál de las siguientes respuestas es una buena definición de una asociación de seguridad entre dos participantes en un túnel IPSec?:

a) Es un identificador de las direcciones IP de los dos participantes, dentro de la base de datos de seguridad IPSec.
b) Es una conexión, en un solo sentido, que proporciona un cierto conjunto de servicios de seguridad a los mensajes IP sobre los que se aplican tales servicios.
c) Es una medida de la seguridad de los dos extremos participantes del túnel IPSec.
d) Es una entrada de la SPD, que se aplica a cualquier mensaje IP entre los participantes.

3. Un mensaje IPSec, asegurado por el protocolo AH, se puede considerar confidencial, al estar toda la información encriptada:

a) Falso. AH no proporciona privacidad, solo integridad y autenticación de los extremos de la comunicación.
b) Verdadero. AH es el protocolo IPSec que utiliza AES.
c) Verdadero. Pero sólo si trabaja junto a KMP.
d) Falso. Ningún protocolo IPSec permite tales características de seguridad.

4. ¿Cuál de las siguientes es una característica típica del protocolo SSL?:

    a) Que proporciona, de manera automática, autenticación de extremos.

    b) Que obliga al uso de certificados X.509 y el uso de una PKI.

    c) Que, desde el punto de vista de un usuario que navega por Internet, es transparente.

    d) Que obliga a utilizar los datos bancarios.

5. ¿Cuál de las siguientes no es una característica básica de IPSec?:

    a) Debe usarse sólo en redes IPv4.

    b) Las funciones de seguridad no deben afectar a las operaciones ya existentes en la red.

    c) Sólo se usan algoritmos criptográficos bien establecidos y probados.

    d) IPSec proporciona autenticación de extremo a extremo del tráfico, en cuanto a los equipos, dejando de lado la autenticación de usuario.

6. ¿A qué procedimiento especial obliga el uso de ESP en modo túnel?:

    a) A pre-cifrar el mensaje mediante AH.

    b) Al uso de AES para la cabecera IP.

    c) Al cifrado mediante Diffie-Hellman de la cabecera IP.

    d) Al establecimiento de una nueva cabecera IP del mensaje.

7. ¿Cuál de las siguientes es una buena definición de una VPN?:

    a) Es una conexión privada segura a través de una red pública insegura.

    b) Es una conexión segura pública, a través de una red MPLS.

    c) Es una conexión privada a través de una red pública segura.

    d) Es una red pública segura insertada en una red pública insegura.

8. Todo el tráfico que circula por la parte pública de una VPN debe ir completamente cifrado:

    a) Verdadero, es la razón de ser de una VPN.

    b) Falso, hay que configurar, siguiendo la política de seguridad, los criterios que permitirán decidir que tráfico se cifra y cual no.

    c) Falso, solo el que va de participante a participante de la VPN.

    d) Verdadero, por eso es tan costoso de implementar.

9. Un programa cliente VPN cualquiera, instalado en un portátil, permite, en cualquier caso, conectar a través de Internet con la pasarela VPN de la red interna de la organización:

a) Verdadero. Por eso es un cliente VPN, crea un túnel con la pasarela.
b) Verdadero. Los clientes VPN son, en realidad, universales.
c) Falso. Depende de los protocolos que se usen y de su configuración concreta.
d) Falso. Depende de que haya abierto un túnel en la pasarela.

10. Si se utiliza el grupo de protocolos IPSec como base criptográfica de una VPN, ¿qué características adicionales de seguridad hay que tener en cuenta, no soportadas por IPSec?:

a) La calidad de servicio el tráfico de las aplicaciones.
b) La integridad de los mensajes.
c) La autenticación de los dispositivos.
d) La autenticación de los usuarios.

11. ¿Cuál es la razón para tener que considerar el uso de una PKI en la implementación de una VPN?:

a) Ninguna en especial, toda VPN debe considerar el uso de PKI.
b) El número de equipos en cada red interna conectada a la VPN.
c) El número de pasarelas VPN y de ordenadores móviles que se vayan a conectar, que obliga a la administración de gran número de certificados X.509.
d) Las obligaciones legales al respecto para el comercio electrónico.

12. ¿Cuáles son los tres métodos principales que implementan las VPNs para transportar datos de forma segura?:

a) Encapsulación, autenticación y cifrado.
b) Autenticidad, no repudio y sellado de tiempo.
c) Encapsulación, cifrado y no repudio.
d) Ninguna es correcta.

13. ¿Qué es la encapsulación?:

a) Es una técnica utilizada para conectarse remotamente a dispositivos de red.

b) Consiste en embeber un paquete dentro de otro en la misma capa de red.

c) Es una técnica que sirve para cifrar la comunicación entre los extremos de una VPN.

d) Todas son correctas.

14. ¿Por qué son más fáciles de implementar las VPNs que las WANs?:

a) Es un mito, nunca fue más difícil implementar una WAN que una VPN.

b) Porque una VPN puede implementarse únicamente en equipos con sistemas operativos iguales, por esa razón es más fácil.

c) Las VPNs pueden implementarse siempre que exista una conexión IP que nos permita salir a Internet. No hay necesidad de coordinarse con organizaciones externas.

d) Ninguna es correcta.

15. ¿Cuál es la diferencia entre el modo de transporte y túnel de IPSec?:

a) Realmente no hay diferencia. Depende del tipo de versión de IPSec que utilices.

b) El modo de transporte no proporciona encapsulación, pero sí lo hace el modo túnel.

c) El modo de transporte se aplica al cliente, mientras que el de túnel es para el servidor.

d) El modo de transporte no proporciona encapsulación mientras que el modo túnel sí lo hace.

16. ¿Qué medida puedes adoptar para asegurar la confianza y velocidad de una VPN?:

a) Utilizar el mismo (o el menor número posible) de ISPs para los extremos de la VPN.

b) Elegir en cada tramo de la comunicación al ISP más rápido del mercado.

c) El ISP no tiene nada que ver con la confianza ni con la velocidad.

d) Utilizar IPSec en el origen y extremo del túnel.

17.

¿Cuál de los siguientes NO es un protocolo utilizado para establecer una VPN?:

a) X.25.
b) L2F.
c) PPTP.
d) IPSec.

18.

Las VPNs mediante SSL son de especial utilidad cuando se quieren establecer conexiones del tipo intermedio-intermedio entre las sedes de la organización:

a) Verdadero, puesto que al no requerir ni instalación ni configuración especial hacen que su implementación sea muy sencilla.
b) Verdadero, puesto que proporcionan conexión a nivel de la capa de aplicación.
c) Falso. Para proporcionar acceso de nivel 3 a la red de destino es preciso instalar agentes en los clientes.
d) Falso. Ya que las VPNs mediante SSL no son capaces de conectar redes completas, únicamente son capaces de conectar redes origen-intermedio.

19.

¿Qué parámetros de configuración definen el conjunto de transformación (transform-set) de una pasarela de seguridad de Cisco Systems?:

a) La configuración necesaria para el protocolo IKE de intercambio de claves.
b) La lista de acceso a la que se aplicará el cifrado y el encapsulamiento.
c) La configuración necesaria para los protocolos AH y ESP que permitirá asegurar la integridad y la confidencialidad de las comunicaciones a través del túnel IPSec.
d) Ninguna es correcta.

20.

En el caso de una VPN mediante IPSec, ¿quién realiza las labores de cifrado y encapsulado?:

a) El proxy de aplicación.
b) Un applet que se instala de forma automática en el cliente.
c) Los encaminadores o las pasarelas de seguridad situados en cada una de las sedes de la organización.
d) No es necesario realizar esas labores: la seguridad la proporciona la propia red.

Autoevaluación Unidad 3
Soluciones

- -

1. *c)* *Privacidad, intercambio seguro de claves y, opcionalmente, autenticación.*

2. *b)* *Es una conexión, en un solo sentido, que proporciona un cierto conjunto de servicios de seguridad a los mensajes IP sobre los que se aplican tales servicios.*

3. *a)* *Falso. AH no proporciona privacidad, solo integridad y autenticación de los extremos de la comunicación.*

4. *c)* *Que, desde el punto de vista de un usuario que navega por Internet, es transparente.*

5. *a)* *Debe usarse sólo en redes IPv4.*

6. *d)* *Al establecimiento de una nueva cabecera IP del mensaje.*

7. *a)* *Es una conexión privada segura a través de una red pública insegura.*

8. *b)* *Falso. Hay que configurar, siguiendo la política de seguridad, los criterios que permitirán decidir que tráfico se cifra y cual no.*

9. *c)* *Falso. Depende de los protocolos que se usen y de su configuración concreta.*

10. *d)* *La autenticación de los usuarios.*

11. c) *El número de pasarelas VPN y de ordenadores móviles que se vayan a conectar, que obliga a la administración de gran número de certificados X.509.*

12. a) *Encapsulación, autenticación y cifrado.*

13. b) *Consiste en embeber un paquete dentro de otro en la misma capa de red.*

14. c) *Las VPNs pueden implementarse siempre que exista una conexión IP que nos permita salir a Internet. No hay necesidad de coordinarse con organizaciones externas.*

15. d) *El modo de transporte no proporciona encapsulación mientras que el modo túnel sí lo hace.*

16. a) *Utilizar el mismo (o el menor número posible) de ISPs para los extremos de la VPN.*

17. a) *X.25.*

18. d) *Falso. Ya que las VPNs mediante SSL no son capaces de conectar redes completas, únicamente son capaces de conectar redes origen-intermedio.*

19. c) *La configuración necesaria para los protocolos AH y ESP que permitirá asegurar la integridad y la confidencialidad de las comunicaciones a través del túnel IPSec.*

20. c) *Los encaminadores o las pasarelas de seguridad situados en cada una de las sedes de la organización.*

CONTENIDOS EXTRA

Autoevaluación Final

Enunciados

- -

1.

¿Qué permite conseguir el algoritmo de Diffie-Hellman?:

a) La obtención de una clave, de uso en un sistema de clave secreta, para dos participantes, sin que ninguno de los dos se lo comunique al otro.

b) La obtención de una clave pública RSA, mediante intercambio de mensajes cifrados con un algoritmo de clave secreta.

c) La autenticación de todo el proceso de transmisión, mediante firma digital.

d) La privacidad de todos los mensajes cifrados con la clave Diffie-Hellman.

2.

La firma digital permite, sin ningún género de dudas, que se cumpla la propiedad del no repudio con un mensaje, enviado por el participante A al participante B:

a) Verdadero, pero sólo si se usan SHA-1 y PKCS #7.

b) Falso, la firma digital sólo garantiza el no repudio en conexiones nacionales.

c) Verdadero, por eso es el método al que se refiere la ley de seguridad del comercio electrónico.

d) Falso, la firma digital no puede garantizar que el mensaje se enviase desde el ordenador de A al ordenador de B, pero por una persona que no sea A.

3.

¿Cuáles de entre las siguientes son informaciones que debe facilitar una factura para que pueda expedirse en formato electrónico?:

a) El nombre de los accionistas y la razón social.

b) El nombre del banco con el que operan y su NIF.

c) La razón social, NIF del emisor y receptor y fecha de prestación del servicio.

d) Nombre de dominio, dirección física y último balance.

4. ¿Qué clase de gestión de claves es PGP? ¿Qué clase de modelo es un modelo jerárquico de gestión de claves?:

a) Abierto/Cerrado.
b) Centralizado/Descentralizado.
c) Descentralizado/Centralizado.
d) Cerrado/Abierto.

5. Los dos principales protocolos de la arquitectura IPSec son:

a) DES y 3DES.
b) Diffie-Hellman.
c) AH y ESP.
d) Ninguna es correcta.

6. ¿Cómo pueden mantenerse seguras las sesiones para evitar un secuestro (*hijacking*)?:

a) Es imposible detener un secuestro de sesión.
b) La utilización del protocolo IP es ya una garantía de que no se producirán secuestros de sesión.
c) La utilización de una secuencia de números no predecible protege las sesiones contra ataques de *hijacking*.
d) Actualizando a la versión más actual de mi cliente VPN.

7. ¿Cómo transmiten los datos las VPN?:

a) Encapsulados y cifrados mediante tecnología de túnel.
b) Encapsulados y sin cifrar mediante tecnología de túnel.
c) Encapsulados y cifrados mediante saltos entre servidores.
d) Encapsulados y sin cifrar mediante saltos entre servidores.

8. ¿Cuál de los siguientes protocolos ofrece capacidad de gestión de claves?:

a) IPSec.
b) PPTP.
c) L2TP.
d) IKE.

9. ¿En qué clase de infraestructura tendría lugar una VPN?:

a) Intranet.
b) Extranet.
c) Acceso remoto a recursos de red.
d) Todas son correctas.

10. ¿Se puede afirmar siempre que el valor por defecto del periodo de validez de un certificado digital, dado por el emisor AC, es un valor correcto?:

a) Falso, debe ponerse siempre un 25% aproximadamente, por cuestiones de cálculo de factorizaciones relacionado con RSA.
b) Verdadero, es un valor que no se puede negociar.
c) Verdadero, por eso son siempre seguros.
d) Falso, habitualmente es un valor demasiado grande y, en cualquier caso, dependerá de lo decidido en la política de seguridad de la organización.

11. ¿Cuál de los siguientes es el nombre de un protocolo criptográfico?:

a) IPSec.
b) AES.
c) ElGamal.
d) Todas son correctas.

12. ¿Cuál de las siguientes opciones representa un problema asociado con la criptografía asimétrica?:

a) La existencia de una red de Feistel.
b) La longitud de los procedimientos de hash que se apliquen.
c) La necesidad de certificación de las claves públicas.
d) Ninguna es correcta.

13. ¿En qué protocolos es obligatorio el uso de certificados digitales X.509?:

a) En todos los protocolos de IPSec.
b) En PGP y SSL.
c) Son correctas a) y b).
d) Ninguna es correcta.

14. ¿Qué es una autoridad de registro?:

a) Es una entidad, autorizada por una autoridad de certificación, que identifica a los solicitantes de certificados, cumplimenta las solicitudes y las remite a la autoridad de certificación para que los emita.

b) Es una oficina de registro de una administración pública con sede electrónica.

c) Es una entidad, pública o privada, que te informa para que te emitan un certificado.

d) Todas son correctas.

15. ¿Qué garantías ofrece la firma electrónica incorporada en el DNI electrónico?:

a) Autentificación e integridad.

b) Autentificación, integridad y no repudio.

c) Integridad, no repudio y cifrado.

d) No repudio, exclusivamente.

16. La política de certificado y la declaración de prácticas de certificación:

a) Son la misma cosa, únicamente que la segunda está emitida por la Fábrica Nacional de Moneda y Timbre para su obligado cumplimiento.

b) Son documentos emitidos por una autoridad de validación para cualquier autoridad de certificación en España.

c) Forman parte de un documento global que hay que registrar en un notario para ser prestador de servicios de certificación.

d) Puede decirse que la primera define qué requerimientos de seguridad son necesarios para la emisión de certificados y la segunda cómo se cumplirían esos requerimientos.

17. Criptología y criptografía son la misma cosa, dependiendo de la traducción que hagamos del inglés:

a) Verdadero. Es una palabra que ha sufrido modificaciones a lo largo de la historia reciente.

b) Falso. La primera se refiere a la ciencia que, entre otras ramas, abarca la criptografía y la segunda es el arte de escribir de forma secreta.

c) Falso. La primera se refiere al conocimiento exhaustivo de las matemáticas exactas y la segunda al de las matemáticas clásicas.

d) Ninguna es correcta.

18. Los ataques conocidos como "man-in-the-middle":

a) Pertenecen al pasado, ya nadie puede caer en un ataque tan simple.
b) Son imposibles de evitar.
c) Es uno de los grandes inconvenientes de la criptografía de clave pública.
d) Es uno de los grandes inconvenientes de la criptografía de calve privada.

19. La autenticación criptográfica:

a) Se utiliza para validar, de una forma segura, la identidad del usuario remoto de modo que el sistema pueda determinar qué nivel de seguridad es el apropiado para ese usuario.
b) Ya no se utiliza, es demasiado cara de implementar.
c) Establecer túneles de extremo a extremo con cualquiera de los protocolos de la familia SHA (SHA-1 y SHA-2).
d) Ninguna es correcta.

20. ¿Cuál de los siguientes algoritmos se considera HMAC?:

a) MD5 y SHA-1.
b) IPSec y MD5.
c) SHA-1 y AES.
d) IPSec y AES.

Autoevaluación Final
Soluciones

----

1. *a)* *La obtención de una clave, de uso en un sistema de clave secreta, para dos participantes, sin que ninguno de los dos se lo comunique al otro.*

2. *d)* *Falso, la firma digital no puede garantizar que el mensaje se enviase desde el ordenador de A al ordenador de B, pero por una persona que no sea A.*

3. *c)* *La razón social, NIF del emisor y receptor y fecha de prestación del servicio.*

4. *c)* *Descentralizado/Centralizado.*

5. *c)* *AH y ESP.*

6. *c)* *La utilización de una secuencia de números no predecible protege las sesiones contra ataques de hijacking.*

7. *a)* *Encapsulados y cifrados mediante tecnología de túnel.*

8. *d)* *IKE.*

9. *d)* *Todas son correctas.*

10. *d)* *Falso, habitualmente es un valor demasiado grande y, en cualquier caso, dependerá de lo decidido en la política de seguridad de la organización.*

11. *d)* *Todas son correctas.*

12. *d)* *Ninguna es correcta.*

13. *d)* *Ninguna es correcta.*

14. *a)* *Es una entidad, autorizada por una autoridad de certificación, que identifica a los solicitantes de certificados, cumplimenta las solicitudes y las remite a la autoridad de certificación para que los emita.*

15. *b)* *Autentificación, integridad y no repudio.*

16. *d)* *Puede decirse que la primera define qué requerimientos de seguridad son necesarios para la emisión de certificados y la segunda cómo se cumplirían esos requerimientos.*

17. *b)* *Falso. La primera se refiere a la ciencia que, entre otras ramas, abarca la criptografía y la segunda es el arte de escribir de forma secreta.*

18. *c)* *Es uno de los grandes inconvenientes de la criptografía de clave pública.*

19. *a)* *Se utiliza para validar, de una forma segura, la identidad del usuario remoto de modo que el sistema pueda determinar qué nivel de seguridad es el apropiado para ese usuario.*

20. *a)* *MD5 y SHA-1.*

Glosario

A

APPLET	Componente de una aplicación que se ejecuta en el contexto de otra. A diferencia de un programa, no puede ejecutarse de forma independiente y suelen realizar un función muy específica y con privilegios de seguridad restringidos.
ATAQUE DE TEXTO ESCOGIDO	Tipo de ataque que consiste en que el atacante tiene la capacidad de elegir textos planos arbitrarios a cifrar y obtener los textos cifrados correspondientes.
ATM (*Asynchronous Transfer Mode*)	Tecnología de telecomunicación desarrollada para satisfacer la gran demanda de capacidad de transmisión para servicios y aplicaciones.
Autoridad de Certificación (AC)	Es una entidad de confianza, cuya finalidad es la emisión, renovación y revocación de certificados electrónicos.

B

BITS DE PARIDAD	Proporcionan el método más sencillo de detección de errores. Un bit de paridad es un dígito binario que indica si el número de bits con valor 1 en un conjunto de bits es par o impar.

C

CERES	Entidad pública de emisión de certificados española.
CERTIFICADOS RECONOCIDOS	Certificados que se han expedido cumpliendo los requisitos cualificados en su contenido, los procedimientos de comprobación de la identidad del firmante y la fiabilidad y garantías de la actividad de certificación electrónica.
CLAVE PRIVADA	Tipo de criptografía basada en algoritmos de cifrado simétrico que puede utilizarse para descifrar mensajes y para cifrar firmas digitales.

CLAVE PÚBLICA	Tipo de criptografía basada en un algoritmo de cifrado asimétrico, que puede ser utilizado para cifrar mensajes y para descifrar firmas digitales.
CPS (*Certificate Practice Statement*)	Declaración de Prácticas de Certificación. Conjunto de prácticas adoptadas por una autoridad de certificación para la emisión de certificados.
CRIPTOGRAFÍA	Arte de escribir con clave secreta o de un modo enigmático.
CRIPTOGRAFÍA MONOALFABÉTICA	Sistema de cifrado por sustitución de caracteres. Utiliza una sustitución fija para todo el mensaje.
CRIPTOGRAFÍA POLIALFABÉTICA	Sistema de cifrado por sustitución de caracteres. Utiliza diferentes sustituciones en distintos momentos del mensaje.
CRIPTOSISTEMA	Técnica criptográfica cuyos componentes interactúan de la forma adecuada para lograr la transformación de una comunicación inteligible en algo ininteligible.

DoS (*Denial-of-Service*)	Tipo de ataque que consiste en conseguir que una máquina, sistema o servicio de red quede fuera de servicio para sus potenciales usuarios.

EAP (*Extensible Authetication Protocol*)	Es un marco de protocolos en el ámbito de la autenticación, sobre todo en el campo de las redes inalámbricas. El marco suele ser adoptado por otros protocolos para su implementación. Por ejemplo, los protocolos WPA y WPA2 adoptaron 5 tipos de EAP para incluirlos en sus mecanismos de autenticación.

FACTORIZAR	Expresar un número entero como producto de sus divisiones.
FIRMA DIGITAL	Mecanismo criptográfico que permite al receptor de un mensaje firmado digitalmente determinar tanto quién lo originó como garantizar que no fue modificado desde que fue enviado por su emisor.

FRAME RELAY	Técnica de comunicación que consiste en la retransmisión de tramas para redes de circuito virtual. Es una forma de transmisión de datos, que usa una modalidad simplificada de conmutación de paquetes, y que es óptima para la transmisión de grandes cantidades de datos.
FUNCIÓN HASH	Función matemática de una sola vía que ha demostrado su eficacia en la disciplina de la criptografía, puesto que se conoce un procedimiento de cálculo eficiente y rápido para computar esa función, mientras que no se conoce un procedimiento eficiente para realizar ese mismo cálculo pero a la inversa.

G

GPL (General Public License)	Licencia que habilita a los usuarios finales a usar, estudiar, compartir y modificar el software. Fue creada por Robert Stallman para el proyecto GNU.

H

HMAC (Hash-based Message Authentication Code)	Operación en la que se aplica un *hash* a un código de autenticación de mensaje. Es el mecanismo habitual que se encuentra en protocolos de cifrado como SSL o IPSec.

I

IPSec (Internet Protocol Security)	Conjunto de protocolos que se utilizan para asegurar las comunicaciones sobre el protocolo IP. También incluye protocolos para el establecimiento de claves de cifrado.

L

LÍNEA DE ALQUILER	Líneas que utilizan enlaces de telefonía digital que son alquiladas a una compañía de telefonía para transmitir voz o datos en formato digital.

N

NAT (Network Adress Translation)	Mecanismo utilizado por los encaminadores para intercambiar paquetes entre redes que utilizan direccionamiento incompatible. Consiste en traducir las direcciones para hacerlas compatibles.

OPERADOR XOR	También denominado "operador exclusivo", es una disyunción lógica de dos operandos que únicamente es verdad si uno de los operandos es verdad pero no ambos.

PEOPLEWARE	Cualquier aspecto relacionado con el rol de las personas en el uso y desarrollo del hardware y del software. Desde el trabajo en equipo, pasando por la gestión de proyectos, hasta llegar al diseño de interfaces humanas o el estudio de las interacciones entre máquinas y humanos.
PEM *(Private Enhanced Mail)*	Formato de archivo para almacenar certificados digitales.
PROXY	Servidor que actúa como intermediario para peticiones que le llegan desde un cliente y busca recursos en otros servidores.

RedIRIS	Es la red académica y de investigación española. Proporciona servicios avanzados de comunicaciones a la comunidad científica y universitaria nacional.
RED DE FEISTEL	Estructura en la que se define un cifrado de producto iterativo en el cual cada salida de iteración se convierte en entrada de la siguiente.

T

TCP *(Transmission Control Protocol)*	Protocolo fundamental de Internet, se usa para crear conexiones entre dispositivos o programas y enviar flujos de datos.
TCP/IP	Conjunto de protocolos que permiten la transmisión de datos entre equipos informáticos. Es el par de protocolos más utilizados para las comunicaciones en Internet.
TELNET	Protocolo de red y programa con el mismo nombre, usado para controlar una maquina remota, generalmente, utilizando el puerto TCP 23.
TERCEROS ACEPTANTES	Las personas o entidades diferentes del titular que deciden aceptar y confiar en un certificado emitido por DNIe.

TIEMPO POLINÓMICO	En computación, cuando el tiempo de ejecución de un algoritmo es menor que un cierto valor calculado a partir del número de variables implicadas usando una fórmula polinómica, se dice que el problema puede ser resuelto en un tiempo polinómico.
TOKEN CRIPTOGRÁFICO	Dispositivo electrónico que contiene claves criptográficas que permiten el proceso de autenticación.
TRANSFORM SET	Combinación de protocolos y algoritmos que representan una política de seguridad para el tráfico.
TRONCAL DE INTERNET	Conexiones principales de Internet. Están compuestas por los encaminadores que conducen el tráfico de red por toda la red Internet. Los encaminadores no aceptan algunas direcciones de red, conocidas como direcciones privadas.

V

VPN (Virtual Private Network)	Tecnología que proporciona un mecanismo de comunicación segura de datos para la información transmitida entre dos extremos.

W

WANs (Wide Area Networks)	Redes que abarcan grandes distancias utilizando tanto enlaces de telefonía digital como líneas alquiladas, *frame relay*, satélites u otras tecnologías de acceso alternativas para enlazar redes de área local.

Bibliografía

❏ GUPTA, M. **Building a Virtual Private Network**. 2002.

❏ MUÑOZ MUÑOZ, A. y RAMIÓ AGUIRRE, J. **Cifrad(les: de la cifra clásica al algoritmo RSA.** Editoria

❏ HUGHET ROTGER, L.; RIFÁ COMA, J y TENA AYL Universitat Oberta de Catalunya, 2013.

❏ DE MIGUEL GARCÍA, R. **Criptografía clásica y m(**

❏ MORENO VOZMEDIANO y MARTÍN LLORENTE, I. **Administración Avanzada de Redes TCP/IP.** Univ

❏ TURNER, S. y HOUSLEY, R. **Implementing e-ma standars ,tolos and practices.** Wiley Publishing, 2

❏ DWIVEDI, H. **Implementing SSH: strategies for o** Publishinhg, 2003.

❏ VON HAGEN, B. y JONES, B.K. **Linux Server. Los mejores trucos.** Anaya Multimedia-O'Reilly, 2006.

❏ SINGH, S. **Los códigos secretos: el arte de la ciencia de la criptografía desde el antiguo Egipto a la era de Internet.** Editorial Debate, 2000.

❏ **Máster en Sistemas de Gestión de Seguridad Informática.** Universidad Nacional de Educación a Distancia.

❏ STREBE, M. **Network Security.** Wiley Publishing, 2006

❏ DÍAZ ORUETA, G.; ALZÓRRIZ ARMENDÁRIZ, I.; SANCRISTÓBAL RUIZ, E. y CASTRO GIL, M.A. **Procesos y herramientas para la seguridad de redes.** Universidad Nacional de Educación a Distancia, 2013.

❏ DÍAZ ORUETA, G.; ALZÓRRIZ ARMENDÁRIZ, I.; SANCRISTÓBAL RUIZ, E.; CASTRO GIL, M.A. y PEIRE ARROBA, J. **Seguridad en las comunicaciones y en la información.** Universidad Nacional de Educación a Distancia, 2004.

❑　LUNA FERNÁNDEZ, A y SANZ MERCADO, P. **Seguridad en servicios web**. Universidad Autónoma de Madrid.

❑　ESCRIVÁ GASCÓ, G.; ROMERO SERRANO, R.M.; RAMADA, D.J y ONRUBIA PÉREZ, R. **Seguridad informática.** Editorial McMillan, 2013.

❑　RAMOS VARÓN, A.; BARBERO MUÑO, C.A.; GONZÁLEZ CAÑAS, J.M; PICOUTO RAMOS, F y SERRANO APARICIO, E. **Seguridad perimetral, monitorización y ataques en redes.** RA-MA Editorial y publicaciones, 2014.

❑　CROSS, M.; JOHNSON, N y PILZECKER, T. **Security+Study Guide and DVD Training System.** Syngress Publishing, 2002.

Webgrafía

❏ **Criptografía**

http://www.criptored.upm.es/

http://www.intypedia.com/

https://www.incibe.es/CERT/guias_estudios/

https://www.wikipedia.org/

https://www.ccn-cert.cni.es/

http://www.ugr.es/~aquiran/cripto/pgp.htm

http://www.camerfirma.com/notas-tecnicas/

www.slideshare.com

❏ **PKIs**

http://www.rediris.es/difusion/publicaciones/boletin/62-63/ponencia10.pdf

http://www.intypedia.com/

https://www.wikipedia.org/

http://www.uv.es/~montanan/redes/trabajos/PKI.doc

www.dnielectronico.es

http://www.cert.fnmt.es/

www.slideshare.com

❏   **Comunicaciones seguras**

http://sophosiberia.es/como-seleccionar-nuestra-tecnologia-de-vpn-de-acceso-re-moto/

http://www.cisco.com/web/LA/soluciones/la/vpn/index.html

http://www.intypedia.com/

https://www.incibe.es/CERT/guias_estudios/

https://www.wikipedia.org/

https://www.ccn-cert.cni.es/

http://www.ciscopress.com/series/series.asp?ser=2185116

www.slideshare.com